U0134061

文史趣思

陈学斌 ◎ 著

复旦大学
出版社

前　言

中国历史文化浩如烟海，博大精深。怀着敬畏、痴迷的心情，在沃土上耕耘，在峰峦上求索，在史实中寻觅，在故迹中游览，是一件辛苦、费力的事，但也是一件愉悦、奇妙的事。

写作《文史趣思》的初衷，在于以历史文化史实为源头，既尊重历史、爱惜文化、合乎逻辑，又能够从茫茫迷雾、漫漫山水的笼罩中跳出来，选其精彩片段，撷其传神精华，加之作者自身的所感所思所悟，使"趣思"读之有味、议之有趣、思之有获、传之有道。需要说明的是，本人不是专门研究文史的专家，本书也不是严谨的史学书籍。为了增强生动性、趣味性，书中引用的一些趣文趣事，有的是经历久远的加工演绎，有的是经大众的口口相传，还有的是文人墨客的文字附会及编者导游的创造发挥，其中难免以讹传讹，不尽是历史文化的原貌。但这并不妨碍本书的知识性、逻辑性、可读性、生活性。

以文化人,润物无声;以史为鉴,资政益智。望这本小书能给读者在辛勤忙碌之余,带来些微欣赏历史文化的淡淡笑意、轻松欢快的怡然之乐。

目　录

"海"阔天空活水来

"海"的释义,是指大洋靠近陆地的部分,比洋小的水域。但汉语使用中,也有把较大的内陆湖泊称之为海,比如云南的洱海、西昌的邛海、甘肃的尕海、青海湖古称西海,就连北京城内还有北海、中海、南海、什刹海等等。瀚海,在汉魏六朝时指北方的海名,唐代指蒙古高原大沙漠以北及准噶尔盆地一带广大地区,明以来泛指戈壁沙漠。据不完全统计,我国带"海"字的地名(不包括村)就有数百个之多。我国的海洋国土,包括渤海全部,黄海、东海和南海的一部分、台湾岛的周边海域及国际海底区域的一部分,总面积约三百万平方千米,相当于我们陆地领土的百分之三十。

对"海"的字形,我曾反复琢磨,悟出以下几层意思:其一,"海"字的左半部分是"三点水",右半部分是"每",它们组合的意思应是每一滴水积聚在一起,百川归流方能汇合成海;其二,"每"字形状是一个戴头巾的女人,可代指母亲,还有一说认为"每"就是"母"的异形体,水和母在一起,既表示女人如水,也表示哺育离不开水;其三,"海"字的右半部分上面是个"人"字,右半部分下面是个"母"字,左半部分为水,表示的意思就是,大海是人类的母亲;其四,"海"字右半部分下面的"母"字犹如一个望远镜,人戴着望远镜看着左边的"水",眼界会更开阔,胸襟会更宽广,志向会更远大。

自古以来,中国人敬海也畏海,无数人终生未到过海边见一见海的样子,但提起海洋却不陌生。与海相关的词语非常丰富,描写海的诗词歌赋也有很多。例如,张若虚的"春江潮水连海平,海上明月共潮生",李白的"乘风破浪会有时,直挂云帆济沧海",元稹的"曾经沧海难为水,除却巫山不是云",陆游的"三万里河东入海,五千仞岳上摩天",王之涣的"白日依山尽,黄河入海流",王湾的"海日生残夜,江春入旧年",苏轼的"小舟从此逝,江海寄余生"等,都是耳熟能详的名诗名句。在与海有关的文化典故中,鲲鹏游海、精卫填海、张生煮海、哪吒闹海、八仙过海、鲁连蹈海的故事很值得一读。

鲲鹏游海,是庄子在《逍遥游》中,借鲲鹏游弋与翱翔、鲲鹏与蜩鸠的对比,来描绘逍遥的物象、逍遥的大小之别和逍遥受形体束缚所表现出的相对幸福。它集中探讨追求绝对自由的人生观,即"逍遥游"。"逍遥游"是指无所依赖、绝对自由地遨游于永恒的精神世界,这是庄子哲学思想的一个重要内容。难能可贵的是,《逍遥游》这篇奇文,运用大量的比喻,寓哲理于离奇的想象和形象化的描写之中,读之浮想联翩,犹如身临海空中畅游。

精卫填海,是中国上古神话传说之一。相传,精卫鸟本是炎帝神农氏的小女儿。一日,她到东海游玩,不慎溺水而亡。她死后的精灵化作一种名叫精卫的神鸟,每天从山上衔来石头和草木,投入茫茫海水之中,誓要填平东海,不让其他无辜的人再受海水的侵害。她脆弱的生命所表现出的顽强毅力,令人惊叹和回味不已。

张生煮海,出自元代的一部杂剧作品。剧中写潮州儒生张羽寓居石佛寺,清夜抚琴,琴声招来东海龙王三女儿琼莲,两人互生爱慕之情,约定中秋之夜相会。没想到,中秋来临时,因龙王阻挠婚事,琼莲无法赴约。张羽便用仙姑所赠宝物银锅煮沸海水。大海升温翻腾,龙王不得已将张羽召至龙宫,与琼莲婚配。该剧表现了张羽和琼莲的忠贞爱情。张羽不屈不挠,勇于与龙王抗争,他的追求人生幸福的斗争精神,对在封建礼教束缚下青年男女挣脱封建精神枷锁,有一定的启发教育意义。

哪吒闹海,是《三教搜神大全》《封神演义》《西游记》等古代文学作品中记载的经典故事。说的是陈塘关总兵李靖的夫人怀孕后分娩,生下一个肉蛋。李靖认为是不祥之物,用剑劈开,却蹦出一个手套金镯、腰系红肚兜的小男孩,这便是哪吒。哪吒顽皮习武,一次在海边嬉戏时,碰上巡海夜叉与东海龙王的三太子肆虐百姓、残害儿童,哪吒挺身而出予以制止,在双方争斗中打死夜叉,抽了龙王三太子的龙筋。东海龙王闻讯,怪罪于李靖,兴风作浪,淹没陈塘关,并且上玉皇大帝处告御状。哪吒不愿连累父母,自己剖腹剔骨而死,后其魂魄飞往仙师太乙真人处。太乙真人用荷叶、莲花为哪吒脱胎换骨,化身神童。哪吒后来大闹龙宫,擒捉龙王,为民报仇。这一故事反映了少年英雄不畏强暴,敢于同恶势力较量的智勇精神,历来为人们所传颂。

八仙过海,是中国民间流传最广的神话传说之一,有多个版本。比较一致的是,传说中的八位神仙,即铁拐李、汉钟离、蓝采和、张果老、何仙姑、吕洞宾、韩湘子、曹国舅,受白云仙长之邀,到蓬莱仙岛观赏牡丹并参加宴会。酒后,众仙意犹未尽,铁拐李提议大家一起到海上三神山观赏秀丽风景。众仙听了,欣然赞同。到了海上,又有一仙提议不乘坐渡船,只凭各自本领渡海而去。于是,众仙各显神通,悠然地遨游在碧波万顷的大海之上。这是一个凭高超智慧和本领征服大海的精彩故事。至今,八仙过海的形象仍能在民间年画、家用器皿及相关文化场所和设施中见到。

在鲁连蹈海的典故中,鲁连又称鲁仲连,战国末期齐国人,自幼聪颖好学,是齐国稷下学宫的后起之秀,长于阐发奇特宏伟、卓异不凡的谋略,尤其是他思维敏捷、口若悬河,以雄辩之才闻名遐迩。他不仅在破燕复齐的过程中出奇谋、立奇功,为复齐大业作出独特贡献,而且在当时与列国交往中,时时处处以齐国利益为重,扶危济困、仗义执言,展现了很高的外交政治智慧,为世人所称赞。一次,鲁仲连游历到赵国,适逢秦国围赵之邯郸。鲁仲连坚持正义,力主抗秦,反对投降,并且与魏国派到赵国的使臣展开一场激烈的论争,说服魏使臣放弃降秦的主张,恰逢魏援军赶到,从而解了邯郸之围。在此过程中,鲁仲连揭露秦王欲要称帝、独霸天下的企图,并且发誓说:如果让秦无所忌惮地称帝,进而统治天下,那么自己就蹈进东海而死。这就是历史上著名的"鲁仲连义不帝秦",即"鲁连蹈海"的典故,表示宁死不受强敌屈辱的气节情操。

以上六个故事的异曲同工之处在于,面对神秘莫测的大海、汹涌澎湃的浪潮,不信邪、不畏强、不惧难、不怕死,敢于斗争、敢于胜利,就能够将命运掌握在自己手中,成为制海、胜海的英雄。

大海的波澜壮阔,给人以无尽的探求;大海的变幻莫测,给人以无限的想象;大海的潮涨潮落,给人以无穷的力量;大海的巨大承载,给人以无悔的希望。为了更深入地从文化视角了解大海、熟悉大海,有必要再一次走进历史、走进沧桑。

海是神奇的梦幻。我国先秦时期的重要古籍《山海经》,是一部富于神话传说的最古老的奇书。司马迁著《史记》时曾提到此书。《山海经》原共二十二篇,现存十八篇,内容涉及中国古代历史、地理、文化、中外交通、民俗、神话等。其中,《山经》有五卷,《海经》有八卷,记载了五百座山、三百条水道。《海经》主要记载了上古时期的西海、南海、东海、北海。例如,"西海之南、流沙之滨、赤水之后、黑水之前,有大山,名曰昆仑之丘。"据推断,昆仑之丘即为祁连山,赤水为大通河,黑水为党河,因此,西海即为现在的居延海。再如,"黄帝生禺号,禺号生禺京,禺京处北海,禺号处东海,是为海神。"禺号与禺京是父子关系,分别为东海、北海之神。《山海经》中提到一个"羲和国",位于东海之外、甘泉之间,传说中天帝的妻子羲和居住于此,她和天帝生了十个太阳,被后人称为太阳神之母,羲和之地被称为神仙之地。《山海经》中还提到一座仙山,叫流坡山,入东海七千里就是此山,雷兽就居于此山。该书中提到的各种异兽近五百个,各种上古大神众多,而诸多神又将人们带入一个奇幻的世界。

自古以来,蜃景就为世人所关注,古代人们把蜃景当成是仙境。蜃,即大蛤,原指在海边或沙漠中,由于光线的反射和折射,空中或地面出现虚幻的楼台城郭,现多比喻虚无缥缈的事物。山东烟台的蓬莱阁,是中国四大名楼之一,依山傍海,山光水色堪称一绝。历史上,蓬莱阁周边的海面上常有海市蜃楼出现,散而成气,聚而成形,虚无缥缈,变化莫测,更为蓬莱平添几分神韵。古人笃信,在茫茫的大海上,漂浮着迷人的岛屿,那里琼楼玉宇、亭台画榭、天籁飘飘,仙人饮酒为乐。唐朝诗人白居易就写道:"忽闻海上有仙山,山在虚无缥缈间。"北宋苏轼写道:"东方云海空复空,群仙出没空明中。荡摇浮世生万物,岂有贝阙藏珠宫。心知所见皆幻影,敢以耳目烦神工。"这是多么美妙的诗情画意啊!

在神话世界里,龙宫的传说也由来已久。龙宫是传说中龙王居住的海底宫殿,又名水晶宫。在五行说中,东方为尊位,所以四海龙王中,东海龙王敖广摆在首位,亦为所有水族之首领,主宰雨水、雷鸣、洪灾、海潮、海啸等。中国沿海地区常见龙王庙,为的是祭祀龙王,保风调雨顺,万物丰登。至于龙王为什么姓敖,先要看敖姓的来源。据说五帝之一的颛顼的老师叫太敖,太敖的子孙以祖上的名字命名他们的姓氏,于是形成了敖姓。还有说被废弑的楚国国君的后代也被称为敖氏。敖字也可作遨游解,本意是漫游、出游的意思。海中之龙要经常腾云驾雾、出游四方、布云播雨,所以龙王皆为敖姓,南海龙王叫敖钦,北海龙王叫敖顺,西海龙王叫敖闰。古代经典小说《西游记》中,有一段孙悟空到东海龙宫借兵器的描述。孙悟空听得龙宫宝贝甚多,就径自来到水晶殿中,向龙王求一件兵器。龙王不好推辞,先是命虾兵蟹将分别抬出刀、叉、戟,孙悟空都嫌轻,不趁手。后龙婆、龙女提出让孙悟空看看天河定底的神珍铁。原来是大禹治水之时,定江海浅深的一块神铁,唤作"如意金箍棒",重一万三千五百斤。孙悟空遂让它变短变小,随手舞将起来,龙宫被震荡得凌乱不堪,老龙王也吓得胆战心惊。这部《西游记》虽是小说,但多少人看得如醉如痴,经典段落也被多次改编创作成戏剧、影视作品,可见人们对神秘大海的兴趣。

海是美好的向往。面向大海,春暖花开。海的辽阔壮观,给人以无穷的想象空间。古人常以海来抒发美好的情感。汉乐府民歌《上邪》中写道:"上邪!我欲与君相知,长命无绝衰。山无陵,江水为竭。冬雷震震,夏雨雪。天地合,乃敢与君绝!"意思是说,上天啊,我渴望与你相知相惜,永不变心。除非群山消失,江水干枯。冬天打雷,夏天下雪,我才敢把对你的情感抛绝。这是"山盟海誓"的最早表述。宋代辛弃疾《南乡子·赠妓》中写道:"别泪没些些,海誓山盟总是赊。"由此形成了成语"海誓山盟",比喻男女相爱时立下的誓言,爱情要像山和海一样永恒不变。唐代诗人张九龄写有著名的《望月怀远》一诗:"海上生明月,天涯共此时。情人怨遥夜,竟夕起相思。灭烛怜光满,披衣觉露滋。不堪盈手赠,还寝梦佳期。"诗人用清新自然的语言,描绘了海上一轮皎月从东海冉冉升起时,思念远方亲人及妻子的细腻情感,构思巧妙,蕴含有致,生动逼真,感人肺腑,诉说了多少两地分隔的有情人的衷肠,也含蓄地表达了有情人佳期相会的美好愿望。

古人以海的意境还表达出脱离苦海、祈盼幸福的精神追求。在汉传佛教供奉的菩萨中,观世音菩萨最为人们所推崇。观世音,顾名思义,能以视代听、以耳代目,当世间众生受苦遇难呼救观世音"保佑"时,菩萨可即时"观"其音来帮人排忧解难,所以人们又称其为大慈大悲观世音菩萨。据传,当年东南沿海一带瘟神作怪、疫疾虐行,百姓忧苦、民不聊生,观世音菩萨决心到此弘扬佛法,为一方百姓讲经说法,大化天下。由于百姓众多,苦难不尽相同,菩萨就变出三种化身,并且以千手千眼普度众生、救苦救难,做到千处有难千处应。观世音还用手中的法器，即净瓶、柳枝，向人间洒下甘露之水，洗涤污秽，去除瘟疫，使人们安居乐业、太平幸福。东南一带的百姓纷纷为观世音菩萨建庙塑身，香火绵延旺盛。

晋代的葛洪在《神仙传·麻姑》中记载，有一个叫麻姑的仙女，自从她当仙女以来，已经见到东海有三次变为桑田。后用"沧海桑田"，比喻世事变化很大。在民间传说中，麻姑本是一个普通女子，一次帮有钱人家做针线活，主人满意之余赏了她一个桃子，她在回家的路上遇到一位奄奄一息的老婆婆，就蹲下用桃子喂婆婆，后又把婆婆带回家喂以米粥。老婆婆离开后，托梦给麻姑，让她把吃剩的那个桃核种在院子里。麻姑醒后果然见到桃核，就按婆婆的吩咐去做。之后，院中长了一棵桃树，结出的桃子又大又红。麻姑送给周边老人食用，老人们身体越来越健康。后来麻姑因事触怒父亲逃入深山中，被仙人收下修炼。麻姑在山中用十三年时间，以泉水酿造出灵芝酒，此时，麻姑已修道成仙，她也得知曾救过的婆婆是王母化身。正好逢王母娘娘寿辰，麻姑就带着灵芝酒前往瑶台，为王母娘娘祝寿。王母大喜，封麻姑为虚寂冲应真人。"麻姑献寿图"就源于此典。此图在民间广为流传，反映着人们向往自由、幸福、健康、长寿的朴素心理。

海是英雄的史诗。大海波涛汹涌、雄浑苍劲，愈加激发了人们奋勇搏击的欲望。以海为大背景的英雄豪杰层出不穷，英雄气概震古烁今。我国最早的水军是春秋时吴国建立的，诞生地在今天的无锡。春秋时期，吴楚之间的水战是我国最早的水战，楚凭借处于上游的有利地理位置，多次顺流而下攻打吴国，双方各有胜负。公元前494年，吴国和越国在太湖也发生了一次大规模水战，越国水军被吴水军打得几乎全军覆没。吴王夫差挟战胜越国之威,于公元前485年,分水、陆两路进攻山东半岛的齐国,我国历史上最早的海战爆发。齐国是东方强国,疆域广大,东濒大海。春秋末期,齐国已拥有一支强大的舟师。吴、齐两国在位于山东琅琊附近的黄海海域进行了一场大规模海战,以齐国舟师大败吴国舟师,迫使吴国舟师返航而告终。

东汉末年,曹操率军北征乌桓,胜利班师途中登临碣石山时,曾作《观沧海》:"东临碣石,以观沧海。水何澹澹,山岛竦峙。树木丛生,百草丰茂。秋风萧瑟,洪波涌起。日月之行,若出其中。星汉灿烂,若出其里。幸甚至哉,歌以咏志。"这首四言诗,借登山望海所见,描绘了高山大海的雄伟气象,表达了诗人仰观海天、豪迈乐观的进取精神,给人以喷薄欲出的气势。

宋代以降,发生过著名的唐岛海战、崖山海战、马江海战、澎湖海战、露梁海战等。唐岛海战,是南宋绍兴年间,宋金双方在黄海海域进行的一次海上决战,南宋军队采用火攻破敌战法,大获全胜,金国舰队全军覆没。崖山海战,是南宋末年,宋朝军队与蒙古军队在广东江门崖山进行的大规模海战,元军以少胜多,宋军全师覆灭,南宋大臣陆秀夫背着少帝赵昺投海自尽,包括不少忠臣在内的十万军民跳海殉国,南宋至此灭亡。澎湖海战,是清康熙年间,福建水师提督施琅率师于澎湖海域歼灭台湾郑氏军队的作战,此战收复澎湖、台湾,结束郑氏王朝在台湾二十二年的统治,台湾宝岛为大清所管辖。露梁海战,发生于16世纪末,中国明朝军队与朝鲜军队联手,与日本军队在露梁海域交战,以中朝联军胜利而结束。此外,明朝时戚继光率领的戚家军在浙江、福建等沿海地域抗击倭寇时,也打出了国威军威,戚家军令倭寇闻风丧胆。

尽管近代史上西方列强的海上入侵,使中华民族遭受了巨大灾难,但也有许多中国人显示了奋勇抗击、不屈不挠的英雄血性。鸦片战争时,英国侵略军对占有重要战略位置的舟山岛蓄谋已久。1841 年,英军数十艘兵舰发动攻岛作战,守卫定海的总兵将领葛云飞、王锡朋、郑国鸿,率五千八百名将士奋勇抵抗,血战数日,终因弹尽援绝而牺牲,全体将士也壮烈殉国。这段惨烈而悲壮的历史,为中国人所刻骨铭记。如今,昔日的战争遗址已成为舟山鸦片战争遗址公园,三总兵塑像赫然而立,被列入全国爱国主义教育基地。1894 年,中日甲午海战爆发时,虽然北洋水师由于种种原因而落败,但涌现了在战舰遭受重创后,仍决心勇撞日军旗舰的邓世昌;在威海卫之战中,拒绝降敌、顽强拼战、弹尽援绝、自杀殉国的定远舰管带刘步蟾;以及水师其他将领林永升、黄建勋等。如今威海刘公岛上的甲午战争博物馆,陈列着这些人物的英雄事迹。

另外,值得一提的是,在山东青岛即墨境内有一座小岛,海岛东西长约三公里,南北宽约零点五公里。汉高祖刘邦统一天下后,曾经的齐王田横率众栖居此岛,刘邦得知后特赦田横无罪,并召他去都城。田横为了不连累众人,只得屈从前往,但即将到都城时,却自杀身亡。岛上留下的五百名壮士闻听消息,感戴田横的恩情和义举,全部自杀殉义,其壮烈行为震动天下,后世称这个岛为田横岛。东方民族的坚韧之魂和忠烈精神可见一斑。

海是友谊的浪花。中华民族善良、文明、爱好和平,与海外诸国友好交往源远流长。初唐四杰之一的王勃曾写下“海内存知己,天涯若比邻”的优美诗句。唐代禅僧元览竹上题诗“大海从鱼跃,长空任鸟飞",后人演变为"海阔凭鱼跃,天高任鸟飞"的谚语,表达出在广阔海空施展抱负的志向。

中国古代对外交流发起于秦汉,兴盛于唐宋,明初曾走向一个高峰。先是从周边邻国开始,如朝鲜、日本、东南亚,之后拓展到印度、波斯、阿拉伯,后来又到欧洲、东非和北非。"海上丝绸之路"的雏形,在秦汉时期便已存在。已知有关中外海路交流的最早史载,来自《汉书·地理志》,当时古中国就与南海诸国接触。唐代中期之后,由于战乱及经济重心转移等原因,海上丝绸之路取代陆路成为中外交往的主要通道。唐代从中国东南沿海出发的一条远洋航线,全长一万四千公里,途经一百多个国家和地区,影响非常深远。

东晋时期,高僧法显是第一位到海外取经求法的佛教大师。399 年,法显从长安出发,经西域到天竺寻求戒律,游历了三十余国,收集了大批梵文经典,前后历时十四年才回国。特别值得一提的是,法显归国走的是海路,历经千难万险。当他完成取经求法的夙愿,坐上从印度东归的商船时,船行不久即遇风暴,船破水入。商人为减轻船只载重,险些要丢掉法显的佛像和佛经,幸遇一岛,补好船漏又前行。在危难中漂泊一百多天后,到达一海岛,在岛上住了数月,又转乘另一条商船向广州进发。不料在海上又遇大风,船失方向,随风漂流。风浪中,法显险些被人再次抛入大海,幸好有友人相助,才逃过海上劫难。就这样,直到 412 年 7 月,他才回到祖国。法显出游时六十五岁,归国时已是七十八岁高龄。他登陆的地点已偏离广州很远,是山东半岛地界。至今在青岛崂山沙子口,仍能寻到法显生活的踪迹。有一棵古银杏树,据传是为纪念法显东归而栽。他归国后所著《佛国记》一书,全文九千五百多字,不仅是一部传记文学和历史文献,也是中国南海交通史上的重要见证。

继法显之后,唐朝高僧鉴真,应日本僧人邀请,先后六次东渡,历经千辛万苦,终于在十二年后抵达日本。其间,前四次东渡均告失败,第五次东渡最为悲壮。那一年鉴真已经六十岁,船只从扬州出发,屡遇风潮,航船时进时停,后又遇大风浪,船只向南漂流了十四天,人们靠吃生米、饮海水度日,最后在海南岛上岸。在这次不成功的东渡中,鉴真身染重病,双目失明。第六次东渡终于成功。鉴真给日本带去很多佛经和医书,他主持重要的佛教仪式,系统讲授佛经佛法,指导日本医生鉴定药物,还传播唐朝建筑技术和雕塑艺术,设计和主持修建了唐招提寺。鉴真东渡促进了中日文化的交流与发展,佛教更为广泛地传播到东亚地区,对日本的宗教和文化事业发展产生了积极深远的影响,增进了中日两国人民的友谊。

明朝时,皇帝朱棣派遣郑和率领船队从太仓出发,出使西太平洋、印度洋沿岸国家,史称郑和下西洋。从 1405 年到 1433 年,郑和七下西洋,完成了人类历史上伟大的壮举。他曾到达过爪哇、苏门答腊、苏禄、古里、暹罗、阿丹、天方等三十多个国家,最远曾到非洲东岸、红海、麦加等,对促进中外经济、文化交流起到了积极作用,郑和本人也赢得了世人的尊重和纪念。

在古代,不仅有中国人"走出去"的大量活动记载,也有外国人"走进来"的历史印记。早在北魏时期,古天竺国的一位僧人达摩就坐船跨越印度洋来到广州,后一路北上,之后到了河南嵩山地界,创立了少林禅宗,他成了禅宗第一代祖师。元明清时期,正是"西学东渐"之时,以马可·波罗、利玛窦、汤若望、南怀仁、郎世宁等为代表的一大批西方旅行家、传教士、科学家及商人来到中国，在东西方经济、文化交流中起到了桥梁和纽带作用。

海是勤劳的欢歌。中国人一直以勤劳、勇敢著称于世。天道酬勤、四海为家、漂洋过海、移山填海、财源茂盛达三江、生意兴隆通四海等，有很深的历史文化积淀。自海上贸易发端起，中国的瓷器、丝绸、茶叶、金属饰品、手工制品等就远销海外。继原始航海活动之后，秦汉造船技术逐步成熟。三国时期，吴国的船舰设计与制造有了很大进步，不仅技术先进，而且规模很大。宋代指南针广泛应用于航海，商船的远航能力有了质的飞跃。与此同时，工商业发展也进入一个崭新阶段，这就为海上交通贸易提供了厚实基础和条件。有历史地理学家认为，从中国东南沿海各港口起，循海道一直到印度洋沿岸的波斯湾、阿拉伯、红海和东非沿海……均发现中国青瓷的踪迹。

古时海上渔业和养殖业的发展也长盛不衰。据《竹书纪年》记载，商周时代就"东狩于海，获大鱼"，说明当时已具备在海边捕到大鱼的技术。经秦汉到南北朝数百年的发展，汉武帝时期已能制造"楼船"、"戈船"等大船，从而推动了海洋捕捞技术进一步提升。唐宋元时期，海上捕捞已有相当规模。明代的海洋捕鱼业尽管受到海禁的影响，但技术上仍有很大进步。古代的水产养殖，在商代已经出现；宋元以前，主要以淡水养殖为主；明清时，"其筑海为池者，辄以顷计"，海上养殖已具有一定规模。除了养殖多种鱼类外，贝类、藻类养殖也推广开来。劳动人民用勤劳的双手，谱写了美丽动人的海上渔歌。

在历史发展进程中，劳动人民对海岛开发也很活跃。新石器时代的原始人,为生计进行简单而频繁的采贝活动,被认为是开发海洋的先驱。春秋战国时期,齐桓公在管仲的辅佐下,实行"官山海"的海洋开发政策,由国家统一组织开发海洋,使齐国"通渔盐之利,国以殷富,士气腾满,日益富强",齐桓公"九合诸侯",遂成春秋五霸之首。当时燕、楚、越等诸侯国,也重视开发利用海洋鱼盐,国家实力也大为增强。中国海域面积广大,岛屿众多,从唐代开始人口向海岛迁移,大致解决了劳动力短缺问题,使海岛开发得以持续推进,海岛农业、林业、渔业、养殖业生产也有了人力条件。从秦代开始,已正式对西沙群岛实施管辖权,汉代南沙群岛已归我国管辖,一直延续到明清。到了元代,中国人已经大规模开发包括南沙群岛在内的整个南海诸岛。元代郭守敬绘制的《广舆图》中,把西沙群岛标为"千里长沙",把南沙群岛标为"万里石塘"。为了改善沿海地区的居住环境,人们还大兴防沙、治水、筑堤、种林等工程。唐朝末年,吴越王钱镠治理杭州时,对钱塘潮水给人民带来的灾害十分挂心,他下令修筑海堤,不料,海堤屡修屡被潮水冲塌。人们传说是"潮神"故意作对,钱王听了十分愤怒,决心亲自制服潮水。他命人在钱塘江边搭起一座大王台,并准备一万名弓箭手。到了大潮日,他登台观察,待奔腾翻卷的潮头汹涌而来时,钱王喝令"放箭",并率先将手中的箭射出。在万箭齐发之际,潮头果然被逼退,又弯弯曲曲化为一个"之"字形消失,从此这里被称为"之江"。钱王射落潮水,海堤得以筑成,这一带百姓有了良田耕种,安居乐业。为纪念钱王的功绩,百姓将江边的海堤叫作"钱塘"。如今,杭州钱塘江畔闻涛路与江虹路交叉口,矗立着"钱王射潮"的青铜巨雕,气势磅礴,浑厚雄伟。

中国人的勤奋,不仅直接表现在生产劳动上,还引申表现在勤学苦读上。唐代著名文学家韩愈有名言:"书山有路勤为径,学海无涯苦作舟。"此句收录在《增广贤文》一书中,是历来治学的座右铭。中国人勤奋学习的精神薪火相传,感人事例举不胜举,流传着囊萤映雪、凿壁借光、废寝忘食、焚膏继晷、程门立雪等许多佳话。

海也是屈辱的记忆。海是美好的,也是多变的。滔天的浊浪,难以湮灭中国人岁月的瘢痕;苦涩的海水,犹如中国人苦难的倾诉。明清晚期,当权者闭关锁国,对世界发展趋势茫然无知。在腐败无能的统治下,国势国力江河日下,西方侵略者乘虚而入,仅从海上对我国的入侵就有四百七十九次之多。发生在 1840 年至 1842 年的第一次鸦片战争中,英帝国主义凭借坚船利炮,虎视眈眈。清政府屈膝妥协,被迫同英、法、美等国签订了《南京条约》、《望厦条约》和《黄埔条约》等丧权辱国的不平等条约,使中国社会的性质开始发生根本变化,沦为半殖民地半封建社会。1856 年至 1860 年,英法两国在美俄支持下联合发动侵华战争,史称第二次鸦片战争。其目的是列强为了进一步打开中国市场,扩大在华侵略利益。战争结果迫使清政府签订了不平等的《天津条约》、《中俄瑷珲条约》和《北京条约》,中国因此而丧失的领土就有一百五十多万平方千米。1860 年,英法联军攻占北京,在肆无忌惮的洗劫后,又纵火焚烧圆明园,大火三日不灭,使这片巧夺天工的优美园林成为一片废墟。1883 年,法国以越南为基地侵略中国,引发中法战争。1884 年,法国舰队利用落潮的有利时机,对中国舰船发起攻击。尽管福建水师英勇还击,但因准备仓促、装备落后,多数舰船被击沉,最后惨败,福建水师几乎全军覆灭。1900 年,西方列强八个国家联合军队发动侵华战争。八国联军进入北京后,烧杀抢掠,北京城内外陷入一片血雨腥风之中。一个多世纪后见到的圆明园仍能看到那些强盗们遗留的野蛮劣迹。发生在 19 世纪末的中日甲午战争,以中国战败,北洋水师全军覆没而告终,中国清政府迫于日本军国主义的军事压力,于 1895 年 4 月签订了丧权辱国的《马关条约》。条约规定将辽东半岛、台湾岛及所有附属岛屿,包括钓鱼岛、澎湖列岛割让给日本,中国赔偿日本军费白银两亿两,后又增加三千万两"赎辽费",开放四地通商口岸,日本驻军威海卫等。《马关条约》是继《南京条约》后最严重的不平等条约,大大加深了中国社会半殖民地化的程度,使中华民族陷入严重的民族危机。在近代中国,一张海洋图,斑斑血泪史,广大民众叫天天不应、叫海海不灵。中国向何处去,成了众人心头的块垒和眼前的迷惘。

大海扬波,东方泛亮。中国人民终于迎来了胜利的曙光,走过了从站起来到富起来再到强起来的波澜壮阔历程。前事不忘,后事之师,历史的经验教训告诉人们:向海展望,是思想觉醒的启航;向海扬帆,是中华崛起的希望;向海图强,是民族复兴的力量;向海发展,是拥抱世界的方向。当今时代,我们拥有走向大海、经略海洋的无比优越条件。"人生自信两百年,会当水击三千里",到海浪中搏击,到海空中翱翔,境界将更自由,向往将更宏远,天地将更开阔,人生将更精彩。

花草无情人有情

鸿蒙初开,万物初醒之时,自然界的花花草草恐怕是最柔弱、最无助、最渺小的植物生命体了。然而,日月更替、山河变迁,漫长的历史演变进程,又见证了它们最顽强、最坚韧、最独立、生生不息、经久不衰的旺盛生命力。不难想象,失去了花草的自然界,将是一片荒凉、一片孤寂、一片衰败的可怕世界。是花草用万紫千红、千姿百态、绿草茵茵、碧浪滚滚装点此关山,使大地葱茏、气象万千,天空更洁净,山川更壮阔,人间更多彩,世界更美丽。是花草所显现的花开花落、周而复始、"野火烧不尽,春风吹又生"的特性,给人们以信心、力量、温馨、抚慰。人类社会的进步发展,使人们愈加深刻地认识到,自然生态的保持与平衡离不开花草,人与自然的共生共存共荣离不开花草,人们对美好生活的追求与向往离不开花草。

自古以来,人们在了解花草、熟悉花草、受益花草、享受花草的同时,也赋予了花草生命的灵性,寄托了绵绵不尽的情感。恰如是,花草本无意,人间却有情。当花草走进人们的情感世界,它们的生机活力,它们的婀娜多姿,它们的盛衰荣枯,就与人的精神文化紧密相连,就生发出许多见景生情、以景抒情、触景伤情、情景交融的文化作品和如歌如泣的动人故事。

先看看花的世界。据不完全统计,花卉的品种达到四十五万种,其中,在中国大地上的就有三万种以上。花有花语,花有象征,花有寓意。例如,莲花出淤泥而不染,为花之君子,是高雅纯洁的象征;菊花凌寒傲霜,花色如金,为高洁志士,是秋熟收获的象征;牡丹色彩艳丽,锦绣灿烂,为天生丽质,是雍容富贵的象征。唐孟浩然一首"春眠不觉晓,处处闻啼鸟。夜来风雨声,花落知多少"的小诗,把人们迎春、爱春、闹春、惜春的情感表现得那么自然微妙;唐杜甫《江畔独步寻花》诗云:"黄四娘家花满蹊,千朵万朵压枝低。留连戏蝶时时舞,自在娇莺恰恰啼。"把春意盎然、莺啼蝶舞的美景描绘得那么赏心悦目;南唐后主李煜"春花秋月何时了,往事知多少……"一词,把词人亡国伤痛刻画得那么深沉悲切;清龚自珍"浩荡离愁白日斜,吟鞭东指即天涯。落红不是无情物,化作春泥更护花"一诗,把心系天下的家国情怀抒发得那么铿锵有力;《红楼梦》中林黛玉的《葬花吟》,又把红消香断、由花及人的花季少女愁思吟唱得那么凄楚哀怜。花的语、花的情、花的意,很难道尽说明,不妨选几种代表性的花种,在其离奇曲折的花境之中徜徉一番。

梅花。梅花是中国十大名花之首,与兰花、竹子、菊花一起被称为"四君子",与松、竹并称为"岁寒三友"。在传统历史文化中,梅以凌寒傲雪、独开花先、坚强不争的品格,为世人所推崇颂赞,也给人"宝剑锋从磨砺出,梅花香自苦寒来"的奋发激励。

　　最早的咏梅诗是北魏年间陆凯赠予好友范晔的"一枝春",说的是陆凯率兵渡过梅岭,正直岭上梅花怒放,他回首北望,想起好友范晔,便折下一枝梅花,让驿使捎去。范晔收到梅花,并见诗一首:"折梅逢驿使,寄与陇头人。江南无所有,聊赠一枝春。"范晔被陆凯这种清白高洁、忠贞爱国、为了国家统一而率师远征的精神深深感动。这件事传开后,被天下文人称赞不已。

　　"踏雪寻梅"的典故,说的是唐代诗人孟浩然深入体察自然的事。孟浩然与王维是好友,自愧不如王维诗写得好。于是,他经常深入大自然当中,还不顾严寒,骑驴冒雪寻梅。有人送孟浩然一首打油诗:"数九寒天雪花飘,大雪纷飞似鹅毛。浩然不辞风霜苦,踏雪寻梅乐逍遥。"经数年刻苦观察,他终于写出不少优秀田园诗,诗名与王维并称。

　　北宋名相王安石,全力推行改革,遭反对者竭力攻击,他先后两次被罢相退居钟山,在心冷孤独之中写下"墙角数枝梅,凌寒独自开。遥知不是雪,为有暗香来"一诗,以梅拟人,表明自己无惧恶劣环境,坚持改革信念的刚毅品质。

　　南宋爱国诗人洪皓,留下了"梅花三弄"的典故。洪皓在出使金国时,被金人扣留十五年,他面对威胁利诱、不屈不降、意志坚定,最后终于返回南宋。临行前夕,他写下了《江梅引·忆江梅》一词,其中有"断回肠,思故里。漫弹绿绮。引三弄,不觉魂飞"的句子,并演奏"梅花三弄"古曲,表达南返的喜悦心情。后人对洪皓的忠贞气节作出高度评价。

　　元代著名画家、诗人王冕酷爱梅花,善画墨梅。他淡泊名利,明朝时朝廷曾征召他为官,他却不为所动,一直过着田园隐逸生活。他在所画的一幅《墨梅图》上题诗"我家洗砚池头树,朵朵花开淡墨痕。不要人夸好颜色,留得清气满乾坤",以此表达自己的心志。

桃花。桃花是生于斯、长于斯,具有古老传统的花木。每当阳春三月,万象更新之时,桃花总是以它花朵丰腴、色彩艳丽的形态,将春姑娘装扮得分外妖娆,吸引人们怀着愉悦的心情踏青赏花。

在历史文化中,桃花常用来寓意女子美貌、美好爱情和生活,以及教书育人的成果。相传,夸父追日时手中拄着一根神木,当他临死前,神木化为桃林,后来人们认为桃木具有驱鬼辟邪的作用。中国最早的诗歌总集《诗经》中,就有"桃之夭夭,灼灼其华。之子于归,宜其室家"的诗句,说的是在桃花盛开、色彩鲜艳红似火的季节里,一位青春少女喜洋洋地出嫁,到她的夫家组建和美小家庭的喜庆事。古人咏桃花的诗词很多,苏轼"竹外桃花三两枝,春江水暖鸭先知"的诗句,写出了对环境变化的先知敏感;李白"桃花潭水深千尺,不及汪伦送我情"的诗句,道出了对相知好友的深厚情谊;白居易"人间四月芳菲尽,山寺桃花始盛开"的诗句,揭示了对时光转换的哲理思考。

在以桃花为吟咏对象的诗词中,唐代崔护《题都城南庄》一首颇有传奇色彩。该诗写道:"去年今日此门中,人面桃花相映红。人面不知何处去,桃花依旧笑春风。"这首诗引出了一段动人的爱情故事,说的是青年才子崔护考场落第,清明日到长安城南独游,口渴之时遇一村庄小院,他叩门求饮,一年轻貌美女子开门为他递水,并暗自仰慕他的才华。崔护走后,忘却再访之事,直到第二年同一时日,他再度往寻,见门已上锁,遂于门上题了这首诗。几天之后，崔护复去，听得屋内有哭声，忙问女子父亲为何因。老者知是崔护来访，便告知女子因思念题诗之人郁郁而终的实情。崔护急忙扶起女子的头，呼喊"崔护在此！"女子竟然苏醒过来。于是，女子之父将她嫁给了崔护。

《史记·李将军列传》中还有一个"桃李不言，下自成蹊"的成语典故，说的是西汉时有一位勇猛善战的李广将军，一生跟匈奴打过七十多次仗，战功虽显赫，但从不居功自傲，平时与士兵同甘共苦，得到朝廷的赏赐，也通通分给士兵们。后来，李广将军去世的消息传到军营时，将士们痛哭流涕，连许多与将军并不熟悉的百姓也自发悼念他。司马迁在为李广立传时评说："桃李不言，下自成蹊。"意思是，桃树李树虽不能说话，但其花朵和果实会吸引众人，以至树下走出小路，寓意品行高尚的人，尽管自我不夸耀，也会自然受到人们的尊重与敬仰。

清代文学家孔尚任还创作过《桃花扇》的传奇剧本，写的是明代末年，公子侯方域在南京结识名妓李香君，两人订下婚事，侯方域提诗扇为信物赠香君。南明小朝廷建立后，侯方域为避害逃往扬州，李香君被权臣逼迫另嫁他人，李香君以死抗争，血溅定情诗扇，后杨龙友将扇面血痕点染成桃花图。南明小朝廷在清军凌厉攻势下君臣逃亡，侯方域出狱避逃栖霞山，在白云庵相遇李香君，两人双双出家。该剧深刻揭示了个人命运与国家兴亡紧密相连的主题，歌颂了李香君爱国情怀和忠贞不渝的爱情观。至今，南京夫子庙仍有修复的李香君故居。

牡丹花。牡丹原生于山岭丘壑间。汉光武帝刘秀早年起事时，兵力弱小，一次为躲避王莽派来的大将王朗军的追兵，躲入寺院的牡丹花间。刘秀称帝后,遂赐名"汉牡丹"。南北朝时,已有人工栽培记载。隋唐时期,牡丹大量进入皇家园林和达官显贵花园,而且被披上神秘色彩。牡丹的特点是花型较大,色彩鲜艳,花色众多,外观雍容华贵,美丽壮观,历来为国人所喜爱,有国色天香美誉,也被称为"花中之王"。杨贵妃就被唐玄宗以牡丹相比,大诗人李白为此作诗"云想衣裳花想容,春风拂栏露华浓"、"名花倾国两相欢,常得君王带笑看"。民间百姓对牡丹的喜爱也有广泛深厚的基础,很多人家的中堂都悬挂"富贵牡丹图",象征家庭美满、收入盈余、吉祥如意。安徽黄梅戏有一传统剧目《富贵图》,以此图为线索,演绎一对青年男女悲欢离合的故事。

历朝历代,有很多文人用诗文盛赞牡丹。唐刘禹锡《赏牡丹》一诗"庭前芍药妖无格,池上芙蕖净少情。惟有牡丹真国色,花开时节动京城",写出了牡丹独领风骚的气概;唐徐凝《牡丹》一诗"何人不爱牡丹花,占断城中好物华。疑是洛川神女作,千娇万态破朝霞",写出了牡丹众人喜爱的神韵;宋卢梅坡《牡丹》一诗"玉栏四面护花王,一段风流似洛阳。深院不须驱野鹿,只愁蜂蝶暗偷香",写出了牡丹招蜂惹蝶的风流。由于牡丹的高贵大气、娇容千姿、妩媚百态,被奉为花仙之首,因此在它身上表现的仙风仙骨也非同凡响。

清代文人李汝珍创作的长篇小说《镜花缘》中,有武后怒贬牡丹花的叙述。说的是武则天赏雪时,遇蜡梅开放很是高兴,竟异想天开地让百花都要与蜡梅一样绽放,为此,她下御旨一道:"明朝游上苑,火速报春知;花须连夜发,莫待晓风催。"第二天,武后来到上苑,果然看到群花盛开,只有牡丹含苞未放,武后大怒,下令将牡丹用炭火炮烙之后再贬去洛阳。至今洛阳焦骨牡丹天下闻名。

成语"牛嚼牡丹",比喻不懂得欣赏,对美好的事物没有遵循应有的礼仪,把珍贵的牡丹当成草料吃了。其实,牛嚼牡丹的本意另有故事。汉初景帝年间,吴楚七诸侯国叛乱,时任太尉周亚夫担起平叛重任,他率军乘隙奔袭楚地,但从北方过去的将士不适应南方气候,许多人生病,战斗力大大削弱。周亚夫心中焦急,在寻找对策中发现,跟随将士出征的牛马并无病灾,他便仔细观察牛吃的食料,发现牛吃一种带花的植物。于是下令全军搜集此植物,很快治好了身体,一举获得平叛胜利。这种植物就是牡丹。据说牡丹的根茎可以入药,现在六味地黄丸中的一味药材就是牡丹皮。

安徽巢湖银屏山,有一个牡丹仙子的传说。王母娘娘举办蟠桃会,牡丹仙子前去拜寿。八仙中的吕洞宾看到一袭白裙的牡丹仙子,起了调戏之心。牡丹盛怒之下纵身跳下山崖,她的白色裙带飘落在银屏山的一个半山崖上,后化为白色的银屏牡丹。千余年来,每年谷雨节气前后,来银屏观赏牡丹的人络绎不绝。据传,这枝牡丹还有预兆年景的灵异能力:花开一朵无灾难,花开两朵保平安,花开三朵无旱灾,花开五朵粮仓满……花开七朵之上有洪灾。这些传说,给银屏牡丹披上一份神奇色彩,但传说也未必当真,只是借此搭台唱戏、吸引游人而已。

荷花。荷是被子植物中起源最早的植物之一,被称为"活化石",原始人类就已开始采集这种野果充饥。西周时期,荷花从湖畔沼泽的野生状态,走进人们的田间池塘,食用功能进一步显现。之后,它又以艳丽的色彩、优雅的风姿,走进人们的精神世界。古代文人认为荷花是"花中君子",有着高尚圣洁、清白廉正、吉祥和合、爱情忠贞、纯洁无瑕、友谊纯真等象征意义。

荷花也可称为莲花。中国人敬莲、爱莲、写莲、画莲、吟莲、学莲的传统由来已久。敬莲与信佛有着密切因缘,佛教东传后,古印度佛国崇拜荷花习俗也深深影响东土。佛教将人生视作苦海,人生在苦海的污浊世界里,犹如莲生在污泥浊水中,要脱离苦海、超越凡尘,必经由此岸到彼岸,即从尘世到净界、从诸恶到尽善、从凡俗到成佛的修身过程,这与莲花生长的过程有异曲同工之妙。在汉传佛教的各种具象中,莲是最有代表性的法物。例如,佛祖释迦牟尼端坐在莲花宝座上,观世音菩萨脚踏莲花、手执莲花,或向人间抛洒莲花,就连手势也成莲花指状。佛国也指"莲界",佛经亦称"莲经",佛座可称"莲台",佛寺别称"莲宇",僧舍称为"莲房",袈裟称为"莲衣"等,走向佛教寺院的人对此顶礼膜拜。

提到爱莲,当推北宋文人周敦颐的《爱莲说》了,其中有名句"予独爱莲之出淤泥而不染,濯清涟而不妖,中通外直,不蔓不枝,香远益清,亭亭净植","莲,花之君子者也"。前两句成为许多高节正气之士的座右铭。

古时写莲、吟莲的名士也很多,唐人温庭筠写《莲》:"绿塘摇滟接星津,轧轧兰桡入白萍。应为洛神波上袜,至今莲蕊有香尘。"李商隐《赠荷花》诗写道:"世间花叶不相伦,花入金盆叶作尘。惟有绿荷红菡萏,舒卷开合任天真。"宋杨公远《月下看白莲》一诗曰:"十里荷花待月看,花和月色一般般。只应舞彻霓裳曲,宫女三千下广寒。"杨万里的《小池》写道:"泉眼无声惜细流,树阴照水爱晴柔。小荷才露尖尖角,早有蜻蜓立上头。"

说到此,不得不提起"大明湖"的故事。大明湖是济南三大名胜之一,是济南市中心一处难得的天然湖泊,"四面荷花三面柳,一城山色半城湖"就是对大明湖秀美风光的最佳诠释。相传很久以前,湖边一对青年男女痴心相爱,男的叫杨柳,女的叫荷花,两人青梅竹马,长大后情深意笃,双方家长也认为两人是天生一对,忙着给他们筹备婚事。没想到,湖畔有一官宦人家的恶少仗势欺人,看中了荷花的美貌,一日趁荷花家中无人时,带人强行把她抢走。杨柳闻讯追赶施救,却被恶少指使家人杀死。荷花见状,悲痛欲绝,趁强人不备,纵身跳入湖中,追随杨柳而去。此后,这一带岸上长出了茁壮的柳林,湖中开遍了艳丽的荷花,杨柳荷花脉脉传情,象征着忠贞不渝的爱情。

据史实记载,大明湖的名联"四面荷花三面柳,一城山色半城湖",是由清代诗人刘凤诰吟咏、大书法家铁保书写的,镶嵌在湖西北岸铁公祠西园门两侧,这铁公祠是后世为纪念明建文帝时的兵部尚书铁铉所建。明太祖朱元璋驾崩后,皇孙朱允炆继位,即为建文帝。身居北京的燕王朱棣为夺取帝位,发动"靖难之役"。当兵临济南城下时,忠于建文帝的山东参政铁铉矢志固守,率众顽强抵抗。朱棣久攻不下,还差一点被打死。之后,朱棣向南进军,不敢取道济南,建文帝先擢铁铉山东布政使,不久又升为兵部尚书。朱棣夺得皇位后,铁铉拒不屈服,立而不跪,被朱棣用酷刑处死。铁铉不事二主的忠贞品格,为后人所称道,遂立祠纪念。铁公祠选在大明湖畔,与湖中荷花交相辉映,真乃相得益彰。

杜鹃花。杜鹃花又名映山红、山石榴,常在山川原野中生长,花冠鲜红,观赏价值较高,其栽培历史当在千年之上,汉唐已有记载。杜鹃花是纯真浪漫的象征,也有自强不息的寓意。

杜鹃花的名称，与一个古老的传说有关。相传周朝末年，古蜀地的君主名叫杜宇，号望帝。望帝在位时期，勤政爱民。当时蜀国深受洪水之灾，民众苦不堪言，就连望帝的儿子也失水而死。望帝治水无功，就将帝位禅让给治水能臣鳖灵，自己跑到西山隐居起来，后来他想复位又不得，于是怨恨而死。他死后精魂不散，化为一种小鸟，对故国念念不忘，每当深夜在山中哀啼，声音悲切，似在叫着"子规、子规"，因其姓杜，这种鸟就叫杜鹃鸟。杜鹃鸟啼叫，口中滴落的鲜血又映红了漫山遍野的鲜花，这种花就是杜鹃花。古人以此故事为素材，写出许多怀念家国、望穿山川的好诗。唐李白《宣城见杜鹃花》诗曰："蜀国曾闻子规鸟，宣城还见杜鹃花。一叫一回肠一断，三春三月忆三巴。"李商隐《锦瑟》一诗写道："锦瑟无端五十弦，一弦一柱思华年。庄生晓梦迷蝴蝶，望帝春心托杜鹃。沧海月明珠有泪，蓝田日暖玉生烟。此情可待成追忆？只是当时已惘然。"其实，他们的诗中也有忧思国运、感伤身世的蕴意。

以上说了这么多的花情花事，然仍言犹未尽。不过，也该用点笔墨眷顾一下似乎微不足道的小草了。

草，是草本植物的总称，是与木本植物相对应的一个概念。人们通常将草本植物称作"草"，而将木本植物称为"树"。草的品种繁多，仅最早的《诗经》中就记录了一百多种草本植物。草与人类生活息息相关，它是人类生活的背景，更是自然生态的依托。土地之所以成为人类生活之母和财富开掘之源，怎么评价草的作用都不为过。中华民族的人文始祖之一的炎帝神农氏，亲尝百草，用草药为人们治病，还教人们使用农具，垦荒种粮。炎帝部落与黄帝部落结盟,打败了共同的敌人蚩尤,至今华人仍被称为炎黄子孙。

绿草如茵的草地给人以温润,给人以想象,给人以浪漫,因而在中国最早的诗歌总集《诗经》中,有多篇形容在草中遇美、相会情人的诗句。"蒹葭苍苍,白露为霜。所谓伊人,在水一方。溯回从之,道阻且长;溯游从之,宛在水中央。"蒹葭就是一种初生的芦苇草。"野有蔓草,零露漙兮。有美一人,清扬婉兮。邂逅相遇,适我愿兮。"在被露水打湿的草丛中,与面目姣好、眼睛闪亮的女孩子相遇,这个良辰美景,多么适合自己的愿望啊。

古人以草抒发情思,甚至直接用芳草比作知心人的用法也很常见。汉代《饮马长城窟行》中就有"青青河畔草,绵绵思远道。远道不可思,夙昔梦见之……"的诗句。宋苏轼在《蝶恋花·春景》中写道:"花褪残红青杏小。燕子飞时,绿水人家绕。枝上柳绵吹又少,天涯何处无芳草。"在清新秀丽的春光中,他是多么想寻到如"芳草"一般的知音啊。

以香草比美人的在《红楼梦》中也有描述,书中的林黛玉前身是绛珠仙草,贾宝玉是赤瑕宫的神瑛侍者。绛珠仙草吸收天地精华,又得到神瑛侍者浇灌甘露的滋养,脱得草木之质,修成女子形体,当得知神瑛侍者下凡之后,也随之下世为人,用一生的泪水偿还他浇灌甘露之情。

在古诗词中,以写草为发端,能将人们带入一个唯美神奇、尽远驰骋的境界。韩愈的"天街小雨润如酥,草色遥看近却无。最是一年春好处,绝胜烟柳满皇都",写出了早春万物萌生的朦胧美色。高鼎的"草长莺飞二月天,拂堤杨柳醉春烟。儿童散学归来早,忙趁东风放纸鸢",写出了享受快乐春光的生动景象。南北朝的《敕勒歌》"敕勒川,阴山下。天似穹庐,笼盖四野。天苍苍,野茫茫。风吹草低见牛羊",写出了茫茫北方草原的雄浑壮阔。卢纶的"林暗草惊风,将军夜引弓。平明寻白羽,没在石棱中",写出了将军枕戈待旦的英雄本色。白居易的"离离原上草,一岁一枯荣。野火烧不尽,春风吹又生。远芳侵古道,晴翠接荒城。又送王孙去,萋萋满别情",写出了人同此情、情同此草的不屈精神。

说到无名小草,还有两个有名典故值得回味。一个是"名列前茅",说的是古代楚国军队行军时,派出前哨侦察敌情,如遇异常情况,则举茅草发出警报。晋国军队认为这个办法不错,他们还举一反三,将"茅"或"旌"绑在竹木杆上,当令旗用来指挥军队。后来,人们以"名列前茅"比喻成绩排在前面的人。另一个是"结草报恩",故事出自《左传》,说的是春秋时期,晋国大夫魏武子有个非常宠爱的小妾,魏武子生病时嘱咐儿子魏颗说,我死之后,你一定把她嫁出去。后来,魏武子病重,又交代儿子,让小妾给他殉葬。魏武子死后,魏颗认为父亲病重后神志混乱不清,这时的话不能信,应信他先前清醒时候说的话,于是没让此女殉葬,而是另嫁他人。后来,魏颗与秦将杜回在战场交锋,激战之时,战场突然出现一位老人,用地上的草打成许多结,绊倒杜回,被魏颗活捉了去,秦军由此大败。当天夜里,魏颗做了一个梦,梦见白天的那个结草的老人对他说,我是你所嫁的女子的父亲,特意来战场报答您不让她殉葬之恩。可见,无名的小草能派上多么大的用场啊。

在品种繁多的草中,不妨重点说一下以下几种草。

灵芝草。灵芝一般生长在湿度高且光线昏暗的山林中,上古时期被称为"瑶草"、"瑞草"。《神农本草经》称之为"神芝",秦时称之为"还阳草",东汉称之为"灵草"等。

　　灵芝的传统故事起源于《山海经》,说的是炎帝的女儿瑶姬早年夭折,炎帝很痛惜,将她葬在巫山一带,瑶姬死后精魂化作灵芝,即"瑶草"。战国时期楚国辞赋家宋玉作《高唐赋》,讲述了楚王游云梦台,梦到巫山神女与之相会,这位神女告诉楚王,自己是炎帝小女儿瑶姬,巫山神女故事自此也流传开来。秦始皇扫六合、统一中国后,闻说海上有蓬莱仙山,山上的灵芝可使人食之长生不老。于是,他派遣精通航海、医学的臣子徐福,率三千童男童女,乘船入海,寻找仙药。徐福一去不返,只留下秦始皇"蓬莱求芝"的故事。中国四大民间传说之一的《白蛇传》,讲述了峨眉蛇精化为白娘子,来到杭州西湖,与许仙结为恩爱夫妻,遭高僧法海阻挠,用计使白娘子现出原形。许仙见到白蛇原形惊吓晕死,白娘子冒险上山盗取仙草,挽救许仙,所盗之草,就是灵芝草。

　　其实,传说就是流传的故事而已,比较靠谱的说法则是,在汉武帝时代,宫廷建筑因年久失修,一些房屋的栋梁上腐朽滋生灵芝。朝中之臣怕武帝怪罪,谎称灵芝生于宫廷,是一种祥瑞之兆。自此后,历朝历代都把灵芝作为祥瑞之物和进贡之品,皇宫楼台、达官庭院,以至佛寺道观等,皆以灵芝为具象,塑造雕刻祥云、如意等形状。之后,古典服饰、生活用具中也有灵芝如意的印迹。

　　灵芝的药用价值一直有很高的评估。相传,唐尧时代的彭祖曾隐居于福建武夷山,因他常服武夷山"灵芝仙草",所以活了七八百年仍貌似童颜,后人以彭祖作为长寿老人的代名词,灵芝的滋补作用愈发神奇。其实,灵芝确有补气安神、止咳平喘的药用功效,但并没有传说的那样神奇。

兰草。兰草是多年生草本。兰草开花,幽香清远,素而不艳,品相极佳。兰花以它特有的叶、花、香独具"四清"(气清、色清、神清、韵清),给人以高洁、清雅的形象,与竹、菊、梅合称为"四君子"。古人常把优美诗文誉为"兰章",把友谊之真誉为"兰交",把良友誉为"兰客"。兰也为女子之挚友,兰闺、兰房、兰室、兰梦、兰兆,特指与女子相关的物事。相传,春秋时郑穆公的母亲在梦中见一位仙人送给她兰花,之后怀孕生子取名为兰,因此,人们用"梦兰"指女子怀孕。兰草有着高尚、自信、典雅、爱国的寓意,同时是坚贞的象征。兰草和兰花最大的特点是反映高洁之士的内心世界和道德情操。

当年孔子周游列国多年,从卫国返回鲁国的途中,见兰花茂盛开放,于是触景生情,感慨万端地说:兰花是应当为王者提供香气的花,只有一国之君才能欣赏,而现在却与其他草类一样,这真是高贵者生不逢时,只能与粗俗的人为伍啊。孔子的感叹从此为后世定下了兰花贵为"王者之香"的基调。但实际上,孔子也是为自己未遇伯乐,不为列国国君重用,只能四处奔波的境况而失落。孔子在兰的特征属性与儒家人格特征之间找到了共同点和契合点,并且借助于兰的文化意蕴,把儒家的追求价值形象地表达出来,兰的文化内涵由此得到人格的升华。兰幽香清远、绰约多姿、高贵雅洁、天姿神韵,以它独有的文化意境,进入儒家及至其他高洁之士的审美视野,使前者与后者的社会影响效应都提升到一个崭新的层面。

继孔子之后,楚国屈原的精神品质与兰高度契合,在他的《离骚》、《九歌》、《九章》等许多诗篇中,都写到自己是如何滋兰、佩兰、纫兰、摹兰。他以兰为友,将兰作为佩物,以表达自己洁身自好的情操,"扈江离与辟芷兮,纫秋兰以为佩"。屈原在《离骚》中有"余既滋兰之九畹兮"的诗句,这是他被楚怀王革职后回到家乡秭归,于仙女山下的九畹溪边办学堂时写下的。屈原在传道授业之余,从仙女山求得三株兰花。一次他抱病讲到楚国奸佞当道、百姓蒙难的情形,义愤得口吐鲜血,血溅落在窗台下三株兰花的根部,而这三株兰花得屈原心血滋养,蓬勃生长。屈原领着学生们到山涧溪边分株移栽,兰花得以铺展蔓延。那里的百姓习惯称十二亩为一畹,屈原带学生种植的兰花达九畹之多,这个地方后来就叫芝兰乡,仙女山下的清溪叫作九畹溪。屈原含冤投汨罗江自尽后,学堂遂被改建成芝兰庙,还尊屈原为兰花花神。

东晋时期著名书法家王羲之爱兰如命,他家的庭院、厅堂、书房到处都养有兰花。据说,王羲之一生中有两大爱好:一是爱兰,二是爱鹅。他在精研书法体势时,得益于养鹅,为此特意在居处建造养鹅池塘,并取名"鹅池"。但他之所以成为天下闻名的"书圣",更得益于爱兰。迎风飘拂、婀娜多姿的兰叶,启发了他创作飘逸流畅、妍美遒媚的书法新体,使之达到神韵生动、随心所欲的自由境界。永和九年三月,王羲之与数十友人,在会稽山阴之兰亭聚会修禊。就是此次盛会,他写下了举世闻名的经典书法作品《兰亭序》,同时,友人们也留下了"俯挥素波,仰掇芳兰"、"微音选泳,馥为若兰"、"仰泳挹遗芳,怡神味重渊"等咏兰名句。绍兴会稽山下之兰亭,经当地政府近些年来精心打造,已成一著名旅游景点。在茂林修竹中,新建的兰亭书法博物馆中藏有许多珍贵的书法作品,值得学习欣赏。

萱草。萱草是百合科萱草属的一种多年生宿根草本,别名有金针、忘忧草、宜男草、鹿箭等。它花色橘黄或橘红,花柄较长,呈像百合花一样的筒状。日常种植玩赏的萱草花不等于黄花菜,黄花菜是萱草属植物的一种,可食用,而其他萱草属植物一般不能食用。萱草又名谖草,"谖"就是"忘"的意思,因此,古人吟咏萱草,大多有忘忧寓意。例如,韦应物的"何人树萱草,对此郡斋幽。本是忘忧物,今夕重生忧";白居易的"杜康能散闷,萱草解忘忧。借问萱逢杜,何如白见刘";李商隐的"鸾凤戏三岛,神仙居十洲。应怜萱草淡,却得号忘忧";骆宾王的"忘怀南涧藻,蠲思北堂萱。坐叹华滋歇,思君谁为言"等,都表达了忘忧的情愫。

关于"忘忧草"的典故,读来也颇有感思。相传,秦末农民起义领袖陈胜,起义前家境贫寒。一次他患了疾病,全身浮肿,不得已外出乞讨,一位姓黄的婆婆蒸了些萱草花,送给陈胜充饥,陈胜见萱草花香扑鼻,便大口将黄婆婆送的萱草花吃掉。不久,陈胜的病就好转了,身上的浮肿也渐渐消退。陈胜起义称王后,为感谢黄婆婆恩情,特意将她请进宫居住。黄婆婆见陈胜食欲不佳,珍馐佳肴都吃不下,便又蒸来萱草花。陈胜端起碗,谁知更难下咽。陈胜不解地问,怎么味道不如当年了呢?黄婆婆说:"当年你在饥饿之时,萱草花就是救命口粮。现在你当了大王,哪里还记得过去的苦日子呢?"陈胜听了惭愧不已,"萱草忘忧"的故事也流传开来。

历史上有个"文姬归汉"的故事,说的是东汉末年,才女蔡文姬在兵荒马乱中为董卓旧部羌胡兵所虏,流落至南匈奴左贤王部,在胡中十二年,生有二子。蔡文姬的父亲蔡邕是东汉著名文学家和书法家,与曹操关系密切,在董卓把持朝政时含冤而死。曹操将要统一北方时,出于对故人蔡邕的怀念,就遣使者花重金将蔡文姬从匈奴赎回国中。蔡文姬舍下二子毅然归汉,之后,她将自己一生凄惨的遭遇谱写成《胡笳十八拍》。其中,第十六拍中写到思子的伤痛:"十六拍兮思茫茫,我与儿兮各一方。日东月西兮徒相望,不得相随兮空断肠。对萱草兮忧不忘,弹鸣琴兮情何伤……"此情此景令人对战乱给人们带来的苦难,不由感慨万千,产生锥心之痛。

萱草除了"忘忧"的寓意外,还可代称母亲。其出处见于《诗经·卫风·伯兮》:"焉得萱草,言树之背。"据古文释义,背,北堂也。北堂,是母亲居住地方的称谓,所以母亲居住的屋子也称萱堂,萱草花也就成了中国的母亲花。相传,隋末时,李世民随父亲李渊南北征战,夺取天下,他的母亲因思念儿子而病倒。当时,医生就是用具有安神功效的萱草煎制成药汤,给李母服用。不久,李母的病就好了,家人还在她居住的北堂种植萱草,以解其思子之忧。后来,这一做法流传开来,游子远行时,会在北堂种植萱草,希望减轻母亲对孩子的思念,忘记烦忧。

唐代与此相关的名人名事当推诗人孟郊。孟郊年少时有才气,但因父亲骤然去世,家中陷于贫困,唯一的收入来源就是靠着母亲的针线活勉强度日。在艰难的生存环境中,孟郊养成了极具内向、郁郁寡欢的性格,对母亲也有很强的依恋感。孟郊科场两度失意,一直到四十六岁时才中进士,曾任溧阳县尉。他在忆起早年远行游学和考试的情形时,写下了流传甚广的《游子吟》:"慈母手中线,游子身上衣。临行密密缝,意恐迟迟归。谁言寸草心,报得三春晖。"其实,他还有另一首《游子》诗,就饱含深情地写到萱草:

"萱草生堂阶,游子行天涯。慈亲倚堂门,不见萱草花。"至今读来,那种母子难舍难分、思念绵绵的情感,依然令人潸然泪下,真是人间情意浓,草木亦生情。现如今,有不少家长给女孩起名怡萱、瑞萱、雨萱、紫萱等,尊敬母亲的含义不言而喻。

久久为功终成"功"

汉语当中的"功"字,本义表示功业、功绩,引申为事功、功效、功夫等,是个会意兼形声字。从工,从力。"工"字是夯的象形,"力"本像一种农具,后引申为力气、力量,整个"功"字的意思就是用力打夯。人们做功,就是在单位时间里体力和脑力的付出。做功需要持之以恒才能取得功效,事业成功的人才能获得社会价值或是得到应有的奖励。

西汉史学家司马迁的《史记·礼书》中有"守正笃实,久久为功"的词表。守正,即为坚定目标方向;笃实,即为踏踏实实做事;久久为功,即为长久的坚持。在古人看来,久久为功,既是一种品行修养,也是一种成功之道。许多有识之士将此作为座右铭,在坚守中奋斗,在磨砺中前行,用辛勤的努力换来丰硕的果实。

有些人用自然界的现象来诠释扎实做功的意义。例如,有人观察竹子的生长过程,竹子种下的前四年时间,从地面看仅能长出几厘米,而从第五年开始,就会以每天几十厘米的速度疯狂生长,仅仅用六周的时间就能长到十五米。原来，在前四年时间里，竹子的根一直在土壤里延伸扩展，待根系完全扎实并获得足够的养分后，它才显出生长的充沛活力。可见，长期的付出是多么重要。还有一个"荷花定律"，说的是荷花第一天在池塘中仅开一小部分；第二天开放的数量会是已开放的两倍；到了第二十九天，荷花会开满池塘的一半；到了第三十天，池塘就会开满荷花。这个定律告诉人们，成功需要厚积薄发，需要积累沉淀。再有一个"金蝉定律"，说的是蝉的幼虫，要先在土壤中靠汲取树木的汁液，暗无天日地生活三年。待仲夏的某个夜晚，它就会一点点爬到树枝上，一夜之间蜕变成知了，然后期待旭日东升那一刻，振翅飞向天空，迎来生命的高峰。它的鸣叫是那么清脆有力，仿佛能穿透密密的高山丛林，唤醒夏日疲倦的人们，以表示自强不息的价值追求。

奇妙的自然和社会现象，给人们以深刻的教育和启示，使人更加深入地思考功为何物、为谁做功、怎么做功、功归于谁等一系列为人做事的大问题。

要有"功名如浮云"的清醒。在古代，凭本事获取功名本是无可厚非的一条正道，因为它是立身创业，实现社会价值的门槛或阶梯。即便有的以此光宗耀祖也并不为过。但问题是，能否在功名面前保持应有的清醒和淡定，不为功名所累，不为功名所困，不为功名所害。《论语》中孔子曾说："不义而富且贵，于我如浮云。"唐杜甫有诗："丹青不知老将至，富贵于我如浮云。"宋范成大诗曰："十年勋业泰山重，五鼎富贵浮云轻。"李白《江上吟》道："功名富贵若长在，汉水亦应西北流。"宋张元幹写道："白衣苍狗变浮云，千古功名一聚尘。好是悲歌将进酒，不妨同赋惜余春。"岳飞更是用"三十功名尘与土,八千里路云和月"表达抗金志向。

在如何对待功名的问题上,介子推的事迹可见一斑。春秋时期,晋国发生内乱,公子重耳避难逃亡,经常食不果腹,衣不蔽体。一次,重耳与随行人员的资粮被盗,重耳等因无粮而饥饿难忍。为了让重耳活命,跟随他逃亡的人介子推悄悄把腿上的肉割了一块,与采摘的野菜同煮成汤献给重耳。重耳大受感动,声称有朝一日做了君王,定要好好报答介子推。重耳历经十九年逃亡生涯,终于回国当了国君,是为晋文公。当时,许多人都得到了奖赏,而介子推却悄然离去。晋文公想起这事非常后悔,就亲自带人到介子推隐入的绵山寻访,介子推隐匿不出。晋文公误听手下人的话,放火烧山,想用火势逼迫介子推出山,但始终不见他的踪影。火势熄灭后,有人发现介子推抱着母亲被烧死在一棵枯柳下,树洞里藏着一片用衣襟写就的血书:"割肉奉君尽丹心,但愿主公常清明。柳下作鬼终不见,强似伴君作谏臣。倘若主公心有我,忆我之时常自省。臣在九泉心无愧,勤政清明复清明。"晋文公见之,悲痛异常。后来,为纪念介子推,在清明节前一天禁止烧火,是为"寒食节"。

楚汉相争时,张良是刘邦的重要谋臣,以出色的智谋,辅佐汉高祖刘邦最终夺得天下,是汉王朝的开国元勋、"汉初三杰"之一。刘邦称,运筹于帷幄之中,决胜千里之外,子房功也。子房即是张良。刘邦分封功臣之前,私下曾让张良从齐国选择三万户作为封邑。张良没有接受,而是要求将封地放在与刘邦当年最初相遇的地方——留县,三万户也不要了。刘邦这才把张良封为留侯。之后,张良干脆向刘邦请辞,自己准备寻仙修道。张良功成身退的故事流传千古,在汉中留坝紫柏山下有一座张良庙,据说张良曾隐居于此。张良庙里留有民国名士于右任题写的一座石碑和一副对联："掷秦一锥,辞汉万户。"掷秦一锥,是指张良曾雇佣大力士用铁锥刺杀秦王的事,表现张良的血性勇敢;辞汉万户,是指张良受刘邦之封为万户侯而辞谢不受的事,表现张良的深邃智慧。这两句话,高度凝练地概括了张良非凡的人生经历,读来发人深省。

要有"功到自然成"的韧劲。古时勉励人们艰苦学习或学艺的诗文和名句很多,比如"不经一番寒彻骨,怎得梅花扑鼻香"、"古人学问无遗力,少壮工夫老始成"、"冰冻三尺,非一日之寒;滴水石穿,非一日之功"、"不积跬步,无以至千里;不积小流,无以成江海"、"业精于勤,荒于嬉;行成于思,毁于随"等。

相传,古代有个叫纪昌的人,从少年时代开始,就想成为一名神箭手。他拜一位叫飞卫的人为师,请师傅交给他射箭的绝招。飞卫对他说,学射箭要练好基本功,你就先学盯着目标不眨眼的功夫吧。纪昌回到家,成天伏在母亲的织布机上,眼睛盯着一来一往的梭子,直盯得眼睛酸疼流泪。这样坚持两年后,即使有人用锋利的锥子,在他眼前晃刺,他也能做到不眨一下眼。纪昌又去见飞卫,请求射箭绝招。飞卫告诉他,还要练目光的锐利。于是,纪昌按师傅指点继续刻苦练习。他捉来一只虱子,用头发缚在窗口作为目标,每天站在远处练习瞄准,花了整整三年功夫,虱子在他眼里变得很大了,再看别的细小物体,也是如此。他再去求师,飞卫让他用特制小弓箭射挂着的虱子。纪昌拉弓搭箭一射而中,连细细的头发丝都没碰到。飞卫告诉他,箭艺已经练成。纪昌从此成了一名著名的神箭手。

东晋时期大书法家王羲之的儿子王献之跟着父亲练字,练了一段时间后问父亲怎样才能达到父亲的水平。王羲之指着花园里的大水缸说,如果你能写完这十八缸水,字也就好看了。王献之又练了很长时间,认为差不多了,就把字拿给父亲看。王羲之在他写的"大"字下点了一点,什么话也没说。王献之把字拿给母亲看,母亲仔细看了半天,指着一摞字说,这个"大"字下面的一点有点像了。王献之大吃一惊,才知自己的功夫还差得很远。他闷闷不乐上街,见到一位老婆婆在烙饼,只见她烙好饼后,用竹筷一挑,那饼就从肩膀上飞到背后的竹筐中,而且一张张饼堆得很整齐。王献之忙问原因。老婆婆笑答,这没什么,平时烙得多了,就熟练啦。王献之听后,心中很惭愧,回家后扎进书房安心苦练,年复一年,终于也成为一名书法大家。由此可见,"只要功夫深,铁杵磨成针"的道理是多么浅显又深刻呀。

有人了解传统铜锣的制作工艺,看到那些身怀绝技的老匠人,千百遍地敲打铜锣,以使它质地均匀。待铜锣就要完工时,老匠人会慢慢寻找最合适的位置,听它发出的声音区别。当找到最后那个点时,一锤下去,力道不轻不重,恰到好处,就这样"一锤定音",一面铜锣就制作成功了。制作铜锣的过程就像人生历练一样,只有经过千锤百炼,关键时刻经受考验,方能成器成才,乃至成就大业。

要有"功夫在诗外"的磨砺。有人看到诗人写诗一挥而就,文人作文下笔如神,练武之人剑无虚招,为官断案举重若轻,以为做这些事也不过如此。殊不知,"吟安一个字,捻断数根须","读书破万卷"方能"下笔如有神","宝剑锋从磨砺出,梅花香自苦寒来",断案之前要做艰苦细致的实地调查等。

唐代诗人贾岛有一首诗《题李凝幽居》："闲居少邻并,草径入荒园。鸟宿池边树,僧敲月下门。过桥分野色,移石动云根。暂去还来此,幽期不负言。"就是这首诗,引出了"推敲"的故事。贾岛初次参加科举考试,住到京城里。一天,他骑在驴背上想到了两句诗:"鸟宿池边树,僧推月下门。"又觉得把"推"换成"敲"字好,反复思考定不下来。就在入迷之际,没想到驴子闯入京兆尹韩愈出巡的队列之中,贾岛被带到韩愈轿前。韩愈见此人不停地做着手势,感到奇怪,便问明缘由。因韩愈也是非常喜爱吟诗之人,他认真思考后告诉贾岛,用"敲"字比"推"字好,因为月夜访友,即使友人家门没有闩,出于礼貌也应先敲门,否则就显得莽撞。自此,韩愈和贾岛相识,经常切磋诗文,"推敲"成了一段佳话。贾岛因酷爱作诗苦吟被人们称为"诗囚"。

唐代大诗人杜甫写过一首《剑器行》,说的是他在夔州府中看一位美女跳剑器舞,就问她向谁学的。她说自己是公孙大娘的学生。杜甫依稀记得年幼时,看过公孙大娘跳舞,舞姿流畅飘逸且节奏明朗,超群出众,令人印象深刻。如今又看到她的弟子跳此舞,抚今追昔,心中无限感慨。听说过去吴州人张旭,擅长书写草书字帖。他在邺县经常观看公孙大娘跳一种《西河剑器》舞,触类旁通,从此草书书法大有长进,豪放激扬,放荡不羁。由此可见公孙大娘舞技之高超。

宋代著名爱国诗人陆游,在他逝世前一年,给他儿子陆遹写了一首《示子遹》的诗:"我初学诗日,但欲工藻绘。中年始少悟,渐若窥宏大。怪奇亦间出,如石漱湍濑。数仞李杜墙,常恨欠领会。元白才倚门,温李真自郐。正令笔扛鼎,亦未造三昧。诗为六艺一,岂用资狡狯？汝果欲学诗,功夫在诗外。"诗的大意是说,他初作诗时,只知道在辞藻、技巧、形式上下功夫,到中年才领悟到诗应该注重内容、意境和现实、宏大的世界。如果真心想学写诗,就要到外面的世界、具体实践当中去体验,以获得写诗的真功夫。陆游的诗,可以说道出了做学问或者练功夫的真经。

要有"功成不必在我"的境界。功成不必在我,体现的是一种无私忘我的思想境界和甘于默默奉献的高尚品质。蜀汉丞相诸葛亮在数次举兵北伐、身体状况不佳的情况下,写下《后出师表》,其中,"臣受命之日,寝不安席,食不甘味","臣非不自惜也,顾王业不可得偏安于蜀都,故冒危难,以奉先帝之遗意也","臣鞠躬尽瘁,死而后已"等,读来令人钦佩不已,真是"出师一表真名世,千载谁堪伯仲间"。北宋名臣范仲淹在《岳阳楼记》中写道:"不以物喜,不以己悲;居庙堂之高则忧其民,处江湖之远则忧其君。是进亦忧,退亦忧。然则何时而乐耶？其必曰:'先天下之忧而忧,后天下之乐而乐'乎!"表达的胸襟是多么的博大。南宋爱国诗人陆游临终前还在想着恢复中原、统一祖国的大业,他在《示儿》诗中写道:"死去元知万事空,但悲不见九州同。王师北定中原日,家祭无忘告乃翁。"让人读之潸然泪下。还有文天祥的"人生自古谁无死,留取丹心照汗青",于谦的"千锤万凿出深山,烈火焚烧若等闲。粉骨碎身浑不怕,要留清白在人间"等,留给后人的是正气充盈、强大的精神激励。

魏晋时期著名的战略家、政治家和文学家羊祜,奉晋武帝司马炎之命坐镇襄阳,都督荆州诸军事。在之后的十年里,羊祜屯田兴学,以德怀柔,深得军民之心。他一方面缮甲训卒,广为戒备,做好伐吴的军事和物资准备；一方面与吴人开诚布公，互相信任，以争取人心。东吴石头城的守军距离襄阳地界七百余里，常骚扰边地，羊祜巧用计策使吴国撤去守军。晋国戍边巡逻士兵也相应减少了一半。他让所减士兵垦荒，获得丰收。军中原先无百日的存粮，在他镇守荆州的后期，已有可供十年之用的粮草积蓄。羊祜病重卧床时，请求进京面见皇上，当面献平吴之策，并且举荐杜预代替自己。羊祜死后第二年，吴国被平定，群臣向武帝称贺，武帝端着酒杯流泪说："这都是羊太傅的功劳啊！"正如电视剧《三国演义》片尾曲所唱："担当身前事，何记身后名！"其境界之高令人肃然起敬。

清代乾隆年间，已经五十四岁的郑板桥，从范县调任潍县县令。他上任伊始，就遇到大灾害，先是海水倒灌，田地淹没，庄稼无收，后又遇大旱，庄稼不收，百姓食不果腹，饿殍遍野，甚至出现"人相食"的惨状。郑板桥一面向朝廷据实禀报实情，请求赈济；一面广开粥厂，让富庶大户煮粥接济灾民；一面以工代赈，给灾民提供劳动机会以糊口度日。他还将自己的俸禄全部捐出，帮助穷人渡过难关。郑板桥曾以诗表志："衙斋卧听萧萧竹，疑是民间疾苦声。些小吾曹州县吏，一枝一叶总关情。"他在请求上司开仓放粮尚未得到批准时，为救急难，顶着丢掉官位、追责问罪的风险，毅然决定打开官仓放粮。后来，他辞官回乡时，潍县城的百姓倾城相送。郑板桥在潍县历史上留下深刻的印迹，而郑板桥也对潍县深深怀念，曾写下一首《怀潍县》："相思不尽又相思，潍水春光处处迟。隔岸桃花三十里，鸳鸯庙接柳郎祠。"

要有"功归千万人"的情怀。唐代曹松所作《己亥岁二首》中写道："泽国江山入战图，生民何计乐樵苏。凭君莫话封侯事，一将功成万骨枯。"意思是说,一个将帅的成功是靠牺牲成千上万人的生命换来的。古人也深知战争的残酷性,因而睿智者并不希望总是发生战争,即使非打不可,也要尽量减少伤亡。平时要关爱、体恤士兵,胜利成果要与士兵共享,或是归功于他们。《孙子兵法》开头就讲:"兵者,国之大事,死生之地,存亡之道,不可不察也。"在谋攻篇中讲:"凡用兵之法,全国为上,破国次之;全军为上,破军次之;全旅为上,破旅次之;全卒为上,破卒次之;全伍为上,破伍次之。是故百战百胜,非善之善者也;不战而屈人之兵,善之善者也。"

战国时期,魏国主将吴起,与士兵们同甘共苦,和士兵们穿一样的衣服,吃一样的饭菜,睡一样的床铺,行军时不乘车骑马,还亲自背负粮草。有个士兵生了恶性毒疮,吴起看到后,跪在地上替他吸吮脓血。这个士兵的母亲听说后,放声大哭。有人不解地问原因,那位母亲说,往年吴将军曾替孩子的父亲吸吮毒疮,他父亲为报将军关爱之恩,奋勇拼杀,战死在疆场。如今吴将军又给我儿子吸吮毒疮,我知道儿子也一定会听他的将令效死在战场。所以,我才哭啊。可见吴起深谙带兵之道,因而他总是战无不胜。

汉代飞将军李广,做了四十多年俸禄二千石的官,家里却没有什么财物。他爱兵如子,行军遇到缺水断食时,找到水源后,士兵没有全喝上,他就不近水边;士兵没有全吃上,他就不尝饭食。他还常把自己的赏赐分给部下,因而士兵甘愿为他出力死战。

唐代谋士李泌,在安史之乱时,为唐肃宗献计,多次取得歼灭叛军的胜利。唐肃宗夸赞他,他却说,这些胜利全赖将士用力啊。唐肃宗要给他授官,他坚决推辞,只希望以宾客身份随从。李泌向朝廷举荐许多人才,最后自己却进山隐居。

清乾隆年间,纪昀负责主编《四库全书》。先后有三百六十多位高官、学者参与编撰,三千八百多人抄写,前后耗时二十年编成,共收录三千四百六十二种图书,共计七万九千三百三十八卷,三万六千余册,约八亿字。《四库全书》是中华传统文化最丰富、最完备的集大成之作,有重要的历史文化价值,中国文、史、哲、理、工、农、医,几乎所有的学科都能从中找到源头和血脉。成书后,纪昀专门拟制撰书有功人员名册,乾隆对包括纪昀在内的所有有功人员予以奖赏。在抄写并分藏的七部《四库全书》中,完整保存下来的仅存三部,最为珍贵的藏本文渊阁《四库全书》在战乱中辗转多地,许多人为保护它费尽心血,现存藏于台北故宫博物院内。

用功、做功、立功、建功,既要有大境界,又要有真本事,更重要的是,切忌因功利思想作怪,将"功"变成了"过"。这方面,许多历史教训当谨记。

居功自傲惹大祸。有的人被胜利和事功冲昏头脑,狂妄自大,不知收敛,在得意忘形中走上了不归路。在这类人中,年羹尧可谓是典型代表了。年羹尧是清康熙、雍正年间人,官至四川总督、川陕总督、抚远大将军,还被加封太保、一等公,高官显爵集于一身。他文武兼备,坐镇西北,曾配合各军平定西藏乱事,率清军平息青海罗卜藏丹津反叛,立下赫赫战功。当他受诏入京时,雍正亲率文武大臣出城迎接,可谓礼遇盛隆,风光一时。然而,一年多后,年羹尧却被雍正削官夺爵,列大罪九十二条,赐自尽。究其缘由,是他恃功骄傲、专权跋扈、乱劾贤吏、苛待部下,引起朝野上下公愤。更为严重的是,他任人唯亲;在军中及川陕用人自专,培植个人势力,形成庞大的私人集团,并且在皇帝面前"无人臣礼",对皇权造成很大威胁。他对雍正派来的侍卫想打就打、想杀就杀,令侍卫前引后随,为他牵马坠镫。皇帝诏书到达时,他竟"不行宣读晓谕"。在与督抚、将军们往来的咨文中,擅用令谕,模仿皇帝语气。年羹尧还大肆贪敛钱财,有求他提官者,送礼都在万两银两之上,他侵吞的军需款项就有一百多万两。就这样惹得天怒人怨,被处死是必然。

急功近利遭失败。先秦《孟子·公孙丑上》中,有个"揠苗助长"的故事,说的是有个宋国人,他插好秧后希望一下子能看到秧苗长高,于是去田里把秧苗一棵棵往上拔了一截。第二天,他还嫌秧苗不够高,又一棵棵往上拔了一截。结果,第三天再去看时,田里的秧苗都枯萎了。急于求得成功的人,往往也犯了与揠苗助长的人同样的错误。

秦王嬴政在横扫六合、统一中国时,商讨伐楚大计。秦王问战将李信,攻灭楚国,需要多少兵马。李信自信满满地认为,二十万人马就够了。秦王再问老将王翦,王翦认真估算后认为,一定要六十万人马才行。秦王两相比较,以为王翦老了,胆子也小了,而李信年轻勇敢,很有作为。于是,命李信为帅,带二十万兵马伐楚。其实,当时楚国是仅次于秦国的诸侯大国,所进行的又是全局性的灭国之战,楚国当尽举国之力抗衡,战争必然是长期的、艰巨的。而李信在战略上重视不够,在具体战役战术筹划上,又采取轻敌冒进、速战速决的策略,一厢情愿地寄希望和楚军来一次决战而定胜负。结果,由于分兵合进,被楚军抓住战机,秦军二十万人马被楚军全歼,只有李信及少量亲随逃出,使秦伐楚遭受重大损失。后来,秦王认识到决策的错误,再次请王翦领兵六十万,采取稳扎稳打、步步为营的战略,在与楚军长久的对峙中,凭综合实力击垮楚军。前后比较,不难看出,急功近利的后果是多么严重。

贪功冒进露破绽。凡贪功者,其弱点往往容易被对手窥破,结果就是"偷鸡不成反蚀把米"。公元前506年,吴王阖闾在孙武等人的辅佐下,率三万多大军,运用迂回战术,长途奔袭楚国都城郢都。当进至汉水,抵近楚国腹地时,楚军沿汉水组织防御,同吴军隔水对阵。从双方对阵的情况分析,吴军远离本土,精锐出击,士气高昂,在突袭中占有主动,利于速战速决。楚军人数众多,仓促应战,战斗力较差,但拥有地利和后勤保障优越的条件,利在持久防御,在消耗吴军时伺隙破吴。楚军左司马沈尹戌向主帅囊瓦建议,由囊瓦正面牵制吸引吴军,而由他率机动兵力,迂回吴军侧后,毁坏吴军舟楫,阻塞吴军归路,尔后再与囊瓦所率主力实施前后夹击,一举歼灭远道而来的吴军。囊瓦同意了沈尹戌的建议。可是待沈尹戌率军出发后,囊瓦贪功心切,没有按约定计划正面相持,而是单方面提前行动冒险开进,仓促渡过汉水进击吴军。吴军见此,故意后撤,囊瓦则步步紧逼。当吴军将囊瓦军诱至柏举地区时,奋起反击,夺取了柏举之战决定性的胜利,囊瓦只得弃残军仓皇逃离。后楚军沈尹戌也被吴军击溃,吴军乘胜长驱直入,一举攻陷郢都。柏举之战对春秋晚期的战略格局产生了重大影响,囊瓦的贪功冒进导致楚军失败,曾长期称雄的楚国遭到沉重打击和削弱,而吴国则进一步崛起。

1409年,明成祖朱棣命丘福为征虏大将军,率精骑十万,讨伐鞑靼叛军。大军出发前,朱棣考虑到丘福平素爱轻敌,特意告诫他,出兵要谨慎,既不要贻误战机,也不要轻举妄动,不要被敌人的假象欺骗。等到丘福率师北进后,朱棣又连下诏令,反复叫丘福谨慎出战,不能轻信那些鞑靼军很容易被打败的话。丘福亲率千余骑兵先行,遇小股敌军轻易获胜,抓到鞑靼军俘虏。俘虏供说,鞑靼主要部队就在前面不远处。丘福不待核实清楚,就率孤军猛追。他的手下一再提醒他穷寇莫追,恐怕有诈。然而,丘福一意孤行,继续领兵冒进。结果,进入死地,陷入鞑靼军重重包围之中。丘福在突围时战死,明朝后续部队不战而退。

争功诿过留丑闻。历史上,有个"二桃杀三士"的故事,说的是齐景公时期,齐国有三位著名的勇士——公孙接、田开疆、古冶子。他们武艺高强、勇猛盖世,曾立下赫赫战功。但他们也自恃功高,目中无人,横行霸道。齐景公担心他们三人抱成团势力过大,威胁王权,就找相国晏子商量如何处置。晏子想出了主意,齐景公同意依计而为。齐景公宣来三位猛将,说要赏赐他们。他们三人在殿前看见案桌上摆有两个娇艳欲滴的大桃子,非常诱人。晏子走上前说道,三位都是国家栋梁之材,劳苦功高,国君刚得到两只鲜桃,想请你们根据自己的功劳衡量把桃子分吃了。晏子话音刚落,公孙接就抢先表述自己的功绩,并且抓起一个桃子。田开疆不甘示弱,也把自己的功绩大肆炫耀一番,然后自信地拿起另一个桃子。古冶子见状,怒火中烧。他愤然说道,你们杀过虎、杀过人,够勇猛了。可是,当年我为了保护国君渡黄河,跃入河中与巨鳖搏斗,在水中追出九里之遥,最终杀死了巨鳖,保全渡船平安。像我这样,难道勇敢与功劳不如你们吗?可是,你们都得到了桃子,我却毫无所得,真是莫大耻辱啊。说完从身上拔出宝剑。前两人听得古冶子论功,满脸羞愧、无地自容,自知不该争功抢桃,不容分说,两人同时拔出宝剑自刎身亡。古冶子大惊之余,开始后悔。为了一个桃子,竟然死了两人,我还有脸面活下去吗?于是,他也自刎而死。齐景公以勇士之礼安葬了他们三人。

东汉末年,袁绍帐下有个谋士叫郭图。郭图是个心术不正之人,经常在袁绍面前说与其意见不一致的人的坏话。在袁绍和曹操的官渡大战对峙期间,曹操率军出其不意偷袭乌巢以捣毁袁军粮仓,袁军将领张郃、高览建议派兵援救粮仓,郭图不同意此议,反而要他们攻击曹营。张郃等攻曹营不下,郭图见他的主张失败,担心袁绍怪罪自己,于是便诬告张郃等不尽力。袁绍信以为真,要追究张郃等的责任,导致张郃、高览等投降曹操,袁军力量被削弱,很快土崩瓦解。

实功虚做藏隐患。有的人爱虚荣,图虚名,喜欢花架子,搞假把式。《水浒传》中史进给人的第一印象是,脸上皮肤很白,身上刺着青龙,一条棒在手中舞得颇似威风。之后,恰遇东京八十万禁军教头王进避难来到史家庄借宿,王进看史进舞棒脱口说道,这棒看似舞得好,却夹杂着花架子,真要与有本事的人交手是赢不了的。史进听后,大为不服,硬是要和王进比试。王进征得史进父亲同意,答应比试。史进咄咄逼人,一条棒在手中使得如风车儿转,径直向王进劈来。王进只使了一招,便将史进手中棒搁飞,人也应声倒地。史进这才尝到了真功夫的厉害,当即拜王进为师,自此刻苦学艺,后成梁山一条好汉。

实功虚做给国家和百姓带来的灾难更为可怕。清咸丰年间,黄河在河南铜瓦厢决口,造成的损失非常惨重。究其原因,主要在于河政管理的腐败。在修治河道这样关系国计民生的大事上,却存在弄虚作假的种种舞弊行为。例如,挑挖引河,原应挑深三丈,其实入地仅一丈有余,并且上宽下窄、中高边洼,质量十分堪忧。管理河道修治的官员,上下串通,偷工减料,虚报冒领,中饱私囊。有的河道一年修治经费五六百万金,但实际用在修治上的经费不到十分之一,余下的都被各层官员贪腐挥霍。可想而知,这样的河道怎能抵御来势汹涌的滔滔洪水,其结果是河堤决口,遭殃的是芸芸众生。中日甲午海战中,双方的军事实力差距其实并不是很大,但为什么曾经号称亚洲第一的北洋水师惨遭失败呢?除了政治腐败和体制管理等因素外,平时训练不严,不按实战要求练兵,恐怕也是重要原因。例如,北洋水师在海上训练打靶时船动靶不动,预先固定好靶位和距离,预定演练阵势,表演时只要按固定动作操作即可。为了提高所谓的命中率,还事先在靶船上布设火药,造成一击即中的假象。不难想象,这样的训练作风、这样的炮击水平,到了你死我活的实战中,岂有不败之理。

无功受禄难服众。战国时期《列子》一书中,记载着"无功不受禄"的典故。说的是曾子穿着破旧的衣裳在地里耕种,鲁国国君派人到他那里说国君要赠送他一座城邑,请用这座城邑的收入来整备一下衣物吧。曾子没有接受。之后,国君反复派人劝说,曾子仍不接受。派来的人不解地问,这座城邑并不是你求国君要的,而是国君主动赠送给你的,为什么不肯接受呢?曾子回答说,我听说过,接受了人家的东西,就怕得罪人家;给人家东西的人免不了要露点高傲。尽管国君赠送我城邑,不骄横地待我,可是我怎么能不怕得罪他呢?孔子知道这件事后,对曾子的气节表示赞扬。后来,无功受禄就表示,没有功劳就不能得到报酬。

西汉刘向在《触龙说赵太后》一文中,深刻地阐述了靠建功才能谋长远的道理。文中说的是赵太后刚刚主事时,秦兵攻赵,赵国急忙向齐国求助。齐国出兵的条件是,赵国将赵太后的小儿子长安君作为人质。赵太后不愿让心爱的儿子冒风险,严词拒绝了朝中大臣的劝谏。在这样的局面下,老臣触龙请求见赵太后,采用迂回缓冲法,与赵太后谈论养生之道;又用比较法和激将法,让赵太后明白"父母之爱子,则为之计深远"的道理;又进一步剖析历代诸侯子孙未能继世长久的原因,恳切地指出"无功"、"无劳"却"位尊"、"俸厚"、"挟重器多"则不能从根本上奠定基业的规律,劝谏赵太后为长安君的根本利益着想。最终打动了赵太后,允诺派长安君入质于齐。

清朝时,太平天国起义之初,形势一路看好,胜利捷报频传,但自定都南京后,太平天国内部凝聚力逐渐下降,天王洪秀全为了平衡内外权力,相继加封了自己的一批亲属为王。太平天国起义之初是有大功者封王;后来本家封王,广西老乡只要有人担保就能封王,捐钱粮的也封王;到天京沦陷前,太平天国的封王数量达到惊人的两千七百多人。太平天国滥封王爵,破坏了论功行赏的法则,最终导致其内部的混乱和起义军战斗力的下降,从而加速了太平天国的灭亡。

前功尽弃衰国运。"为山九仞,功亏一篑","行百里者半九十",这些富含哲理的名言告诉我们,做任何事情、下多大功夫,定要坚持不懈、敬终如始,不能半途而废,更不能瞎忙活、乱折腾,丧失已经取得的优势和成果。寓言"龟兔赛跑"也启示我们,前面的优势并不代表最后的胜利,不停爬行的龟也能超越半道睡觉的兔。

南宋抗金时,岳家军所向披靡、一路取胜。郾城大捷后,金军士气大挫,而岳家军攻势正旺,岳飞非常高兴地对部属说:"直捣黄龙府,当与诸君痛饮!"就在这乘胜追击、扩大战果的紧要关口,奸臣秦桧等向赵构上疏,说岳飞孤军深入不可久留,乞令班师。于是,赵构降诏,下令岳飞班师,并且一天之内连下十二道金牌。当岳飞收到班师的诏书之后,悲愤地说:"十年之功,毁于一旦。"岳家军撤走时,老百姓拦住岳飞的战马痛哭,岳飞也悲泣不已。

北宋时期,涌现出一大批杰出的政治家,如赵普、寇准、吕蒙正、吕端、文彦博、韩琦、范仲淹、王安石、司马光、苏轼、欧阳修等。但北宋的朋党之争,使其政治、经济、文化,乃至人才生存环境,蒙受重大挫折和损失。北宋第一次朋党之争发生于宋真宗年间,包括寇准、李迪在内的一批治国理政能臣被贬。第二次朋党之争发生在宋仁宗年间,包括范仲淹、韩琦等在内的一批杰出人才遭排挤打击。第三次朋党之争发生在宋神宗年间。意气风发的宋神宗面对财政匮乏、战力削弱、与西夏交战连遭败绩和官僚集团不思进取的局面,心生不满。为改变现状,他大胆起用王安石进行一系列社会制度变革,史称"熙宁变法"或"王安石变法"。围绕这场变法,发生了北宋历史上参与人数最多、持续时间最长、斗争最为激烈的朋党之争。苏轼无辜被卷入其中,在"乌台诗案"中险遭杀身之祸。王安石变法,触及既得利益阶层,因此引来朝野一片反对之声。以司马光为代表的保守派官员站出来竭力反对变法。面对保守派的强大攻势,宋神宗的决心意志动摇。加之变法派内部出现分裂,王安石在内外双重压力下被迫辞职,变法陷入低谷。随后,王安石虽然又复出为相,但新法依然四处受阻、举步维艰。一年多后,王安石遭第二次罢相,轰轰烈烈的变法走向失败。宋神宗驾崩后,其子赵煦继位,建年号元祐,高太后垂帘听政,召保守派领袖司马光为相。以司马光为首的"元祐党",对王安石推行的新法不论好坏一概废除,凡是参与和支持变法的朝臣一概罢免。在司马光执政一年多内,新法几乎被废除殆尽,与此同时,以王安石、章惇、吕惠卿等为代表的"熙宁奸党"悉数被赶出朝廷。朋党之争严重阻碍了北宋社会的发展,社会经济受到严重破坏。"熙宁"、"元祐"两党交替执政,使国家一些重要法律朝令夕改,影响了中央政府的权威,造成社会秩序的混乱,以至于当金兵大举入侵时,朝廷失去号召力,难以举全国之力奋起反抗。因此,有些历史学家把"靖康之耻"和北宋灭亡的原因归咎于朋党之争。仔细想想,也不无道理。

从正反两方面的经验教训中,可以得到有益的启示:正确的功名观,是人们进取的动力、社会进步的活力,是事业成功的文化密码、人才成长的精神引擎;反之,错误的功名观,是毒害人们思想的魔咒、败坏社会风气的毒瘤,是侵蚀公平公正的药剂、阻碍创新发展的孽障。功名千古事,评说在人心。凡是行正道、靠本事、勇付出而建功立业者,当能功名永存、流芳百世;凡是走歪路、搞投机、做伪事而毁事败业者,必将枉费心机、遗臭万年。这就是久久为功终成"功"的历史辩证法。

"红颜薄命"谁之过

  自古红颜多薄命,像一条人间"魔咒"。多少如花似玉的年轻女子,人生坎坷,受尽悲苦凄凉;命途多舛,屡遭挫折灾难;香消玉殒,魂断情天恨海。"红颜",是指美女的容颜;"薄命",是指命运不好。"红颜"、"薄命"两词最早都出自《汉书》。元明时期,"红颜薄命"在元曲和小说中颇为常见,例如明冯梦龙的《醒世恒言·卖油郎独占花魁》中就有"自怜红颜薄命,遭此强横"之语。

  对红颜薄命的原因,历来说法不一。但"红颜祸水"之说,却一直占有相当比重。这个说法把漂亮女人比作祸害的根源。据伶玄所著《飞燕外传》一书记载,赵飞燕、赵合德姐妹二人都美艳异常,她俩用美色讨取汉成帝欢心,分别成为皇后与昭仪。披香博士淖方成惊叹道:"此祸水也,必灭火矣!"按古时五德终始之学说,汉朝为火德,水可灭火,说她们姐妹俩是"祸水",暗喻她们将给汉朝带来灭亡的厄运。汉成帝宠幸赵氏姐妹,纵欲过度导致中风而死在赵合德床上,太后与朝中大臣认为是赵合德的罪过,赵合德被逼服毒自尽。赵飞燕也好景不长,经汉哀帝到汉平帝,赵飞燕先是被贬,后来又被废为庶人,结果也是自杀身亡。不过,这时的西汉王朝已快走到头,权臣王莽玩弄权术,将自己的女儿嫁给汉平帝,汉室成了国丈王莽手中的玩物。后来王莽干脆废帝,自立为皇帝,至此西汉灭亡。

历史上,被认为是"红颜祸水"的当首推妹喜了。妹喜是夏朝国君夏桀的妃子。夏桀在攻打山东蒙阴境内的有施部落时,获得美女妹喜。从此,夏桀对妹喜痴迷不已,终日寻欢作乐,荒废朝政。妹喜妖媚惑主,她叫人在地面上挖一口大池子,池中装满美酒,又在周围的树木上挂满肉脯,这就是著名的"酒池肉林"。妹喜又找来众多美女,终日与夏桀在酒池中划船嬉戏,以酒肉纵情享乐。妹喜有个变态的嗜好,就是喜欢听撕破绢帛的声音。于是,夏桀强令百姓交纳绢帛供妹喜听音。在生产力极低的年代,绢帛是何等珍贵之物啊。夏桀的所作所为,引得天怒人怨,夏朝终被日益壮大的商汤灭亡。夏朝灭亡的根本原因当然在于夏桀自身,但史书和后人一直认为夏朝是因妹喜而亡。

商朝纣王当政时,找到了一个非常艳丽的女子,名叫妲己。传说妲己貌美心黑,蛇蝎心肠,淫恶无比。商纣王为了讨好妲己,派人搜集天下奇珍异宝、珍禽奇兽,放在鹿台和鹿苑之中,经常在此饮酒作乐、通宵达旦。妲己的残忍也是不忍细述。据说,严冬酷寒之际,她远远望见有人赤脚在冰上行走,便感到此人双脚不同寻常,于是,令人将赤脚之人双脚砍下,供她研究;当她看到一个挺着大肚子的孕妇时,出于好奇心,命人剖开孕妇肚腹,以让她看个究竟。朝中有大臣向纣王劝谏时,妲己竟怂恿纣王杀死忠臣比干,剖腹挖心,以禁反对之声。纣王的倒行逆施,弄得众叛亲离。不久,商朝被西周起兵灭亡,纣王自焚而死。妲己被俘后,被姜太公斩于朝歌城外的街市。商朝的灭亡当然是商纣王荒淫无道造成的,但妲己被丑化、妖魔化。在民间传说中,一说妲己是贪狼星中的桃花星;还有一说是纣王去女娲庙上香,口误赋诗亵渎了女娲,女娲就派三只狐狸精妖惑纣王,其中一只就附在妲己身上。其实,妲己的原型出生于有苏国。当初纣王讨伐苏氏部落时,妲己因长得漂亮,被当成战利品带回而成了纣王的妃子。本来是战争的牺牲品,却被演绎成害人祸国的狐狸精。

为了弄清红颜薄命的原因,有必要还历史以本来面貌。细细翻阅历史文化书籍,从普遍现象分析,以下几点原因不能忽略。

封建礼教的枷锁。礼教思想统治影响中华民族两千余年,封建礼教对妇女的思想和人身禁锢最为严重。对女性的各种规范,在儒家经典《礼记》中,已经规定得相当清楚和严格。西汉刘向的《列女传》,对女子的"贞节观"有了形象的描述,东汉的班昭在《女诫》中更系统地明确了一套压抑女性的规范和理论。"三从"之道和"四德"之仪将妇女压迫于卑微的地位,成了家庭的附庸品。"三从四德"是指未嫁从父、既嫁从夫、夫死从子,妇德、妇言、妇容、妇功。在这种扭曲的规范中,妇女的人身,甚至一举一动、一言一行都尽失自由,只能由人任意摆布。古代社会,还有许多歧视妇女的制度,比如女子不能去学堂上学,不能参加科举考试,不能在大庭广众之下抛头露面,不能自由谈婚论嫁,丈夫死了不能随便改嫁,更为严重的还有殉葬、殉烈、守节、娼妓、媵妾、买卖、缠足等惨无人道的专为妇女设置的制度。相对于其他封建王朝而言,唐代的妇女地位略高些,但从本质上看,她们仍处于从属地位,有些阶层女人的命运很凄惨。唐白居易有"后宫佳丽三千人"之说,大多宫女的地位卑贱,生活悲凉。元稹的《行宫》诗就写道:"寥落古行宫,宫花寂寞红。白头宫女在,闲坐说玄宗。"宋代"程朱理学"的出现,完善了封建礼教的理论体系,在"男尊女卑"、"饿死事小、失节事大"、"媒妁之言、父母之命"、"男女授受不亲"等思想观念的主导下,使对妇女的歧视、控制和压迫合法化、公开化、系统化。明清时期,对妇女的压制、摧残更加具体化,自由恋爱成了女子的奢望,从小缠足成了女子的梦魇,经济、教育、婚姻、生活,以至法律上的不平等更是司空见惯。可以想象,在这样的社会氛围中生存和生活,女性的生命、健康和幸福又从何谈起呢。

《孔雀东南飞》是中国文学史上第一部长篇叙事诗,也是乐府诗发展史上的高峰之作。这首长诗叙述的是,东汉末年,庐江太守衙门的一个小官吏焦仲卿与他的妻子刘兰芝之间的爱情故事。刘兰芝自小就勤快贤淑,十三岁便能织素,十四岁便学会裁衣,十六岁就会读书。自嫁给焦仲卿后,两人恩爱有加,刘兰芝相夫教子,对婆婆百般照料。然而,就是这样一个贤淑女子,偏偏遇到一个贪财刻薄的婆婆,硬是活生生将两人婚姻拆散。刘兰芝被赶回娘家去,没想到回娘家的刘兰芝不被家人待见,受尽冷落嘲讽,后又被逼迫改嫁。刘兰芝在痛苦煎熬下投水而亡。而一直深爱她的焦仲卿,在母命难违和失妻痛苦的双重压力下,在一棵柳树下上吊而死。这样美好的爱情,却遭如此悲惨的结局,只能归咎于封建道德伦理对人性的摧残。

梁山伯与祝英台的爱情故事,在民间流传已有一千七百多年,可谓家喻户晓、经典流芳,被誉为中国男女爱情的千古绝唱。故事说的是东晋时期,上虞县祝家庄祝员外之女祝英台,女扮男装到外地求学,途中遇到同一书院求学的梁山伯,两人便相偕同行。在同窗三年里,两人相互切磋,志同道合,感情深厚,但梁山伯始终不知道祝英台是女儿身。后来祝英台奉父命中断学业返乡,梁山伯依依不舍"十八相送",祝英台用各种具象暗示梁山伯,并说将家中"九妹"介绍给梁山伯。之后,待梁山伯果真到祝家寻访时,方知"九妹"就是祝英台,欲向祝家提亲。但祝父嫌梁山伯是个穷书生,拒绝婚事,又将祝英台强行许给太守之子马文才。梁山伯在鄞县当县令时,因过度郁闷而去世。祝英台出嫁时,经过梁山伯的坟墓,墓前祭拜痛不欲生,突然狂风大起,坟墓裂开大缝,祝英台毅然投入坟中,待旁人拉扯时,已是不及。只见坟上飞出一对彩蝶,双双飞离尘世。这个故事,尽管细节有演绎的成分,但据考证,确有真实事件发生,并有历史资料和文物古迹为证。不管怎么说,这又是一对被封建礼教残害的青年男女。

在浙江绍兴的沈园,陆游和唐婉的爱情故事也很凄婉动人。唐婉出生在书香门第、官宦之家,自幼文静灵秀,才华过人。陆家曾以一支精美绝伦的家传凤钗作为信物,与唐家定亲。陆游与唐婉成婚后,两人如胶似漆,伉俪情深。但唐婉婚后一直没能怀孕,加之与陆游的亲密感情,引起陆母的不满。后陆母竟以唐婉耽误了陆游的学业和前程为由,强命陆游休了唐婉。陆游不舍,将唐婉安排在别院居住。陆母察觉后不依不饶,又命陆游另娶一温顺本分的王氏女为妻。数年后,陆游去沈园游玩,巧遇唐婉夫妇也在园中。唐婉征得丈夫赵士程同意,亲自给陆游斟酒。陆游饮酒后,情感油然而生,在沈园的一面白壁墙上,题写著名的《钗头凤》一词。沈园相会后,唐婉悲恸不已,她细细品味陆游的词,提笔和了一首同样曲牌的《钗头凤》词:"世情薄,人情恶,雨送黄昏花易落。晓风干,泪痕残。欲笺心事,独语斜阑。难,难,难!人成各,今非昨,病魂常似秋千索。角声寒,夜阑珊。怕人寻问,咽泪装欢。瞒,瞒,瞒!"读这首词,似乎感受到一个感情受到极度伤害的女子心中的悲和痛、血和泪。不久,唐婉即怏怏而卒。陆游晚年多次游沈园,写了不少怀念唐婉之词,直到临终仍不能忘怀。如今,去绍兴游沈园的人们看到白壁上的两首《钗头凤》,仍在为他俩被封建礼教强行拆散的婚姻惋惜,叹息不已。

强权势力的任性。在古代,那些如花似玉的女子,一旦踏进权贵宫院或府第,命运就完全掌握在主人之手,真是"一入侯门深似海"、"自古皇家多薄情"。

战国时期,燕太子丹为了让荆轲死心塌地忠于他,利用他刺杀秦王,百般款待荆轲。一次,太子丹请荆轲到府中做客,并让府中美女献歌弹琴。荆轲看一位弹古琴的美女手长得好看,就随意夸了一句,"这双手真美啊"。不料待荆轲回去后,太子丹竟让人把那女子的手砍下,盛在盘子里献给了荆轲。

《世说新语》记载,西晋大富豪石崇常与人斗富,他宴请客人时,安排美女斟酒劝客,如果客人不饮酒或是喝不尽,石崇就会命人将劝酒的美人杀死,弄得府中婢妾人人自危。有一次,王导和王敦一起去石崇府中赴宴。宴会上,王导本来是不怎么喝酒的,但又怕石崇杀人,只能勉强接过美女手中的酒喝了。王敦本来能喝酒,但不愿顺着石崇这样的做派,就是不肯接过美女手中的酒喝掉,结果石崇竟一连杀了三个美女。王导看不下去,责备王敦不该不喝。王敦回答说,石崇杀的是他自己府上的,干我们什么事呢? 可见,这些达官富豪,真是视女子的命如草芥。

东汉末年,司徒王允对董卓篡夺朝中大权痛恨不已,于是就把府中歌女貂蝉先是暗地许给吕布,再把貂蝉明里献给董卓。此后,貂蝉周旋于董卓与吕布之间,使两个好色之徒产生猜忌和裂痕。董卓被吕布除掉后,貂蝉为吕布所得。曹操在白门楼擒杀吕布后,貂蝉的命运又发生变化。一说曹操将貂蝉许给关羽,以此企图收服关羽;一说曹操将貂蝉作为礼物许给爱将秦宜禄;一说曹操想自己留下。且不论哪一说,貂蝉任人摆布的悲惨命运是注定了的。

"昭君出塞"的故事也发生在汉代。汉宣帝时期,南匈奴呼韩邪单于向汉称臣归附,曾三次入朝朝贡。到汉元帝时,呼韩邪单于请求当天子的女婿。元帝遂决定挑一名宫女赐给他,从画师的画像中选中了宫女王昭君。王昭君向汉元帝告别时,元帝看到她的真容比画像美艳很多,很想把她留下,但又难以失信。元帝回宫中派人查清,原来宫女画像也要贿赂画师,才能画得美丽,好让皇帝挑选。王昭君不满这种行为,便没给画师毛延寿送礼,毛延寿则故意没将王昭君的美貌画出来。元帝极为恼怒,严惩了毛延寿,但这已不能挽回王昭君的命运。她只能冒着刺骨的寒风,千里迢迢去到异域他乡,做了呼韩邪单于的妻子。据说呼韩邪单于死后,她被迫按照匈奴人的风俗习惯,又先后嫁给呼韩邪单于的儿子和孙子,真是不可思议。

当然,历史上也有凭智慧改变命运的特例。唐代文人张籍写过一首《节妇吟·寄东平李司空师道》:"君知妾有夫,赠妾双明珠。

感君缠绵意,系在红罗襦。妾家高楼连苑起,良人执戟明光里。知君用心如日月,事夫誓拟同生死。还君明珠双泪垂,恨不相逢未嫁时。"这首诗看似表达了男女之间感情的事,实际上是张籍婉拒李师道的情怀诗。李师道是当时藩镇之一的平卢淄青节度使,又冠以检校司空等头衔,权势很大,是炙手可热、举足轻重的人物。李师道为巩固和扩大自己的势力范围,采取恩威并用的手段,勾结拉拢一些文人和朝中官吏。张籍当时是唐朝廷的水部员外郎,颇有才气,也是李师道拉拢的对象。但张籍一贯主张统一,反对藩镇分裂,对李师道的所作所为,心中不平,不愿跟他蹚浑水。然而李师道势力极大,张籍又不能直接回绝他,于是就用一位节妇的口吻写了一首诗,委婉表明自己是个"有夫之妇",即已在朝廷做事,不能弃夫再嫁,虽感谢你的知遇之恩,但我誓死效忠朝廷的心是不会变的。李师道看到张籍的诗后,果然不好再勉强。后来,李师道反叛,朝廷派兵讨伐,叛军内部矛盾激化,李师道被部将杀死。张籍保全了名节。

身逢乱世的悲哀。古代社会,频繁的战事给许多家庭带来妻离子散、家破人亡的人间悲剧。战乱中的妇女,尤其是有几分姿色的女子,她们的命运更是身不由己,她们或被掳掠、或被奸淫、或被迫嫁人、或被杀害,能够逃脱厄运的为数很少。

说起来,南朝陈代有一个特例。南朝末年,隋文帝杨坚举兵灭陈。在陈国将灭之际,陈国的驸马徐德言和他的妻子乐昌公主看到大势所趋,他夫妻二人必然凶多吉少,就将一面铜镜一劈两半,二人各执一半相约,如能劫后余生,就以半面铜镜作为重逢的信物,并且约定每年正月十五到街市去卖镜,以为寻找联系线索。陈

国灭亡后,徐德言流落江湖,乐昌公主则被俘虏,隋文帝将她赐给
灭陈的功臣杨素作为奴婢。在国破家散的痛苦中,终于盼到第二
年正月十五,徐德言好不容易赶到相约的街市,果然看见有人叫卖
半面铜镜,因价格昂贵,无人问津。徐德言见此情形,知道妻子已
有下落,他忙按要价付钱,又将卖镜人领到自己住处,细问端详。
得知妻子具体下落之后,二人暗中取得联系。后来,这件事被杨素
得知,杨素被他二人的情真意切深深打动,当即派人召来徐德言,
让他夫妻二人重新团聚。之后,又放他们同归江南故里。"破镜重
圆"的结局令人感叹不已,但这样的结果却是可遇不可求,大概率
的是许多无辜女子在战乱中付出惨痛代价。

　　秦朝末年,楚霸王项羽遇到出生于宿迁沭阳的一位叫虞的美
女,非常喜欢,宠为爱姬。项羽征战有两件宝不离左右,一是他的
战骑乌骓马,另一个就是虞姬。楚汉相争的后期,项羽兵败,被汉
军围于垓下,夜闻四面楚歌,余下的兵士思乡心切,士气涣散。项
羽知大势已去,决意拼死一战而不肯突围过江。虞姬为了不拖累
项羽,怆然拔剑起舞,边舞边唱道:"汉兵已略地,四方楚歌声。大
王意气尽,贱妾何聊生?"唱罢趁项羽不留意间用剑自刎而死,留下
了垓下悲歌。虞姬死后,据说葬于彭城,这是后话。

　　再看看小乔的故事。东汉末年,庐江皖县乔公有两个美艳如
花的女儿,时人称之为大乔和小乔。小乔嫁给了雄姿英发的东吴
大将周瑜,按说郎才女貌应该非常幸福。但适逢乱世,战事频繁,
周瑜领兵在外打仗,两人聚少离多。这还不算,当时人们都闻小乔
美名,于是便用小乔做文章激怒周瑜。诸葛亮过江东时,就曾对周
瑜说,曹操攻打东吴,其中的一个目的是要把小乔掳到他所建的

"铜雀台"里,供其享乐。后来杜牧还写过一首诗"折戟沉沙铁未销,自将磨洗认前朝。东风不与周郎便,铜雀春深锁二乔"。当时周瑜听了诸葛亮的言辞,非常气愤,更加坚定了抗曹决心。周瑜征战连连,后因箭伤,加之多次因事发怒,英年早逝。小乔遂成寡妇,不久也忧郁而死。小乔死后,关于其墓葬之地有庐江说、南陵说,还有岳阳说。不论葬于何地,她生不逢时是肯定的。

明朝末年,江南名妓陈圆圆被朝中达官买进京城,之后为大将吴三桂所得。吴三桂镇守山海关时,将圆圆留在京城府中。李自成起义军打进北京后,陈圆圆被李自成部将掠去。吴三桂本已答应降李,闻圆圆已被李部将霸占,义愤填膺,遂和清军联合,与李自成的农民军开战。著名诗人吴梅村在《圆圆曲》中写道:"鼎湖当日弃人间,破敌收京下玉关。恸哭六军俱缟素,冲冠一怒为红颜。"诗中的"鼎湖",传说是黄帝乘龙升天的地方,借指帝王,这里指崇祯皇帝。后来,陈圆圆随吴三桂到了云南。当了云南王的吴三桂却移情别娶。陈圆圆遂独自居住,后又削发为尼,过着青灯黄卷的冷寂日子。吴三桂死后,她亦自沉于寺外莲花池,池畔留有遗迹。如今,在云南昆明鸣凤山金殿园区内,仍能见到陈圆圆塑像,游人见像感思、叹息不已。

名利欲望的作祟。对地位和名利的苦苦追求,往往是一种难以自抑的人性弱点。作为在封建文化大环境下生存的女性人物也不例外,而且有些貌美如花的女子似乎条件更加优越,在她们身上出现故事似乎更为寻常。

刘邦在做汉王时娶了定陶女子戚姬,对她十分宠爱。戚姬生子刘如意。戚姬经常跟从刘邦出征,总是缠着刘邦,希望立自己生下的儿子刘如意为太子。而当时吕后留守在后方关中,很少见到皇上,渐渐被疏远了。刘邦几次欲废掉吕后生的儿子,改立如意,幸亏公卿人臣竭力反对,才没有更换太子。戚姬一心想让自己儿子上位的所作所为,深深伤害了吕后。后刘邦去世,惠帝继位,吕后做了皇太后,下令将戚夫人幽禁。戚夫人仍希望自己的儿子有朝一日成大事。吕后索性一不做,二不休,毒杀了刘如意,并命人砍掉戚夫人手脚,剜掉眼珠,熏聋耳朵,让她喝下哑药,把她扔在粪池中,唤作"人彘"。吕后的做法固然过于残忍,但戚夫人不知戒止,早已埋下被害的伏笔。

《水浒传》中的潘金莲,嫁给卖炊饼的矮子武大郎为妻,本来无事。但当她被西门庆盯上后,通过王婆穿针引线,在小恩小惠的诱惑和西门庆虚情假意的勾引下,终于把持不住,躺在了西门庆的怀中。之后又合谋害死武大郎,想嫁入西门庆家,与他做永久夫妻。没想到武大郎之弟武松识破端倪,潘金莲终丧于武松刀下。潘金莲贪慕虚荣、见异思迁的形象,常被后人作为反面典型挂在嘴上。

世上还有另一类为情人所误、为名利所害的女子。明代冯梦龙所写的《警世通言》中就有一个"杜十娘怒沉百宝箱"的故事。名妓杜十娘久有从良之志,暗中慢慢积攒了一个百宝箱,作为将来的嫁资。之后,她选择了公子李甲,两人千方百计凑够赎身银两,使杜十娘离开妓院,与李甲相偕自由而行。李甲担心杜十娘的身份恐为严厉的父亲所不容,不敢贸然归家,两人只好泛舟湖上,慢慢想主意。在途中,一富家公子目睹杜十娘的美貌,生了贪慕之心,乘与李甲饮酒之机,晓以利害,以千金银两之价诱惑李甲,把杜十娘转让给他。杜十娘知道自己被曾倾心相托的李甲卖掉,万念俱灰,在他们正式交易时,当众打开百宝箱,怒斥奸人和负心汉,将珍宝一一投入水中,最后自己也抱箱自尽。杜十娘的一片真情被贪欲小人的肮脏交易亵渎。

20世纪60年代有一部《姊妹易嫁》的吕剧,很是耐人寻味。剧情说的是一张姓人家有素花、素梅姊妹俩,张家老爹见毛家的小哥毛纪,虽是放牛娃出身,但人品好、爱学习,人穷志不穷,就将素花许配给毛纪。姊妹俩长大后,素花嫌毛纪贫穷,吵闹着悔婚,老爹爹却难以开口。毛纪发愤读书,进京考试中了状元,故装落榜之人试探素花。素花竟在迎娶的大喜日子里,拒绝前去完婚。无奈之下,妹妹素梅激于义愤,并且感于毛纪的忠诚,代替姐姐素花出嫁,上轿时,方知毛纪已高中状元。此时的素花羞愧难当,但后悔为时已晚。此剧当时在山东,乃至全国,都产生较大影响,给观众以深刻的教育意义。

竞争对手的挤压。在扭曲的精神世界和价值追求中,有的美女为了得到宠幸,想尽办法,不择手段,有的争风吃醋,甚至不惜暗中使绊,进行人身攻击。

晋武帝司马炎在统一天下后,渐渐变得骄奢淫逸。他的宫廷之中广纳美女,让司马炎看得眼花缭乱,不知究竟宠幸哪个美女为好。于是,他想出一个办法,每天坐着羊拉的车子在后宫巡游,当羊车停在哪一个美女的门口时,他就下车到那个美女的住所饮酒作乐、留宿寻欢。后宫的嫔妃们都希望自己能得到皇帝的宠幸。有聪明的嫔妃想出办法,因为羊喜欢吃带咸味的东西,她就让人在自己的门前摆上竹叶,然后撒上盐水,拉车的羊见了竹叶就停下来啃吃,皇帝自然也就临幸她了。这个秘密被后宫众美发现而仿效,由此衍生出"羊车望幸"的成语典故。司马炎统治时代的荒淫和美女们争风吃醋的生存环境可见一斑。

《战国策》中有这么一则故事,说的是郑袖是楚怀王的宠妃,魏国国君魏惠王将一名魏国美女送给楚怀王,楚怀王非常喜爱魏美人,郑袖担心自己失宠,于是就设计陷害魏美人。郑袖表面上与魏美人拉近乎,送给她许多衣物首饰,房间和摆设也由魏美人任意挑选,渐渐赢得了魏美人的信任,连楚怀王也觉得她对魏美人真好。之后,郑袖对魏美人说,大王虽然宠爱你,但讨厌你的鼻子,所以你见到大王时一定要捂住鼻子,这样大王一定会长久地喜欢你。魏美人听从郑袖之言,每次见到楚怀王就捂住自己的鼻子。楚怀王甚感奇怪,就问郑袖原因。郑袖先是假装不愿说,在楚怀王的追问下便说,是因为魏美人讨厌闻到大王的气味。楚怀王听后十分恼怒,马上令人割掉魏美人的鼻子。郑袖从此又独占恩宠了。

唐高宗时期,萧淑妃因姿色艳丽受到专宠,导致王皇后失宠。萧淑妃与王皇后又为谁的儿子能当太子而争斗。王皇后为了扳倒萧淑妃,暗中与武则天来往,召已出家的武氏还俗入宫。武则天入宫后很快取代萧淑妃,获得高宗宠爱。王皇后与萧淑妃的所作所为惹得唐高宗生厌,最终她两人一同被废为庶人,后来萧淑妃被武则天缢杀。可见,后宫的争斗是多么复杂又残忍。

历史上,因嫉妒和阴毒而闻名的还有晋惠帝的皇后贾南风。贾南风见到其他妃嫔获宠幸时,必欲除之而后快,看见有妃嫔怀上身孕的,竟然用戟击打其腹部以使其流产。她的做派甚至连自己的亲族都看不过去,曾多次规劝,而她却我行我素,最终落得被毒杀的下场。

无独有偶,明宪宗时期的万贵妃也是嫉妒成性之人。万氏本是明宪宗朱见深幼年时的保姆,比朱见深大十七岁。明宪宗十八岁即位时,万氏已是三十五岁,明宪宗却偏偏喜爱她,封她为皇贵妃。就是这个万贵妃宠冠后宫、权倾内外,她看到稍不顺眼的宫女,就会当即令人杖毙,还强迫其他怀有明宪宗骨肉的嫔妃或宫女堕胎,后宫许多女人谈之色变。明宪宗还因对万贵妃的宠爱,竟将册封才一个月的皇后废掉。另立皇后之后,新的皇后也对万贵妃百般忍让。万贵妃因病过世,宪宗竟忧伤过度,数月后也随之而去。真是天下之事,无奇不有。

个人性格的使然。古代一些美女命运不济,除社会和外部原因外,个人性格缺陷也当是一个重要因素。她们或强势奋争,不知识时退让;或终日忧愁,不知排解调节;或心比天高,不知审时度势;或倔强任性,不知修身养性。结果是,身心健康受到很大损害,有的甚至枉送了性命。

汉武帝刘彻巡狩,路过河间国时,负责观天象、占吉凶的侍从禀报汉武帝,说此地有美女。汉武帝立即派人寻找,果然随行官员找到一位年轻漂亮女子,据说此女出生时双手握拳,一直不能伸开。汉武帝怀着好奇心,将女子手轻轻一掰,她握拳的手便分开了,只见手掌心里还紧紧地握着一只小玉钩。汉武帝认为是吉兆,就将她带回皇宫并加以宠爱。其实,此女握拳藏钩是当地官员和汉武帝随侍为取悦汉武帝,故意导的一出好戏。后来,女子晋升为婕妤,居住在甘泉宫中,她的宫殿被命名为钩弋宫,人称她为钩弋夫人。钩弋夫人为汉武帝生下一子,取名刘弗陵,汉武帝有心立刘弗陵为太子。因母凭子贵,宫中宦官巴结钩弋夫人的渐多,钩弋夫人也不知收敛,表现出强悍之风。汉武帝因担心人主年少而母亲年壮,女主独断骄横、淫荡放肆,而其宫中势力也渐强,于是下决心处死钩弋夫人。汉武帝在弥留之际,果然立年仅八岁的刘弗陵为太子。汉武帝去世后,刘弗陵即位,是为汉昭帝。钩弋夫人的死,尽管有些蹊跷,但不得不说与她的强势个性有着相当关系。

再看看《红楼梦》中林黛玉的性格特征,又恰恰相反。林黛玉聪明伶俐,细心敏感,才学超群,但她自尊心特别强,多愁善感,经常见事伤情、听言气忧、以泪洗面,把一个好端端的身子折磨得弱不禁风。她的《葬花吟》就是自己悲切心声的写照:"花谢花飞飞满天,红消香断有谁怜?""一年三百六十日,风刀霜剑严相逼。""试看春残花渐落,便是红颜老死时。""一朝春尽红颜老,花落人亡两不知。"其实,像林黛玉这样身份地位的女子,呼风得风、唤雨得雨,谁能够对她"风刀霜剑严相逼"呢? 她感受到"严相逼"的只是自己脆弱的心理反应。林黛玉的香消玉殒,不能不说与她本人性格有关。

《红楼梦》中贾宝玉的大丫鬟晴雯则又是另一类。书中对晴雯的判词为:"心比天高,身为下贱,风流灵巧招人怨。寿夭多因毁谤生,多情公子空牵念。"晴雯虽出生在平民小户人家,进贾府来当侍候人的丫鬟,但骨子里有一股倔强傲气。她行事作风泼辣,伶牙俐齿,得理不饶人。因她心直口快,得罪人较多,当她出现差池时,被人在王夫人面前添油加醋告了黑状,直接导致她在病中被赶出贾府。晴雯早夭令贾宝玉痛心不已,他特意做长篇祭文予以哀悼。有人认为,晴雯虽生得漂亮,却是"心比天高,命比纸薄"。

性格决定命运,这话虽然略有偏颇,但看看以上几位女人的命运,似乎又都得到应验。

　　常言道,爱美之心人皆有之。就像喜爱大自然中美丽的花朵一样,容颜美艳的女子得到人们赞扬、欢迎和喜爱,本是一件无可厚非、正常不过的社会文化现象。但这种现象一旦被迷雾笼罩、被阴暗遮挡、被讹传扭曲、被假象扰乱、被伪善利用、被歹毒伤害,许许多多的美女就要为此付出声誉,甚至性命的代价。在一个正常的社会文化环境中,美丽的女子不应为自己的姣好容貌额外"埋单","红颜薄命"早就是历史的终结。当普天下的母亲们、姐妹们及所有女性们,都能自由自在地、尽情舒畅地、快乐幸福地展示自己的美,进而做到各美其美、美美与共,人间定会绽放出更加绚丽多姿的光彩。

民心民意大于天

在长江中下游、皖中地区,有一片湖泊名巢湖,它是中国第五大淡水湖。巢湖自然风光秀丽多姿,湖光山色引人入胜,物产富饶丰盛,银鱼、白虾、家鱼是特色美味。当代文豪郭沫若先生写有"遥看巢湖金浪里,爱他姑姥发如油"的名句。关于巢湖的来历,一说是因湖形像鸟巢而得名,一说是因上古圣贤巢父曾在此隐居而得名。巢湖地域是古人类最早的发源地之一,也是著名的古战场和兵家必争之地。《三国演义》中,曹操与孙权两军对垒濡须口、诸葛亮草船借箭的故事就发生在巢湖。元末,朱元璋在此曾得巢湖水师相助,为争夺天下奠定基础。"洗耳恭听"的典故也产生于此。据说,尧帝在禅让帝位给舜帝之前,原本是想把位子让给高士许由。许由听说后,连夜逃进山里隐居。尧帝又派人去请他,许由听派来的人说,尧帝许给他高位厚禄,觉得此话污染了自己的耳朵,便用东门池边的清水清洗耳朵。后衍生出"洗耳恭听"成语。

在关于巢湖的由来和历史传说中,广泛流传着"陷巢湖"的神话。相传古巢州这一地区并没有湖泊,只是一片丘陵起伏的岗地。有一年,巢州遇到大旱,当地民众生产和生活受到旱情严重威胁,于是,他们纷纷烧香磕头求雨。这时,东海的小白龙途经此地,看到严重干旱的惨状心有不忍,便冒着被玉帝惩处的风险,召来风伯、雨师、雷公、电母,消除当地旱情,拯救巢州民众。之后,小白龙因擅自降雨触犯天条,玉帝下令用神鞭将其击落凡尘。身受重伤的小白龙跌落后,被一群恶霸肢解分吃。巢州城中一位焦姓老姥及其女儿焦玉姑,心知小白龙为民祈雨而死,便乘夜将小白龙的骨骸、龙皮拼凑包好,安葬在一汪深潭里。龙皮、龙骨在潭水的滋润下,恢复了生机。小白龙死而复生,驾云回到东海龙宫。

时隔不久,小白龙听到玉皇大帝已下令,要将巢州这个地方陷落为湖,若此,整个巢州城百姓性命难保。小白龙又一次冒着泄露天机的风险,化成一个白衣少年,到焦姥家中告知消息,并且嘱告:城东门有一个石龟,当石龟眼睛变红之时,就预告着巢州即将被洪水淹没。焦姥牢记在心,每天去东门观察石龟。一天,石龟眼睛果然变红,焦姥和女儿本可率先逃生,但母女却在城中奔走呼告,催促民众抓紧转移。大水来临时,众人得以逃生,焦姥母女却来不及避难而被大水淹没。后来,母女俩化为湖中姥山、姑山两座礁岛,奔走丢失的鞋子化为鞋山。

为推崇这母女俩善良博爱、舍己救人的精神,晋代时,朝廷特赠焦姥"圣妃"名号,又封她为巢湖主管女神,后世又建"圣妃庙",当地人又称"圣姥庙"、"老姥庙"。历代以来,百姓们奉之为神灵,敬香拜谒,长盛不衰。唐代诗人罗隐曾作《姥山》一诗:"临塘古庙一神仙,绣幌花容色俨然。为逐朝云来此地,因随暮雨不归天。眉分初月湖中鉴,香散余风竹上烟。借问邑人沈水事,已经秦汉几千年。"以此赞颂焦姥的义举,表达对她的崇敬之情。

上述故事,虽是传说,但给人们带来深刻启示。华夏社会和历史文化中,历来有爱民重义的传承,凡为国家、为社会、为民众做益事者,就能得到认同和赞扬,有的还得到推崇和褒奖。这种敬民、爱民、为民、助民的风尚历久弥新,留下了许许多多的传奇佳话。其感人事迹各放异彩、各美其美。

救民于难不在身份贵与贱。以中国东南沿海为发源地的海神妈祖信仰由来已久。目前,世界上共有近五十个国家和地区、数亿人信仰妈祖。妈祖文化始于宋,成于元,兴于明,盛于清,直到现代许多人们还敬奉如常。妈祖是集无私、善良、慈爱、亲情、英勇等传统美德于一体的精神象征,是海洋文化圈的民众心目中的"护航女神"。据史料记载,妈祖的原型为林默娘,出生于北宋时期福建莆田湄洲湾畔的一个小渔村,自小聪慧好学、志向远大。她待周边乡亲如亲人,热情平和,乐于助人,时常帮助他人解除困苦病痛,深受百姓爱戴。尤为神奇的是,她能感应、预测海上风险,经常于梦中化身入海救人。一次在海上搭救遇险船只时,不幸被桅杆击中头部而落水身亡,年仅二十八岁。乡亲们很难接受这一悲痛现实,便口口相传她已成仙,并举行隆重祭奠活动。自宋代到清代,历代朝廷三十六次褒封她,从"夫人"到"天妃"、"王后",直至"天上圣母","天后宫"和天后塑像遍及沿海有关国家和地区。可见救民于水火者,得到民心力量的回报是多么丰厚,它可以把平凡的人升腾为尊崇的神。

清朝道光年间,山东堂邑县(今属冠县)柳林镇武家庄一个名叫武七的人,幼年丧父,以乞讨打工为生,因家贫势弱,又是大字不识的文盲,受尽欺侮,甚至连辛苦打工的钱也被拖欠。由此,他从二十岁时决心行乞兴学。他自身破衣烂衫、粗粮陋食,把乞讨和做佣工节省下的钱积攒起来,经过三十余年的艰辛努力,建起三处义学,供穷人家子弟读书上学。他的义行感动无数乡亲,轰动一时。后山东巡抚为其赐名武训,并奏请光绪帝颁以"乐善好施"的匾额,授以"义学正"名号,赏穿黄马褂。武训五十九岁去世时,万人以上乡民为他送葬,哭声震天。尽管武训用乞讨,甚至糟践自己身体集资的行为颇有争议,但当地民众推崇他,称他为"武圣人",这也可从一个侧面反映百姓的心声。

替民着想不在时间长与短。有的人一辈子为民做好事,有的人在有限的时间里尽其所能为民办实事,两种精神都很可贵。北宋元丰八年,苏轼被朝廷任命为登州太守。他抵达登州治所山东蓬莱刚有五天,收到对他新的任命,还朝任吏部郎中。苏轼在登州有限的时间内,深入民间,体察民情,倾听民声,考察海防。当时,百姓对官府实行的食盐专卖,即榷盐政策反应强烈,因当地沿海一带灶户以煮盐为业,百姓需食用灶户之盐。所谓榷盐,就是官方规定,灶户所产之盐只能压价卖给官家,而官家向百姓售盐时却大幅加价,官家从中赚取两头的收入,这就造成灶户破产逃亡和百姓吃不起盐的双重后果。官家因囤积之盐卖不出去,也造成很大损失。苏轼了解情况后,很快写下《乞罢登莱榷盐状》,建议朝廷罢废这灶户、百姓、官家均无利好的政策,依旧令灶户直接卖盐于百姓,官家只收盐税。朝廷在苏轼离任之后批准了这一奏状。虽然苏轼已离任,但当地百姓仍念念不忘苏轼之功绩,他们建祠、立碑、塑像纪念苏轼,苏轼在此地留下"五日登州府,千年苏公祠"的美誉。如今,游人在烟台蓬莱阁仍能看到刻写的状文,苏轼以他爱国忧民、关注苍生的高尚情怀与登州百姓结下了不解之缘。

为民散财不在名利得与失。战国时期,齐国权臣田文,是著名的公子之一,人称孟尝君。他结交和收养了有各种各样本领的人,即门客,达三千人之多。有个叫冯谖的人来投奔他,虽没显示过人的本领,但孟尝君仍善待他。一次,孟尝君欲派人到他的封地薛地去收债,冯谖表示愿意去,并问孟尝君,债收后,需要买点什么回来。孟尝君交代,你看我家中缺什么就买什么吧。冯谖到薛城后,将债户们请来一一核实情况,凡因收成不好还不起债的,当众把债券烧了,并说这是按主人的要求做的。冯谖回去后,孟尝君见他不仅未收回债务,反把债券烧了,便责问因由。冯谖回答,公子家中金银财宝、山珍海味都不缺,缺的是仁德名声和乡亲情义,现在将这个给你"买回来",岂不是更好吗?孟尝君无可奈何,只得作罢。后来,齐国国君废除了孟尝君的相位,他只好退居薛地生活。薛地百姓听说孟尝君来此,扶老携幼走出数十里欢迎他。孟尝君这才真切感受到仁义价值之所在。

春秋末期的范蠡,帮助越王勾践兴越灭吴,功成名就后毅然退隐。他化名经商致富,又将巨额资财先后三次散给四周乡邻。世人誉之:"忠以为国,智以保身;商以致富,成名天下。"后世许多生意人皆供奉他的塑像,尊之为财神,俗称"陶朱公"。

解民之忧不在过程难与易。著名的"大禹治水"故事人们耳熟能详。说的是上古时期,中原地区洪水泛滥,水患无穷,众百姓生计无着,流离失所。先是尧帝派鲧治水,用了九年时间没有成效。

舜帝继位后,选派鲧的儿子禹治水。禹吸取父亲的教训,带领一干治水的人,跋山涉水,风餐露宿,任劳任怨,毫不懈怠,为治水"三过家门而不入"。前后共花费十三年时间,战胜重重困难,用改堵为疏的办法,通畅九州河流沟川,驯服了狂野咆哮的河水,将昔日的汪洋泽国变成了肥沃良田,百姓得以丰衣足食,过上安宁的生活。后人为感念他的功绩,为他修庙筑殿,尊他为"禹神"。

建于战国时期的都江堰,是在蜀郡太守李冰父子的艰辛努力下,成功建成的大型水利工程。在建设过程中,当时还未发明火药,大家便以火烧石,使岩石爆裂,再一块一块撬开山石、凿通山口。为解决筑堰难题,发明以竹笼装填卵石的办法堆筑稳固。在李冰父子的带领下,人们克服难以想象的困难,历时八年,终于完成这一历史壮举,使成都平原从水旱不均、灾情茫然的偏荒之地,转变成水从人愿、沃野千里的"天府之国"。两千多年后的今天,都江堰仍在发挥重要的水利工程作用。李冰父子也给历代人们留下不可磨灭的印记。

为民减负不在价值高与低。司马迁曰:"小事见格局,细节看人品。"清朝康熙年间,江南总督张伯行自上任之始,就亲书一块匾挂于堂中自勉:"一丝一粒,我之名节;一厘一毫,民之脂膏。宽一分,民受赐不止一分;取一文,我为人不值一文。"他重名节、爱百姓、严于己、宽待民,时人评价他为"清朝第一清官"。

老子《道德经》曰:"治大国若烹小鲜。"商初开国功臣伊尹,出身本卑微,但他自幼聪明颖慧、好学上进,以烹调技术之理,深研治国安民之道。他善于将人心向背的政治因素用于指导战争实践,协助商王灭夏。他主张"臣为上为德,为下为民",就是做大臣的既要上对国王负责,又要下对百姓负责。他整顿吏治、洞察民情,关心百姓的教育、医疗、生产、生活。当他在辅佐后任君王太甲时,因太甲暴虐无道、恣意妄为,伊尹使将太甲放逐,直到太甲幡然悔悟,修道从善,他才将太甲迎回。伊尹以厨艺中"以鼎调羹、调和五味"的理论来治理天下,特别是从百姓生计入手,推动政治清明、经济发展,为商朝兴盛作出卓越贡献。由此他也青史留名,为后人称道。

助民之德不在事情大与小。蜀汉先主刘备去世前给其子刘禅的遗诏中特意交代:"勿以恶小而为之,勿以善小而不为。惟贤惟德,能服于人。"蜀汉名相诸葛亮在《诫子书》中也说:"夫君子之行,静以修身,俭以养德。非淡泊无以明志,非宁静无以致远。"刘备在荆州时,遇曹操大军压境,身处危境仍不忍舍弃跟从自己逃难的百姓,以此赢得了民心。诸葛亮为蜀相鞠躬尽瘁、一心为民,克勤克俭、爱惜民力。他在写给后主的一份卷章中写道:"成都有桑八百株,薄田十五顷,子弟衣食,自有余饶。至于臣在外任,无别调度,随身衣食,悉仰于官,不别治生,以长尺寸。若臣死之日,不使内有余帛,外有赢财,以负陛下。"他在临终时留下遗嘱:"葬汉中定军山,因山为坟,冢足容棺,殓以时服,不须器物。"诸葛亮严以治家、力戒奢华、洁身节俭的高贵品质实是难能可贵,值得称颂。

北宋著名的思想家、政治家范仲淹,因父亲早逝,在母亲改嫁后,他寄人篱下,饱尝世态炎凉,有时连饭都吃不上,一盆凉粥要分成四份维持生活。后来,他做官以后,仍保持艰苦本色,立志为百姓做事,以"先天下之忧而忧,后天下之乐而乐"为己任,成为逆境成长、关心民意、解民疾苦、为官清廉的典范。他所写的《岳阳楼记》,抒发了强烈的忧国忧民、宠辱不惊的情怀,表达实现"政通人和、百废俱兴"的愉悦心境,成为流芳千年的名篇,陶冶了无数人的道德情操。

民心大于天,民意重如山。只有始终敬畏人民的人,才能在历史长河中找到自己的角色定位;只有始终热爱人民的人,才能在历史演变中拓宽自己的眼界视野;只有始终心系人民的人,才能在历史画卷中点缀自己的一丝墨迹;只有始终服务人民的人,才能在历史发展中书写自己的精彩人生。

"门当户对"中的对与错

提起"门当户对",可谓家喻户晓。无论是豪门显贵,还是平民百姓,凡家有适龄婚配者,总是把"门当户对"作为择偶的基本条件加以考虑。这一传统观念即便到了现代社会,依然在不少人心目中留下烙印。为此,不妨就"门当户对"现象来个追根溯源。

"门当"与"户对"最初是指大门建筑中的两个重要装饰,后演变为标志宅第主人身份、地位、家境的重要形式。门当是指在门第前左右两侧相对而置的一对呈扁形或圆形的石墩或石鼓。户对是指位于大门门楣上方或门楣两侧的圆柱形木雕或砖雕。由于这种木雕或砖雕位于门户之上,并且约定俗成的规制为双数,所以称为户对。用木头雕刻的户对一般为短圆柱形,位于门楣上方,与地面平行,与门楣垂直;用砖雕刻成的户对则位于门楣两侧,上面大多刻有以瑞兽珍禽为主题的图案。门当与户对同时而置,因此两者并称。

在古代封建社会,宅第建筑非常讲究。身份、地位高贵和家境富有者,门当则大,反之则小。如果门当是石鼓造型,说明这家宅主的身份是武官,因为鼓声声震四方、威震八面,可以助武官在战场上英勇杀敌、建功立业。此外,鼓声咚咚可以起镇妖辟邪的作用。还有一种说法是文官家用圆形门当,武官家用方形门当,据此,是文官之家还是武官宅第便一目了然。户对的数字也有规制,门楣上有两个户对标志这家宅主是五至七品官员,有四个户对的是四品以上官员,有六个户对的是二品官员,有八个户对的是一品官员,有十二个户对的应是亲王或之上的高位。

门当户对的成语出自元代戏曲家王实甫的《西厢记》,剧中是说唐代已故崔相国之女崔莺莺随母崔老夫人暂住普救寺时,遭遇贼将孙飞虎围寺。情急之下,母女俩商议一计,即谁能退得贼兵,就将崔莺莺小姐许配给谁为妻。崔老夫人无奈作叹:"此计较可。虽然不是门当户对,也强如陷入贼中。"门当户对后泛指男女双方家庭的社会地位和经济状况相当,适宜通婚结亲。

门当户对作为一种流传广泛的社会意识和婚姻文化现象,是好是坏、是对是错,本不能一概而论,不可简单化地认可或予以否定。自古以来,由门当户对所生发的家庭关系或爱情故事,有比翼双飞、相敬如宾的千古佳话,也有抱憾终身、反目成仇的人间悲剧。当我们翻阅历史典籍或是观听传统戏剧时,这样的情节就会时不时冲击自己的情感,时而为美满的爱情欢歌点赞,时而为跌宕的爱恨情仇萦怀不已。

门当户对的婚配能够酿成甜蜜。北宋末期,李清照出生于一个书香门第,父亲李格非为礼部员外郎,母亲王氏也知书能文。李清照在优越的家庭生活环境熏陶下,虽为一女子,但自小便文采出众。赵明诚也出生于官宦之家,父亲赵挺之在朝中为官,是当时有名的政治家,官至右丞相。李清照和赵明诚相识于京城汴京,以文相知、情投意合,李清照十八岁时嫁给太学生赵明诚,他们是一对难得的门当户对而又才华横溢的才子佳人。婚后,两人过着快乐和浪漫的爱情生活。李清照亲手记载一则"赌书泼茶"的典故,说的是他们夫妇俩都喜好读书藏书,李清照记忆力又强,所以闲暇时一起烹茶,就用比赛的方式决定谁先饮茶。其中一人问另一人,某典故是出自哪本书的哪一卷哪一页哪一行,如对方答中就先喝,答不中问题者则后喝。赢者往往因过于开心,端茶时反而将茶水洒了一身。此故事成为流传千古的爱情佳话,后人常以此来形容夫妻之间琴瑟和鸣、相敬如宾。清朝著名词人纳兰性德有感于赵明诚和李清照的伉俪情深,写下一首《浣溪沙》:"谁念西风独自凉,萧萧黄叶闭疏窗,沉思往事立残阳。被酒莫惊春睡重,赌书消得泼茶香,当时只道是寻常。"词的后两句成为流传久远的名句。《红楼梦》中的林黛玉在描写李清照时,也曾作诗:"赌书空忆泼茶时,铁马敲风乱入诗。青女不谙霜雪苦,忍将剩冷锁残枝。"由此可见,"赌书泼茶"产生的影响之大。尽管李清照晚年生活过得凄惨,但那是战乱频仍、国破家亡、丈夫病故后给个人命运带来的不幸,并不能否认在此之前曾经拥有的充满乐趣的岁月。

门当户对的婚配也能结出苦果。东晋女诗人谢道韫出身名门,是安西将军谢奕的长女、宰相谢安的侄女,因自幼才华出众,深得长辈们的喜爱。待她长大后,谢安就为谢道韫的婚事选择相应人家的子弟。当时王氏家族也是名门望族,有"王与谢共天下"之说。唐代诗人刘禹锡写过一首关于金陵乌衣巷的著名诗词:"朱雀桥边野草花，乌衣巷口夕阳斜。旧时王谢堂前燕，飞入寻常百姓家。"诗中的"王谢"正是指这两大家族。出于门当户对的考虑，谢安物色了王徽之的次子王凝之，将谢道韫许配给他。王凝之善书法，先后做过江州刺史、左将军、会稽内史等官职，但他不思进取，沉迷于五斗米道，遇有造反逆兵，不积极备战，而是在道室祷告。部属向他请求出兵，他竟说："已经向大仙请示，借了数万鬼兵防守要塞，不用担心反贼。"结果是，落得城陷被杀的下场，他的子女也全部遇难。谢道韫婚后就对王凝之深为失望，在回复谢安问询中曾说："天壤之中，乃有王郎！"意思是说，想不到天地之间还有像王凝之这样差劲的人。王凝之死后，谢道韫一直寡居，不问世事，过着平淡而又苦涩的生活。

在汉代，有一个"金屋藏娇"的典故。说的是汉武帝刘彻年少时，他的姑姑馆陶长公主试探并略带玩笑的口吻问刘彻，愿不愿意娶自己的女儿阿娇。童稚的刘彻回答："若能迎娶阿娇，当作一金屋贮之也。"长公主大悦，遂力助刘彻登上帝位。阿娇虽贵为皇后，却得不到汉武帝刘彻的宠爱，后因事触犯武帝，竟被贬至长门宫。阿娇终日以泪洗面，以百金请司马相如代作《长门赋》，试图打动汉武帝。虽使武帝有所感动，但终是没有赢回武帝的心。几年后，阿娇郁郁而终。

人生百态，各有所爱。世间还有不少奇男女，尽管门第悬殊，但为了追求美好的爱情，实现心中的梦想，勇敢地冲破"门当户对"的藩篱，演绎了曲折离奇、凄美动人的故事。

苏小小是南齐时期钱塘名妓，聪慧灵敏、文采出众、风雅多情、姿容绝佳，一时间引来许多倾慕者，但苏小小均不为所动。有一次,苏小小乘油壁香车在西湖游玩,欣赏美丽的湖光山色,偶遇一风度翩翩的少年郎。只见他骑着青骢马,俊朗飘逸,气度不凡。这少年郎叫阮郁,父亲是朝廷官员,奉父命来此公干,顺道游览风光秀美的西湖。两人相遇后,互相喜欢,又经一段时间交往,志趣相投,情意加深,互生爱慕之意。阮郁决定待回家禀告父母后,再来迎娶苏小小。苏小小在阮郁临行前特意写下一首诗:"妾乘油壁车,郎骑青骢马。何处结同心? 西泠松柏下。"阮郁返家后,父母听说此事竭力反对,强逼阮郁不得再与苏小小相见。苏小小自阮郁离去后,音信全无,相思成病,最后郁郁而终。她死后,由她曾经相助的友人出资葬在西泠桥侧,至今游人仍可见此墓亭。

还有一则故事,讲的是唐朝晚期,当朝宰相王允之女王宝钏,野外邂逅落魄才子薛平贵,两人一见钟情,但因两人门第悬殊,王宝钏想出了抛绣球招亲的主意。绣球虽被薛平贵抢得,但王允不答应招他为婿。王宝钏据理力争也不得允,父女执意相争中断绝了关系,王宝钏毅然随薛平贵住进一处旧窑洞。后薛平贵从军建功立业,王宝钏独守寒窑十八年。薛平贵功成名就后寻得王宝钏,两人苦尽甘来,终得团聚。这一故事,被搬上戏曲舞台,成为脍炙人口的经典作品,薛王两人的凄美爱情故事被人们代代传颂。

依笔者之见,历史上门当户对现象的产生和流传,有着一定的合理性和必然性。因为古人交往生活圈子有其局限性,正所谓"物以类聚,人以群分"。尤其是年轻女子绝少抛头露面,自由择偶的机遇非常难得,而家长的选择和媒人的撮合,将家庭地位、经济状况、物质基础作为主要考虑,应该说是无可厚非。另外,从男女婚姻结合上看,社会见识、成长阅历、文化素养、志趣爱好、情操格局、生活习惯相近的人共同组成家庭,更易产生共同语言、增进相互理解,正所谓"身无彩凤双飞翼,心有灵犀一点通"。

话从另一面说,门当户对绝不是男女相知相亲相爱的唯一条件,门第不应该成为两情相悦的拦路虎。有道是"人生道路可选择,出身家庭不由己"。高贵的家庭也可能出败家子,贫贱的家庭也可能出金凤凰。一个人的成长成功成才,一个家庭和谐完美幸福,需要艰辛的后天努力,需要两人世界情投意合的持久耕耘。"愿我如星君如月,夜夜流光相皎洁"说的正是那种轻贵贱、重平等,轻物质、重精神,超凡脱俗的升华的爱情境界。

现代社会,女方的社会地位、经济地位已与古时不可同日而语,社会交往方式也发生天翻地覆之变,价值追求打下深深的时代烙印,择偶观念出现根本性变化,择偶方式开辟许多新的空间和渠道。门当户对的羁绊障碍理所当然被破除,但其作为一种长期存在的历史现象,不妨用一种历史的眼光去审视吧。

愿天下有情人终成眷属、喜结良缘,愿世上并蒂莲花红叶绿、鲜然绽放,愿人间亿万家灯火璀璨、流光溢彩。

心中的月亮

　　美丽的杭州西湖,有十处特色风景,游人看得如醉如痴,美不胜收,赞不绝口。"西湖十景"最常见的说法是苏堤春晓、曲院风荷、平湖秋月、断桥残雪、柳浪闻莺、花港观鱼、雷峰夕照、双峰插云、南屏晚钟、三潭印月。其中,三潭印月景观被誉为"西湖第一胜境"。它是西湖中最大的一个岛屿,风景秀丽,景色迷人,幽雅宁静,宛如仙境,第五套人民币一元纸币的背面采用的就是三潭印月景观。2016 年 9 月,二十国集团领导人第十一次峰会在杭州举行。主会场馆,即杭州国际博览中心,精心设计一座空中花园,花园整体以"西湖明珠从天降、龙飞凤舞到钱塘"为设计理念,三潭印月的美丽景观在空中花园里以巧夺天工的仙姿亮相,赢得众多宾朋好友赞不绝口。

　　在西湖三潭印月的岛南湖中建有三座石塔。关于石塔的来历有多种说法。一说是观音菩萨为降服钱塘的黑鱼精,向如来佛借来供桌前的香炉,把黑鱼精镇压在西湖底下,三支香炉脚却露出湖面。一说是大工匠鲁班和他妹妹为制服黑鱼精,凿宝石山悬崖为香炉,将黑鱼精罩在湖底下。还有一说是苏轼疏浚西湖后,为了显示湖泥淤积的情况,在堤外湖水最深处立了三座瓶形石塔作为标记。明清两代,又经当任官员重新建造而成。此外,还有石塔是为了镇白蛇、镇"三怪"等各种传说。

三座瓶形石塔,鼎足而立,各塔高二点五米,露出水面两米,由基座、圆形塔身、宝盖、六边小亭、葫芦顶组成。塔形优美别致,塔身中间环空,分别布有五个小圆孔。每逢农历八月十五中秋佳节时,秋高气爽、天高云淡,晚上,一轮皓月当空,秋水与长天相映,月光与湖影争辉。这时,有人在每个塔中心点放蜡烛,圆形小孔各用透明薄纸糊衬,烛光从塔身中透出,宛如一轮轮明月倒映在湖面上。游人身临其境观赏时,月光、烛光、湖光朦胧如幻,月影、塔影、云影婀娜多姿,有如身处蓬莱仙境,心旷神怡,流连忘返。

仰慕于三潭印月之名,某年仲秋夜,在友人的陪伴下,笔者乘小舟徜徉湖上。小舟接近三座石塔时,友人问:"您现在见到了几个月亮?"我心知这一问必有来历,便作思考状,不急于贸然作答。友人见此,接着说:"此刻每个人所见的是三十三个月亮。""哪来这么多月亮呀?"我疑惑不解地发问。友人解释道:"您看,每座石塔中间有五个小圆孔,一个圆孔犹如一个月亮,三座石塔便得十五个月亮,再倒映在湖面上,又得十五个月亮,加之天上一轮明月和倒映在湖中的月影,就是三十二个月亮了。""原来如此,那不是还少一个月亮吗?""这最后一个月亮嘛,就是每一个人心中的月亮。"

"好一个心中的月亮!"此地此境,此情此景,此时此刻,不禁为中国历史文化的博大精深、幽思奥理、万象变幻所折服。是啊,悠悠万世以来,华夏儿女对月的仰慕、对月的萦怀、对月的寻觅、对月的求索,真是情有独钟、绵绵不尽啊。佳节团聚时要赏月,思乡恋亲时要望月,凭栏临窗时要思月,文友抒情时要吟月,星夜奔波时要追月,云雾笼罩时要盼月,称赞美女时用闭月,寄托梦想时用奔月,孤独彷徨时要邀月,拨琴吹箫时要弄月,如此等等。月亮,是中国古典诗词中出现频率极高的意象之一,又往往是"代表我的心"的最佳载体,包含极其深厚的意蕴。无数风流人物、诗家墨客,喻月、揽月、写月、唱月,为世人留下了优美丰厚、取之不尽的精神宝藏。细细品味,每一段佳话、每一个作品,都是当事人心中不同寻常的"月亮"。

月是心中的圣洁。"清风明月本无价","近水远山皆有情",这一集句联出自《沧浪亭志》,表达的是一种远离世俗、寄情山水的高尚情怀。清代龚自珍说:"不能胜寸心,安能胜苍穹。"古人常以明月入诗,寄托自身的人生理想和价值追求。唐代诗人王维在《山居秋暝》一诗中写道:"空山新雨后,天气晚来秋。明月松间照,清泉石上流。竹喧归浣女,莲动下渔舟。随意春芳歇,王孙自可留。"诗中以初秋新雨、气候清爽、青松明月、翠竹青莲、浣女无忧、渔舟唱晚的纯洁美好自然图景,反映诗人希望过上安静淳朴生活的愿望,同时也从反面衬托出他对官场污浊气氛的厌恶,劝导官家子弟不妨远离花天酒地、醉生梦死的生活。诗以言志,喻事明理,读之使人深深感受到诗人心中那皎皎如月的气度已超然于私欲杂念之上,成为一个"不以物喜,不以己悲"、回归生命本源的人。

月是心境的升华。宋代抗金英雄岳飞曾写下脍炙人口的《满江红》一词,表达对中原陷入敌手的悲愤,对丧失有利战局、前功尽弃的痛惜,对主辱国耻的仇恨,对收复大好河山的愿景。全词情调激越、慷慨壮烈,显示出一种踏破险隘、英勇杀敌的浩然正气,抒发了建功疆场、一心报国的壮志豪情。尤其是"三十功名尘与土,八千里路云和月。莫等闲,白了少年头,空悲切"的词句,将词人视功名如尘土、视征途为己任、披星戴月、不畏艰险、时不我待、不留遗憾的胜战之境表现得淋漓尽致,一个积极进取、充满血性、忠君爱国、英勇无畏的英雄形象巍然屹立面前,它对激发不甘屈辱、奋发图强的爱国主义、革命英雄主义精神必然有着很好的引导、教育作用。

月是心灵的安抚。南宋辛弃疾一心主张抗金收复失地,但良好的愿望却在一片主和声中落空,他自身也数度被贬,得不到朝廷的重用。就在他退居村乡、寄情山水、醉心田园之时,写下了令世人称奇的好词《西江月·夜行黄沙道中》:"明月别枝惊鹊,清风半夜鸣蝉。稻花香里说丰年,听取蛙声一片。七八个星天外,两三点雨山前。旧时茅店社林边,路转溪桥忽见。"这是一首描写田园风光的词,写夜景自然朴实,用词没有任何雕饰,而恰恰在这看似朴素无华、平平淡淡之中,把作者钟情农村自然风光,热爱乡野特有景物,感受鹊惊、蝉鸣、蛙叫、稻花香的乐趣显现出来。尤其是对丰收之年的由衷喜悦,在明月、清风的照拂下,在星光、雨山的点缀下,真是心也清、体也轻、林也新、路也近。这样的欣然愉悦,无疑对受到冷落创伤的心灵是一个极好的抚慰。同样,李白的诗句"举杯邀明月,对影成三人"、"永结无情游,相期邈云汉",表达了在月下独酌时,邀月相伴、以月作友的复杂情思,从而使怀才不遇的心灵创伤得到抚平。

月是心情的抒发。唐代张若虚的《春江花月夜》一诗,将人们向往的春、江、花、月、夜五个佳境美景融为一体,借景抒情、融情于景,抒发了相思离别之情,表现了对青春年华的珍惜和对美好生活的热爱。该诗从多个观察视角,将月生、月照、月轮、月徘徊、月华、月斜、月落的画面表现出来,使诗人的离愁尽情释放,产生了强烈的艺术感染力,读来韵味十足、回味无穷。北宋王安石的《泊船瓜洲》诗云:"京口瓜洲一水间,钟山只隔数重山。春风又绿江南岸,明月何时照我还?"以愉快的笔调和依恋的心情,抒发诗人复召回京推行新法的欣喜,以及变法成功后早日辞官归家的心愿。而唐朝杜牧的《泊秦淮》一诗:"烟笼寒水月笼沙,夜泊秦淮近酒家。商女不知亡国恨,隔江犹唱后庭花。"借南朝后主陈叔宝沉溺于声色之中,终至亡国的历史,讥讽那些不认真吸取前人教训而醉生梦死的晚唐当权者,抒发忧国忧民的政治情感,振聋发聩、令人警醒。

月是心上的牵挂。唐代张九龄被贬荆州,远离故乡,心情复杂彻夜难眠,为了表现思乡想念亲人之衷情,曾写下一首广为流传的《望月怀远》:"海上生明月,天涯共此时。情人怨遥夜,竟夕起相思。灭烛怜光满,披衣觉露滋。不堪盈手赠,还寝梦佳期。"这首诗既有景象意境的雄浑阔大,又有相思情愫的细腻传神,尤其是诗的前两句,就将人们带入如梦如幻的唯美情境之中,成为经久不衰的千古佳句。杜甫的《月夜忆舍弟》:"戍鼓断人行,边秋一雁声。露从今夜白,月是故乡明。有弟皆分散,无家问死生。寄书长不达,况乃未休兵。"明面写的是在边塞的秋天里思念家乡、怀念兄弟的真挚感情,暗含对安史之乱造成山河破碎、骨肉分离的强烈谴责。李白的《静夜思》:"床前明月光,疑是地上霜。举头望明月,低头思故乡。"清新质朴，简洁如话，把客居他乡、借月怀乡、静夜思乡、情寄家乡的心情自然巧妙地表达出来，读来朗朗上口、意味深长。上至耄耋之年的老人，下至牙牙学语的孩童，无不对此诗喜爱有加。

月是心绪的忧愁。唐人张继的《枫桥夜泊》："月落乌啼霜满天，江枫渔火对愁眠。姑苏城外寒山寺，夜半钟声到客船。"就是诗人怀才不遇、又逢乱世的愁绪的释放。南唐后主李煜经历失位亡国、离别故园之痛，成为高墙深院内的阶下之囚，饱尝人间冷暖、世态炎凉，满腹忧愁并不是常人能体验到的，正因为如此，他才写下了《相见欢》："无言独上西楼，月如钩。寂寞梧桐深院锁清秋。剪不断，理还乱，是离愁。别是一番滋味在心头。"绝命之词《虞美人》："春花秋月何时了？往事知多少。小楼昨夜又东风，故国不堪回首月明中。雕栏玉砌应犹在，只是朱颜改。问君能有几多愁？恰似一江春水向东流。"把一位亡国之君的无穷哀愁和心中悔恨，喻为奔流的江水，透露出他内心的凄楚和无奈，实乃是悲愁人生的千古绝唱。

月是心声的倾吐。宋代晏殊的《蝶恋花·槛菊愁烟兰泣露》一词，在婉约派词人众多伤离怀远之作中，是一首颇负盛名的词。词文为："槛菊愁烟兰泣露，罗幕轻寒，燕子双飞去。明月不谙离恨苦，斜光到晓穿朱户。昨夜西风凋碧树，独上高楼，望尽天涯路。欲寄彩笺兼尺素，山长水阔知何处？"明月本无情，怎晓离恨苦？而词人正是借用怨月手法，反映词中女主人公在离恨的煎熬和痛苦的盼望中，把那种欲向心上人倾吐，却不知其远在何方的复杂微妙心情充分表现出来。挥毫在彩笺尺素上的真挚情丝，由于这"山长水阔"的阻隔而无法传递苦痛的心声，只得独上高楼，望尽天涯，一吐为快。

月是心头的愿景。北宋著名文学家苏轼,在密州任上过中秋节时,酒后写下《水调歌头》一词:"明月几时有? 把酒问青天。不知天上宫阙,今夕是何年。我欲乘风归去,又恐琼楼玉宇,高处不胜寒。起舞弄清影,何似在人间? 转朱阁,低绮户,照无眠。不应有恨,何事长向别时圆? 人有悲欢离合,月有阴晴圆缺,此事古难全。但愿人长久,千里共婵娟。"中秋节是中国人非常看重、万家团圆的日子,苏轼与其弟弟苏辙感情深厚,但因政事分离,不能团聚。此情此景,在表达思念弟弟的同时,祝愿天下人长久地在一起,即使千里之遥,也能共赏天上一轮美月,共度人间美好时光。这种大胸怀、大愿景,是热爱社会、热爱生活、热爱民众的大情感和大格局,充满了虽有"悲欢离合"、"阴晴圆缺",但始终积极向上的乐观精神。正因为如此,词篇一直为人们传颂吟唱。

月是心结的块垒。唐代诗人李商隐在年少求学、情窦初开时,与有情人处于想爱不敢爱、见难别亦难的矛盾境况中,真是思有万万念、情有千千结。他写道:"相见时难别亦难,东风无力百花残。春蚕到死丝方尽,蜡炬成灰泪始干。晓镜但愁云鬓改,夜吟应觉月光寒。蓬山此去无多路,青鸟殷勤为探看。"以一位女性的口吻,来释放那种痛苦、失望而又缠绵、执着的情感心结,读来耐人寻味。宋代欧阳修所写的《生查子·元夕》:"去年元夜时,花市灯如昼。月上柳梢头,人约黄昏后。今年元夜时,月与灯依旧。不见去年人,泪湿春衫袖。"把节依旧、夜依旧、月依旧、灯依旧,却难以再见到心中念想的故人的失望之情表现得淋漓尽致,把"泪湿春衫"的惟妙惟肖形象刻画得栩栩如生。诗人白居易《忆江南三首》其二:

"江南忆,最忆是杭州;山寺月中寻桂子,郡亭枕上看潮头。何日更重游!"把对杭州的眷念心结一展无余,也揭示了诗人心系江南、向往江南、热爱江南的乐趣所在。

月是心潮的奔放。好男儿志在四方。华夏大地上,从来不乏敢于亮剑、视死如归的英雄豪杰和热血儿郎。他们渴望报效祖国、建功立业,用铮铮铁骨和血肉之躯写就慷慨激昂、可歌可泣的精彩篇章。唐代王昌龄在《出塞》中写道:"秦时明月汉时关,万里长征人未还。但使龙城飞将在,不教胡马度阴山。"卢纶在《塞下曲》中写道:"月黑雁飞高,单于夜遁逃。欲将轻骑逐,大雪满弓刀。"他们看到的月亮,是保卫家国的边塞,是刀光剑影的战场。当年的边塞诗人们用青春和生命,激越放歌,气宇轩昂,至今读来仍是血脉偾张、荡气回肠,恨不得随之走向奋勇杀敌、保家卫国的疆场。还有宋代文豪苏轼的《江城子·密州出猎》:"老夫聊发少年狂,左牵黄,右擎苍,锦帽貂裘,千骑卷平冈。为报倾城随太守,亲射虎,看孙郎。酒酣胸胆尚开张,鬓微霜,又何妨?持节云中,何日遣冯唐?会挽雕弓如满月,西北望,射天狼。"诗人用奔放的豪情,抒发老当益壮、杀敌报国的心愿,希望能够得到朝廷委以卫国守边的重任,用拉得犹如满月一般的弓弦,歼灭西北边境上的敌人。英雄气概直冲云霄,豪迈气度为后人树立了值得学习和效仿的典范。

天上的月亮皎洁明亮、光照人间,心中的月亮气象万千、常伴人生。但愿人们心中的月亮犹如一盏灯,照亮前行的征程;犹如一片帆,撑起逐浪的航船;犹如一扇窗,打开封闭的视野;犹如一首歌,唱响雄浑的旋律;犹如一朵花,结出华丽的硕果。

杨万里的"别样情"

毕竟西湖六月中，风光不与四时同。

接天莲叶无穷碧，映日荷花别样红。

提起这首七言绝句，多数国人恐怕是耳熟能详，就连不少初识文字的孩童也能脱口而出。诗由湖而出，湖以诗愈名，杭州的西湖之所以闻名遐迩，不仅在于它的湖光秀色、自然风光的美丽，还因为众多文人墨客满怀深情、妙笔生花，将西湖四时之美的生动形象传播四方，使世人浮想联翩、情而动之、心向往之。

写出《晓出净慈寺送林子方》这首经典名诗的作者杨万里(1127—1206)，江西吉水人，南宋文学家、官员。他的诗自成一家，独具风格，形成对后世影响较大的诚斋体，与陆游、尤袤、范成大并称为南宋"中兴四大诗人"。杨万里诗作颇丰，描写自然景观细致入微、清新自然，例如他的另一首诗作《小池》："泉眼无声惜细流，树阴照水爱晴柔。小荷才露尖尖角，早有蜻蜓立上头。"就脍炙人口、流传甚广，常为后人嘉勉青少年才俊而引用。

毫无疑问,诗人观察自然独具慧眼,用诗句描写景象匠心独运。然而,只从诗文字面、自然景色去理解杨万里的这首诗,不免浅显了些。仔细品读本诗,可以深刻感悟到,作者以景抒情、借景喻事、用景化意,融自然情、朋友情、爱国情三情于一体,朴实而又含蓄地表达了自己"别样"的情怀。

先看美美的自然情。这首诗是作者与友人出净慈寺,眼见西湖美景所写。净慈寺位于杭州西湖南岸,就在雷峰塔对面,建于954年,原名"慧日永明院",南宋时改称净慈寺。净慈寺是西湖历史上四大古刹之一,近城临湖,踞南山之胜。西湖美景历来为文人墨客所欣赏、陶醉。杨万里在本诗开篇即说毕竟六月的西湖,风光不与四时相同。前两句虽质朴无华,但把时间、地点、风景、感受交代得清清楚楚,并且给人留下"不与四时同"的想象空间,引人展开形象思维的翅膀,去比较那季节变幻的湖光山色。尔后,诗人用充满强烈色彩对比的句式,描绘出一幅"无穷碧"、"映日红"的强烈颜色反差的精彩绝伦画面:翠绿的荷叶,娇美的荷花,在东升旭日的映照下,将湖面装点得分外妖娆,使读者在品诗中仿佛看到了令人流连忘返、回味无穷的艺术胜境,那种热爱自然、贴近自然、赞美自然、享受自然之情不禁油然而生。

次看依依的朋友情。杨万里这首诗是为送林子方所写。史载,林子方名枅,字子方,福建莆田人,生于建炎庚戌年(1130),卒于绍熙三年(1192),少年时即勤勉好学,性情豪爽而胸怀壮志,慨然以大丈夫自期,先后在福建、江西、广东、江东等地任职,在朝中任过校书郎、吏部郎中,是杨万里的下属兼好友。杨万里此诗当作于宋孝宗淳熙十四年(1187),林子方赴福州任职时。当时,杨已六十岁,林比杨小三岁,虽然杨登进士第时比林晚三年,但林曾是杨的部属。由于两人性情相似,追求相向,政治主张相同,加之两人都为官清廉,有为民勤勉办事的情怀,因此,两人志趣相投,相互欣赏有加,结下了深厚的友谊。杨万里对林子方赴外任,是存有矛盾心理的。一方面,他通过对西湖美景的赞美,曲折地表达对友人深深的眷恋和恋恋不舍之情,委婉地告知林子方,林子方在朝中位置重要、前程看好,离开庙堂之上赴外任是多么可惜;另一方面,他又通过"别样"的眼界,寄景抒情祝愿友人在福州转运使的新任上,即在"接天莲叶"的广阔大地上做出"映日荷花"的蒸蒸事业。说杨万里对友人有眷眷不舍之情,可有诗为证。其实,《晓出净慈寺送林子方》是为两首,第二首,即本文开头的那首广为传诵,而另一首写道:"出得西湖月尚残,荷花荡里柳行间。红乡世界清凉国,行了南山却北山。"诗意是说,清晨走出西湖时天上还挂着一轮残月,我和友人穿行在荷塘月色、杨柳依依的景色之中。在这六月的清晨,荷花纷红、湖水荡漾的境界中,似乎没有感受到炎热,而是格外的凉爽,于是两人走过净慈寺所在的南山,又绕到风光秀丽的北山。真是送君情谊深,不觉行路长。这种真诚朴实的朋友之情是多么值得珍惜、铭记,多么值得肯定、赞颂啊!

再看深深的爱国情。杨万里和林子方主要在宋孝宗朝为官。宋孝宗赵昚(1127—1194)是宋太祖赵匡胤七世孙、宋高宗赵构养子,宋朝第十一位皇帝、南宋第二位皇帝。他在位期间,平反岳飞冤案,起用主战派人士,锐意收复中原;内政上,加强中央集权,积极整顿吏治,裁汰冗官,整治贪腐;重视农耕生产,致力于百姓生活安康。但遗憾的是,始于隆兴元年(1163)五月的北伐,因宋军主将不和、军心涣散，导致隆兴北伐失败，只好再次与金国达成"隆兴和议"。之后，赵昚调整内外政策，南宋朝廷主和声鹊起，社会又陶醉在"中外无事"、偏安一隅的升平景象之中，正所谓"山外青山楼外楼，西湖歌舞几时休？暖风熏得游人醉，直把杭州作汴州"。

在一片虚假繁荣之中，社会有识之士仍对山河破碎痛心疾首、心存忧患，不时流露出收复失地、国家统一的企望。辛弃疾的《菩萨蛮·书江西造口壁》："郁孤台下清江水，中间多少行人泪。西北望长安，可怜无数山。青山遮不住，毕竟东流去。江晚正愁余，山深闻鹧鸪。"词中表达了前路迷茫、北伐之路还能不能走下去的深深忧虑。著名文学家、史学家、爱国诗人陆游用《示儿》临终绝笔诗："死去元知万事空，但悲不见九州同。王师北定中原日，家祭无忘告乃翁。"同样表达了忧国忧民、抗金大业未成的无穷遗恨。

杨万里在年轻时，与张浚、张九成、胡铨等爱国名臣多有接触，把他们作为终生效法的榜样，爱国主义精神在头脑中打下深刻烙印。他在《初入淮河》七言绝句中写道："船离洪泽岸头沙，人到淮河意不佳。何必桑乾方是远，中流以北即天涯。"诗意是说，船离洪泽湖岸边，到了淮河后心情就变得很不好。为什么呢？因为昔日国中流水今日已成为边境界线，原是宋朝故土的淮河以北，现在却成了他国之地，国家分裂，犹如咫尺天涯。爱国之情可见一斑。

送别林子方时，离"隆兴和议"已是二十余年，眼见北伐中原越来越渺茫。杨万里在送林子方时，恰逢"晓出"，正是旭日东升、红光映照湖面之时，杨万里寄希望友人在为政一方时，能别开新局，做出一番有如朝阳升腾的事业，造福当地百姓。事实上，林子方在地方任上勤于公事、刚方廉介，关心民生疾苦，爱民惜财，大力推行救荒惠政、救灾恤患,力主罢征各种苛捐杂税,为当地民众所称道赞颂。林子方卒于福州任上,其墓志铭评介:"刚方而吏畏,仁慈而民爱,廉介而士服,所居而化去,而人思之,没而愈久不忘。"止所谓"政声人去后,百姓闲谈时",林子方没有辜负好友的期盼,做出了一番"别样红"的政绩,也从另一个侧面表现出深深的爱国情怀。

综上所述,杨万里的这首诗,与其说是写景,倒不如说是抒情。自然情是他情感的外在表现,朋友情是他情感的内心直白,爱国情是他情感的拓展升华;自然情由景而生,朋友情由性而起,爱国情由志而发。诗人将地情、人情、世情融合在一幅美轮美奂的精美画面中,使生态美、和谐美、境界美达到完整又别样的统一。不难想象,唯有志同道合之人、同舟共济之人、大仁大爱之人、情怀高尚之人,才能在眼观美丽山川秀水之时,心中生发超乎自然的情怀,自觉把个人、友人和国家的前途命运紧紧联系在一起,进而确立有意义的人生目标和价值追求,在持续奋斗的实践中创造出一个又一个"别样红"的人生印迹。

净慈寺中有"三悟"

　　杭州西湖南岸，有一座名刹净慈寺，与灵隐寺并称南北两山之最。净慈寺背依南屏惠日峰，面对风光旖旎的西子湖，侧对面即是雷峰塔。这里峰峦耸秀、怪石玲珑，碧波荡漾、烟柳依依，古木参天、曲径通幽，处处胜景、风光迷人。

　　净慈寺最早叫"慧日永明院"，是五代十国时期吴越王钱弘俶为供养高僧永明寿禅师所建。北宋时，净慈寺改名为"寿宁禅院"；南宋时，又名"净慈报恩光孝禅寺"，简称"净慈寺"或"净慈禅寺"。寺院在历史上几经兴毁。南宋时朝廷迁都临安，杭州成为江南经济文化重镇，经济繁荣，人文荟萃，净慈寺也进入发展的最鼎盛时期，成为西湖第二大名刹，"南净慈"遂与"北灵隐"竞相媲美、交相辉映。明代时，朝廷品第江南诸寺，净慈寺以"闳胜甲于湖山"列为江南禅宗五山之一。明朝大学士、一代文宗宋濂精通佛学，被明太祖朱元璋称为"宋和尚"。宋濂的思想深受永明寿禅师影响，自言是寿禅师后身。他在《永明智觉禅师遗像赞》中写道："我与导师有宿因,般若光中无去来。今观遗像重作礼,忽悟三世了如幻。灵山一会犹俨然,原证如如大圆智。"朱元璋本不信佛,在宋濂的劝说下却大弘佛法。明永乐初年,传闻建文帝逃难隐匿于净慈寺,但并未觅得踪迹。清朝时期,康熙皇帝多次前往净慈寺,并御书"净慈禅寺"额,题写"南屏晚钟"碑,手书对联云:"云开树色千花满,竹里泉声百道飞。"乾隆皇帝五次亲临,曾御笔亲书"勅建净慈禅寺",御赐"乾隆帝御笔书写净慈寺方丈咏古碑"碑额。康乾之后直到民国,净慈寺随国运没落而渐衰。新中国成立后,净慈寺得到很好的保护和维修,千年古刹焕然一新,为美丽的西子湖增添了新的光彩。

笔者在杭州小住期间,特意挑选了一个秋高气爽、风和日丽的日子,前往净慈寺观瞻。进山门,观钟楼,入天王殿、大雄宝殿、三圣殿,再看观音院、运木井、御书碑刻等,在肃穆中感受一份庄严,在喧嚣中找到一丝宁静,在寻觅中体悟一回哲理,获益良多。回想起来,印象最深的当为南屏晚钟、运木古井和浴佛池,从中获得"三悟"。

一悟警钟长鸣人清醒。西湖南岸有一山,山高不过百米,山体绵延长达千米之上。此山怪石耸秀、林木挺拔,因山体多峭壁,其壁如屏障,故名南屏山。净慈寺初建时设有钟楼,但钟体不大。明朱元璋年间,铸成一口重达十吨的巨钟,钟声洪亮,加之寺后南屏山多空穴,因此每当晚钟敲响时,钟声穿穴越谷,经久回荡,杭州城中清晰可听。清康熙南巡时,以天将破晓,"夜气方清,万籁俱寂,钟声乍起,响入云霄,致足发人深省也"之由,命其名为"南屏晚钟"。后钟楼与大钟几经毁建、废复。现在看到的大钟,是 20 世纪 80 年代中期新铸的铜钟,钟高三米,口径二点三米,重达十吨以上。

钟体内外,镌铸《妙法莲华经》及铭文,造型古朴优美。每敲一下铜钟,余音铿锵激荡长达两分钟之久。

佛家敲钟含义颇深。佛教中有"晨钟暮鼓"的规制。南宋陆游曾写诗道:"百年鼎鼎世共悲,晨钟暮鼓无时休。"照字面理解,有人以为寺庙是早上敲钟、晚上敲鼓。其实不然,不论早晚,寺庙都既要敲钟又要击鼓,所不同的是,早晨钟先鼓后,晚上则是鼓先钟后。至于敲钟的次数,一般定为一百零八下。一说是,一年有十二月、二十四节气、七十二候(五天为一候),合为一百零八,象征一年轮回,天长地久;另一说是,人有一百零八种烦恼,鸣钟一百零八响,为的是尽除人间烦恼。佛家敲钟时,还应默诵:"闻钟声,烦恼轻,智慧长,菩提生,离地狱,出火坑,愿成佛,度众生。"如今,人们只是把敲钟作为一种祈福许愿的象征意义。

古人对敲钟很看重,钟也有礼仪、乐器、祭祀、报时、观赏、警示等多种用途。作为警示、警醒的钟声,更值得回味、借鉴,因此,后人就用警钟长鸣来告诫自己或他人,谨记忧患、居安思危、防范风险。类似的警言警句,时时在人们耳畔鸣响。例如,《汉书》中有"安不忘危,盛必虑衰"之语,先贤孟子有"生于忧患,死于安乐"之句,韩非子有"千里之堤,溃于蚁穴"之理,老子有"祸兮福之所倚,福兮祸之所伏"之训。与之相关的名言典故,也给人深刻的教育和启示。

据《史记·越王勾践世家》记载,公元前 493 年,吴王夫差为报父仇,举兵攻伐越国都城会稽,越王勾践被迫投降,受尽凌辱,决心报仇雪恨。勾践回国后,为了锻炼自己的意志,每天睡在柴草上,又在自己出入的门口,悬挂一只苦胆,每当进出时,都要先尝一尝苦胆的味道。他还派卫士站立在苦胆边,当自己忘了尝味时,就让卫士大声喊道:"大王,你忘了在吴国受凌辱的时光吗?"勾践立即回答:"未能忘也!"勾践就这样持续地警醒激励自己,经过十年,积聚国力军力,越国终于恢复生气而强大起来,最后一举打败吴国。

北宋欧阳修的《新五代史·伶官传序》中有句名言:"忧劳可以兴国,逸豫可以亡身。"说的是五代时的后唐庄宗李存勖,一开始励精图治、奋发有为,在险恶环境中击败各个对手称帝。然而,后来他却忘了创业的艰辛,不思进取,沉湎于歌舞戏曲,宠爱伶人,即乐官、戏子。结果部下作乱,伶人发难,他仅仅当了三年皇帝,就死于兵乱之中,真正是应了"其兴也勃也,其亡也忽焉"的古训。

北宋著名政治家寇准,为人刚直,因多次直谏,渐被宋太宗重用。宋真宗即位后,寇准一直担任要职,景德元年出任宰相。当年冬天,契丹南下犯宋,包围澶州等河北地区,朝野上下震惊。当时朝中不少人劝宋真宗南迁,避让强敌锋芒。而寇准坚决反对南迁,力劝宋真宗御驾亲征,以此鼓舞军心、激励士气。宋真宗亲赴前线督战,稳固了防守阵线。后来,宋辽双方议和,在澶州定下和约,结束了长达二十五年的战争。有人认为"澶渊之盟"是不平等、不公正的条约,但从客观上看,它结束了中原政权与辽国长期处于战争状态的局面,使两国和平相处百余年。在相对和平的状态中,双方经济得到有力发展,促进了文化交流和民族融合。寇准之所以能成为宋朝一代名相,与他母亲良苦用心的谆谆教诲有关。寇准自幼丧父,家境贫寒,全靠母亲纺纱织布度日。寇母在辛勤劳作的同时,不忘督导寇准苦学成才。后来寇准进京科考,得中进士。喜讯传回家中,寇母正身患重病,临终时,她将亲手画的一幅画交给陪侍,说:"我儿日后如若在官位上忘本,你就把这幅画展示给他看。"寇准官越做越大后,一次为庆贺自己的生日,大摆宴席,家中布置得富丽堂皇,并请来戏班子助乐。陪侍想起寇母的临终嘱托,便把那幅画交给寇准。他展开一看,见是一幅《寒窗课子图》,画幅上还配有一首诗,写道:"孤灯课读苦含辛,望尔修身为万民。勤俭家风慈母训,他年富贵莫忘贫。"寇准读到母亲的遗训,不觉泪如雨下,当即命人撤掉宴席、辞退戏班,此后专心致志处理政事,为民伸张正义,赢得了人们的认可。

　　还有一则清末民族英雄林则徐"制怒"的典故,说的是林则徐自幼天资聪颖,读书用功,但脾气急躁,遇到不顺心的事容易发火。林父认为儿子如调教得好,将来必成大器,但必须克服脾气急躁的毛病,否则一旦为官处事失去理智,就会酿成大错。一天,林父将儿子叫到身边,给他讲了前朝一位县令判案子的故事。这个县令在堂上见两个壮汉拉扯着一个年轻人进来,嘴巴用布堵得严实。两个壮汉状告年轻人偷了他们的牛,县令闻听年轻人是"偷牛贼",霎时发怒,直拍惊堂木,喊叫衙役将年轻人拉下去重打。年轻人直摇头,却说不出话来。正在这时,一个老妇人闯进堂中喊冤,直接说两个壮汉是偷牛贼并合伙诬陷她的儿子,拥进堂中的乡邻们也一起为老妇人作证。县令这才恍然大悟,连忙向老夫人道歉,释放他的儿子,并重责真正的偷牛贼。之后,县令提笔写下"制怒"两个大字,贴在大堂上,警醒自己不要犯断案急躁的错误。林则徐记住了父亲的谆谆教诲,后来他做官后,也在大堂上写下"制怒"二字,时时告诫自己遇事要冷静,终成一代名臣。即使被罢官谪居,流放边疆地区,仍保持心胸豁达、乐观向上的情绪,有他写的《赴戍登程口占示家人》一诗为证,诗曰:"力微任重久神疲,再竭衰庸定不支。苟利国家生死以,岂因祸福避趋之。谪居正是君恩厚,养拙刚于戍卒宜。戏与山妻谈故事,试吟断送老头皮。"

二悟欲望长遏防百病。观瞻净慈寺,运木古井的神奇故事特别引人入胜。故事的主人公是名僧济公。历史上,济公确有其人。他俗名李修缘,浙江台州人,出家于灵隐寺,常居于净慈寺,圆寂于虎跑寺。他着破帽、破鞋、垢衲衣,手持破扇,貌似疯癫,不受戒律约束,嗜好酒肉,举止无常,却是一位学问渊博、行善积德、扶危济困、惩贪罚恶、爱打抱不平的得道高僧,深受世人尊重和喜爱,后人尊称他为"济公活佛"。济公到净慈寺不几年,寺内发生一次大火,寺院被焚毁。为了重建净慈寺,寺院方丈安排众和尚四处募化,唯独济公像没事人一样,照样闲散喝酒吃肉。方丈道:"济颠,寺院烧成这个样子,现在众僧都为此着急,你怎么也不出点力啊?"济公答道:"师傅,你看盖寺院还需要什么,就包在我身上好了。"师傅说最缺的是木头。于是,济公应诺三天内将募化的木头运到。日子一天天过去,济公如往常一样并无外出化募迹象,方丈忍不住发问,济公只说时辰未到。到了第三天晌午后,方丈又来发问。济公看看太阳,不急不忙地说道,请师傅安排人手来捞木头吧。他把众僧带到"醒心井"边上,吩咐大家在井上搭架从井中吊木头。吊到第九十九根木头时,济公问,够了没有啊?井边的木匠因为记错了数,随口答道,够了、够了,结果井中那一根木头就再也吊不上来了。后来造寺时少了一根正梁,是济公用刨花和木屑捏成的。这口井自此被称为"运木古井",那根未吊上来的木头一直搁在井中,游人到此时不免都要向井中好奇地探望。

　　站在运木古井前，笔者在想，济公"够了没有啊"的发问，以及木匠"够了、够了"的回答，内涵寓意似乎在告诉世人，人的需求欲望必须有所控制，不能永不知足、无所戒止。战国时韩非子曰："贪如火，不遏则燎原；欲如水，不遏则滔天。"清代林则徐曾书："海纳百川，有容乃大；壁立千仞，无欲则刚。"他们都对遏制欲的必要性做了深刻揭示。"欲"通常认为是由心生而起，有着诉求、渴望的意思，如欲望、欲求、爱欲、财欲、求知欲等。"欲"之本意并无褒贬。"欲"有正欲和邪欲之分：正欲是一种积极向上的欲望追求，如追求真理、追求美好、追求幸福等；邪欲则是人性私欲的发酵膨胀。佛教认为，"欲"是一切善恶美丑、爱恨情仇产生的根源，人世间的百般苦恼都源起于这个"欲"。因此，消除苦恼就必须除欲，即除掉这个"孽障"或"业障"。佛教中的"五欲"指色、声、香、味、触五境引起的财欲、色欲、名欲、食欲、睡欲五种情欲，众生如贪图五欲，为五欲所累，则不得出离三界。只有通过修道，清心寡欲，才能寻得幸福安乐之道。

　　自古以来，人们把控制欲望，特别是私欲，作为人间正道，以练就金刚之身，防止百病丛生。由此，也演绎出许多纵欲或戒欲的典故。古代中国神话传说中，有一种神秘的怪物，名叫饕餮，其状如羊身人面，眼在腋下，虎齿人手。这种凶兽最大的特点就是能吃，以至于最后连自己的身体也吃掉了。它是贪欲的象征，以其名贪食曰饕，贪财曰餮，所以，汉语词汇中常用它来形容贪食或贪婪的人。

　　古之有许多志向远大、高风亮节的豪杰志士，能够不为高位所惑，不为名利所诱，留下了脍炙人口的佳话。当然，也不乏目光短浅、欲壑难填的宵小之辈,正如《红楼梦》中《好了歌》所唱:"世人都晓神仙好,只是金银忘不了!终朝只恨聚无多,及到多时眼闭了。"

汉光武帝打天下时,将军冯异立下汗马功劳,是"云台二十八将"之一,但他为人处世总是谦虚退让、从不自夸,每当胜战之后论功行赏之时,冯异经常独自退避到树下,不邀功请赏、居功自傲。由此,他在军中传有美名曰"大树将军",将士们都愿意随他一起征战。

清代名臣朱珪学识渊博,嘉庆帝还是皇子时,他就被选为皇子的老师,在讲学的同时,给未来帝王十字箴言,即养心、敬身、勤业、虚己、致诚。嘉庆帝一直将此箴言作为座右铭,并当成勤政治国的准则。嘉庆帝登基后第一个查处的就是大贪官和珅,时人有"和珅跌倒,嘉庆吃饱"之说。作为帝王师,又历任高官,朱珪却清心寡欲,洁身自好,出淤泥而不染。他在山西任布政使时,朝廷下诏调他入京,他竟拿不出路费,只好向朋友借债。他去世时,床上只有一个布被、布褥。嘉庆帝有诗赞其一生为"半生惟独宿,一世不贪钱"。

再来看看贪欲无度之人的下场。汉文帝时,有个叫邓通的人,靠家庭资助,入朝当了个黄头郎。汉文帝信鬼神、好长生、梦登天。一次,文帝做梦想上天,就在艰难攀登时,一个黄头郎从后面把他推了上去。文帝梦醒后,私下寻找梦中之人,看到邓通如梦中所见一般,问其姓名,邓通又与"登通"谐音,自此,文帝开始宠信邓通,先后赏赐他亿万钱之多,官位一再提升。一次,文帝命人给邓通相面,相面人说邓通命中会穷困饿死,文帝不信,于是加赏邓通大小铜山,允许他铸钱。邓通的所作所为,得罪了太子。文帝崩逝,太子继位为汉景帝。大臣们以勾结外敌、私通宫女之罪,弹劾邓通。景帝下令抄没其家产,不准任何人给他资助。结果,邓通穷困潦倒,被活活饿死。

东汉晚期,大将军梁冀在朝中执掌权柄、为所欲为,连幼年的汉质帝都指称其为"跋扈大将军",梁冀便把质帝毒死。梁冀接连扶持几个小皇帝,一直大权独揽,过着豪华奢侈的生活。他建高楼、筑花园、造园林,并想方设法无穷无尽地搜刮财富,朝中反对他的大臣许多都被他整死。待汉恒帝长大后,密召宦官商议,以突然行动包围梁冀府第。梁冀与妻子均服毒自杀,从他家中抄出资产达三十多亿。这种贪官真是害国害家又害己。

三悟灵魂长洗葆青春。净慈寺中院净地有一个浴佛池,池中有一亭,亭内的莲台上,置放着一手指天、一手指地的悉达多太子金像。游人到此,应虔诚地拿起池边上长勺,用池中圣水浇灌太子佛顶。浴佛的起源,是因悉达多太子在兰毗尼园无忧树下降生时,九龙吐水洗浴圣身。后世佛教徒为纪念佛陀诞生的仪式,都在佛堂中或专门置建的浴佛池设灌佛盘,在太子身上灌以香水,就称为"浴佛"或"灌佛"。浴佛除了纪念佛祖的诞生外,还有洗涤人们内在的尘垢,洁净众生心灵的作用。

在汉字文化中,"洗"的基本释义是用水去掉污垢,引申为清除干净。与此相关产生了洗心革面、洗净铅华、洗耳恭听、金盆洗手、一贫如洗、洗雪冤恨、洗劫一空等词汇。在基督教中,接受个人入教时的仪式被称为受洗或洗礼。现在,人们常把灵魂深处受到教育和震动称为精神洗礼。

浴佛池中佛祖幼年佛像,似乎还寓意着,只有经常洗涤灵魂、保持健康肌体的人,才能青春常驻,不至于未老先衰,走向败亡。历史上,那些愿意接受精神洗礼的人,往往是闻过则喜、从谏如流的有识之士。春秋时期,齐国丞相晏子手下有个人叫高缭,为人谨慎,轻易不犯错误。然而,做官三年后,晏子便将他辞退了。高缭和其他人不明原因。晏子解释说,一个不中用的人,就好比是一块弯弯曲曲的木料,必须用墨斗来弹直,用斧头来砍削,用刨子来刨平,方能做成有用的器具。每个人都会有自身的缺点和不足,但身边的人不予提醒的话,自己是看不到的。高缭在我身边已经三年,对我的过错从来不说,这对我起不到帮助作用,所以,我把他辞退了。可见,晏子希望身边的人敢于指出他的过失,而不喜欢那些一味屈从、默然无语、不负责任的人。

先秦《战国策》中,讲述了齐国谋士邹忌劝说齐王纳谏之事。一天早晨邹忌整理衣冠照镜子时,问妻子道,我与城北徐公谁更美呢? 妻子立即答道,夫君美极了,徐公怎能比上您呢! 邹忌又问他的小妾,小妾也说,徐公怎能与您相比呢! 次日,客人来拜访,邹忌再问此话,客人当即回应,徐公不如你美! 又过了一日,徐公来拜访,邹忌仔细端详,觉得自己比不上徐公。邹忌暗想,妻子认为我美,是偏爱我;小妾认为我美,是惧怕我;客人赞扬我美,是有求于我。于是,邹忌上朝拜见齐威王,将他所悟陈述给齐王听。又说,如今齐国地大城多,宫中的姬妾和身边的近臣,没有不偏爱大王的;朝廷中的大臣,没有不惧怕大王的;国内的百姓,没有不对大王有所求的。由此看来,大王受蒙蔽一定很厉害了。齐王认为邹忌说得有理,便下令,所有大臣、官吏、百姓能够当面批评我的过错的,可得上等奖;上书劝谏的,可得中等奖;能在公共场合指责、议论我的过失的,可得下等奖。政令一出,进言劝谏的人门庭若市,几个月后,进谏的人就少了。一年之后,即使想进言,却没有什么可说的了。其他国家闻听此事,都纷纷派重臣来齐国拜见齐王。齐国的强盛,连他国也认为是必然的了。

《世说新语》中,还有一个周处改过的故事。周处年轻时,为人蛮横强悍、任性斗气。当时,义兴的河中有条蛟龙,山上有只白额虎,时常伤人,百姓称周处、蛟龙和猛虎是三大祸害,而周处祸害最重。有人故意劝说周处去杀死蛟龙和猛虎,实际上是希望三害消失。周处杀死猛虎后,又与蛟龙生死较量。经几天几夜水中漂游、沉浮,百姓认为周处、蛟龙都死了,纷纷表示庆贺。结果,周处杀死蛟龙回来后,闻听百姓将自己当成祸害,并为自己的死而庆贺,产生深深的悔改之意。之后,他拜有修养的名人为师,在名人指点下改过自新,终成一名忠臣。

历史上,也有那些执迷不悟、听不得诤言、拒绝改错的人和事。"厉王止谤"的典故,讲的是西周第十位君主周厉王,暴戾成性、奢侈专横,百姓都公开议论他的过失。召公向他劝谏,他非但听不进去,还找来一个巫师,让巫师监视那些议论的人,一旦巫师告发谁,他就杀掉谁。在此高压下,议论的人逐渐减少了,诸侯们听说此事也不来朝拜。后来,周厉王变本加厉,百姓更不敢开口说话,路上相见只能互递眼色示意。周厉王为此沾沾自喜,对召公说,我能消除百姓对我的议论,他们再也不敢有怨言了。召公说,这只是把百姓的话堵塞回去而已,堵住民众的嘴,要比堵住河流的害处更为严重。水蓄积太多,河流一旦决口,伤害的人一定很多。现在堵塞百姓言路,后果就会像河流决口一样,这可不是治国理政的好办法。

周厉王不以为然,仍是我行我素。百姓终于忍无可忍,不约而同起来暴动。周厉王仓皇出逃,被百姓发现后放置到彘地。后来,他就死在这个地方。

悟者,了解、领会、觉醒之意也。人生难得有悟,贵在常悟。悟是智慧的融通,是意识的觉醒,是境界的升华。有所悟者,当有"独上高楼,望尽天涯路"的宽广视野,有"衣带渐宽终不悔,为伊消得人憔悴"的艰辛探索,有"众里寻他千百度,蓦然回首,那人却在灯火阑珊处"的茅塞顿开。当一个有觉悟的智者,人生就不枉虚度,心中的灯就会越拨越亮,前进的路必然越走越宽。

"四大天王"的权力也不可任性

　　观瞻佛教寺庙，进入山门后，见到的第一重殿就是天王殿。天王殿供奉着六位神祇，正对着大门口的是弥勒佛，背后是韦驮护法神。殿的两侧分列着四大天王的塑像。四大天王是佛教的护法天神，按次序分别是：东方持国天王多罗吒，住东胜神洲；南方增长天王毗琉璃，住南瞻部洲；西方广目天王留博叉，住西牛贺洲；北方多闻天王毗沙门，住北俱芦洲。汉传佛教认为，四大天王手中法器代表所执掌的权力：南方增长天王持剑，司风；东方持国天王拿琵琶，司调；北方多闻天王执伞，司雨；西方广目天王持赤龙，司顺。组合起来便为"风调雨顺"。

　　风调雨顺，是农耕社会人们普遍的一种祈愿。为实现美好的愿望，一年辛勤劳作能有个好收成，人们对四大天王敬香磕头、顶礼膜拜。可问题是，权力是在诸天王手中掌控，风大风小、雨多雨少、何日起风、何时给雨，全由天王们说了算。一旦敬奉不够，抑或某天王某日心情不佳，就可能风也不调、雨也不顺，甚至酿成台风暴雨、风灾水灾也未可知。

好在这些担忧,佛教文化已作周密考虑,既要发挥四大天王的专司作用,又要使天王们的权力不能任性失控。仔细观察四大天王手中法器,会发现龙不点睛、剑不开刃、伞不架骨、琵琶不上弦。原先,笔者到寺庙中曾看到西方天王的"龙眼"拿在手中,东方天王的琵琶没有上弦,误以为是塑像者出错或寺院管理不善。后来,进入不同寺庙看到其手中法器均是如此。经请教佛学高人,果然其中深藏奥妙,管住、管好四大天王手中的权力是有意而为之。

以史为鉴,可知兴替。纵览上下几千年历史,就能真真切切领悟到"权力是把双刃剑"。权力用得好、用得公、用得准、用得明,会使风清气正、百事和顺、国泰民安;权力一旦为所欲为、乱用滥用,就会招致伤风败俗、百弊丛生、身毁名裂、家破人亡,甚至危及政权、影响社会走向的灾难性后果。

且看历史上因权力失控而演绎的形形色色、斑驳陆离景象。

有暴虐无道的。商纣王是商代的第三十二位帝王,他博闻广见、思维敏捷、身材高大、膂力过人,能徒手与猛兽格斗。他继位后,在发展生产、开疆拓土上有所成就。但他凭着声威的提升,开始放任权力。他嗜好喝酒、寻欢作乐、宠爱女人,竟以"酒池肉林"供其追逐嬉闹、胡作非为。由于他荒淫无度,朝中正直的大臣予以劝谏,他竟以醢刑、脯刑、炮烙、剖心等酷刑进行迫害。结果众叛亲离、百姓怨恨,最后商朝被周武王率军灭亡,商纣王也在走投无路中自焚而死。

有野心膨胀的。唐朝时的安禄山,本出身西域,其父早逝,随母改嫁生活。从军后,因骁勇善战、屡立战功,渐渐出人头地。后又靠狡诈贿赂、装愚伪忠,取得唐玄宗的信任。天宝年间,平步青云,兼任平卢、范阳和河东三镇节度使,受封东平郡王,镇抚东北地区。天宝十四年,以诛杀宰相杨国忠之名,纠结史思明等,率军悍然发动"安史之乱",攻破两京,建立伪燕政权。安史之乱严重破坏社会稳定,阻碍经济发展,给百姓带来深重灾难,唐朝人口大量丧失,成为唐由盛而衰的转折点。安禄山、史思明等也被牢牢钉在历史耻辱柱上。

有身受围猎的。959 年,后周皇帝柴荣驾崩,七岁的周恭帝柴宗训即位,殿前都点检、归德军节度使赵匡胤与其他几位禁军高级将领掌握了军权。次年初,传闻契丹联合北汉南下攻周,赵匡胤受命统军北上御敌。大军行至陈桥驿,经赵匡胤亲信密谋策划,众将将事先准备好的黄袍加在赵匡胤身上,拥立他为皇帝,并美其名曰:"今皇帝幼弱,不能亲政,我们为国效力破敌,有谁知晓;不若先拥立赵匡胤为帝,然后再出发北征,今后好共享富贵。"陈桥兵变后,赵匡胤果然一一封赏了拥立有功之将领。待赵匡胤登上皇位后,为了加强中央集权,避免下属将领也被迫"黄袍加身"、起兵篡夺皇权,通过酒宴方式威胁利诱,要求高级将领们交出兵权,防止"权力围猎"事件重演。

有贪婪无度的。清乾隆朝的权臣和珅,因精明强干、圆滑灵通,深得乾隆皇帝宠信。乾隆帝亲将十公主下嫁给和珅长子丰绅殷德,使和珅成了皇亲国戚。乾隆一朝,和珅先后担任和兼任的职位,包括内阁首席大学士、领班军机大臣、吏部尚书、户部尚书、刑部尚书、兼任内务府总管、领侍卫内大臣、步军统领等数十个要职,拜文华殿大学士,封一等忠襄公。随着权力地位的提高,他的私欲日益膨胀,结党营私、聚敛钱财、权势独揽、巧取豪夺,成为历史上最有名的大贪官。据史料记载,和珅的家产清单为:房屋三千间、田地八千顷、银铺四十二处、当铺七十五处、珍珠玉器、绫罗绸缎、名贵食材、西洋摆件等不计其数。其中,抄得白银八亿两。乾隆年间,清廷每年的税收不过七千万两,和珅匿藏的财产相当于当时清政府十几年的收入。时人称:"和珅跌倒,嘉庆吃饱。"《楚辞·离骚》注:"爱财曰贪,爱食曰婪。"可见贪官的本性就是贪婪。《红楼梦》中的"好了歌"写道:"世人都晓神仙好,只有金银忘不了! 终朝只恨聚无多,及到多时眼闭了。"这真是对贪官的绝妙写照。

　　有肮脏交易的。《史记·货殖列传》中说:"天下熙熙,皆为利来;天下攘攘,皆为利往。"这句话本意是指,普天之下芸芸众生为了各自的利益而四处奔波。为了生计、利益,人们从事正当的交易应是被肯定的事,但用权力做肮脏交易又当别论。中国古代卖官鬻爵最早始于秦始皇,后继朝代都不乏卖官买官记录。东汉灵帝刘宏把卖官鬻爵一事发挥到极致,他曾设置一个专门买卖官吏的交易所,以官的大小和任职地的好坏来确定官价的高低。卖官之后,接着是卖爵。按汉朝的制度,非刘氏不能封王,非功臣不能封侯,侯作为一种显爵,可以得到封地,封地的税收当然不薄。当时,花五百万钱就可以买一个侯,真正是"粪土当年万户侯"。而那些不惜花重金买官的人,心里绝不会想着去为民做主、替百姓办事,一旦登上官位,就变本加厉地去搜刮、盘剥百姓,不择手段地去捞更多的金钱,一面供自己挥霍,一面忙着花钱再去买更大的官,形成恶性循环。这样的朝政,只能被"铜臭气"蔓延污染,以致腐败之风盛行,民怨沸腾,民不聊生,其政权垮台只是早晚的事。实际上,在几千年的封建统治社会,这种现象屡见不鲜,就连不少文艺作品也讥讽揭露这种肮脏交易,例如《水浒传》、《儒林外史》、《官场现形记》、《二十年目睹之怪现状》中都有活灵活现的描述。《红楼梦》中曾提到贾珍花了一千二百两银子给儿子贾蓉买了个五品龙禁尉之事。《金瓶梅》中西门庆也曾向权臣进贡,买到了一个提刑所副千户的官职。"三年清知府,十万雪花银",也辛辣鞭挞了买卖官场的丑恶行径。

有玷污家风的。严嵩是明朝嘉靖年间的权臣,他通过讨好、拉拢、虚伪、卖乖的手段,逐渐获得明世宗的信任,成为内阁首辅。严嵩把持朝政达二十年之久,在此期间,不仅一心铲除异己,还结党营私、贪污卖官、败坏纲纪,是历史上著名的大奸臣。北京雍和宫不远处的国子监内,现存一棵"辨奸柏",据说是当年严嵩路过树下时,被吹落了帽子,于是人们纷纷传出"此树识奸"。他的儿子严世藩,本是一个品学不端的纨绔子弟,倚着老子的权势,未经科举就入朝为官,官至工部左侍郎。严世藩利用各种手段大肆受贿,家中财富不可计数。他与妻子将金银埋在地窖里,请严嵩来观赏,数量之巨,连严嵩都非常吃惊。严世藩贪淫好色,有二十七个姬妾,睡觉用象牙床、金丝帐,朝歌夜舞,纸醉金迷。后来,他竟勾结倭寇和江洋大盗,私蓄兵器,培植死党,图谋不轨,犯上作乱,最终被逮捕下狱,处以极刑。次年,严嵩也忧郁而死,无人问吊。类似此类家风不正的例子还有很多。例如,南宋大奸臣秦桧,不仅自身残害忠良,就连他夫人王氏也帮他出坏主意,他的过继之子秦熺也是一心想着攀高位、当高官。《水浒传》中高太尉的义子高衙内仗着义父的权势为非作歹,企图强占林冲的妻子满足己欲,不择手段对林冲加以迫害,逼得林冲上了梁山,跟着众好汉扯旗造反。可见,不正家风终是害人害己。

　　任性和失控的权力必然导致腐败,必然祸国殃民,这恐怕是一条亘古不变的铁律。因此,历史上的有为君主和有识之士,相应采取了不少制衡和控制权力、防止和惩治腐败的对策措施。例如,颁布为官从政、严禁贪腐的纲纪,设置权力分散、相互制约的机构,建立御史监察、监军巡按的制度,严惩罔顾王法、劣迹斑斑的贪官,宣扬秉公执法、清廉正直的清官,等等。明朝开国皇帝朱元璋对那些被认为是罪大恶极的臣子,甚至用了剥皮揎草的极刑;清雍正帝采取罢官、索赔、抄家等刚性手段整肃吏治,应该说都收到了一定成效。但由于封建社会实行的是天子至上的"皇权制"、"家天下"的"分封制"、"大鱼吃小鱼"的"官阶制"、"光宗耀祖"的"宗法制"、"一人得道,鸡犬升天"的"裙带制"、"金钱能使鬼推磨"的"潜规制",即使采取了一些控权防腐的举措,也是治标不治本,官场各种丑恶现象仍层出不穷。

　　中国共产党人在引领和推动社会发展进步中,找到了人民民主专政和全心全意为人民服务的新路,打破了"其兴也勃也,其亡也忽焉"的"历史周期律"。进入建设中国特色社会主义新时代,全面从严治党持续不懈向纵深推进,不敢腐、不能腐、不想腐的长效机制逐步形成,将权力关进制度的"笼子"成为反腐倡廉的关键一招,反腐败已经取得压倒性胜利。但前进的道路并不平坦,反腐败斗争、作风建设永远在路上,正是"宜将胜勇追穷寇",斗争尚未有终期。

寻"规"道"矩"

　　"规"字在现代汉语中有多重含义,用得最多的是表示规则、成例的意思,如规矩、规定、规范、规章等。说到规矩,自然就想到中国有句古话"没有规矩不成方圆"。这句话出自《孟子·离娄上》。孟子曰:"离娄之明,公输子之巧,不以规矩,不能成方圆。"相传,离娄是黄帝的大臣,视力超过常人,百步之外能看清鸟兽的毫毛。公输子就是世人皆知的大工匠鲁班。此话的意思是说,像离娄这么好的视力、鲁班这么精湛的技艺,如果没有规、矩两样工具,也画不出精准的方和圆。还有众所周知的大禹治水的神话传说故事。大禹治水,左手拿的就是准绳,右手拿的就是规矩,走到哪里就量到哪里,开九州,通九道,陂九泽,度九山,终于成功治理了水患。

　　相传,人类始祖是女娲和伏羲。一说是女娲以泥土仿照自己抟土造人,创造并构建人类社会,又替人类立下了婚姻制度,使青年两性相互婚配,繁衍后代。因此,女娲被尊崇为中华民族的母亲、华夏民族的人文先始、福佑社稷之正神。另一说是,女娲和伏羲本为兄妹关系,当时世间发生巨大灾难,四周陷入一片混沌之中,人类陷于灭绝境地,为了拯救苍生,他们便结合到一起成为夫妻。两人合力填补了天空,又繁衍了子孙后代。因此,人们同尊两位为人类始祖、创世之神。无论是哪一说,从科学的角度分析,只能将其当作神话传说而已。既然如此,为什么又敬奉两位为人类始祖呢?

翻阅《辞海》和其他典籍,可以看到女娲、伏羲人首蛇身之图像。女娲居右,手中拿规;伏羲居左,手中执矩。仔细琢磨,这图像的含义,似乎已经给出答案。没有规矩,即不能成方圆。方和圆也可以引申为天方地圆,是为大自然和人类社会也。女娲和伏羲执掌规和矩,也可以认为是两位首创或者维系人类秩序,使本来松散的种群、族群组成了一个共同存在、繁衍和发展的社会大家庭,两位理所当然成为这个大家庭的尊崇者,这或许就是女娲、伏羲造人,创造人类社会的奥秘和真谛吧。

到了中国封建社会,礼仪伦常成为维系社会、宗族、家庭秩序的重要精神力量,由此也愈发看重规矩的作用。从字体上看,"规"字左边是一个夫,右边是一个见,古代妇女要讲"三从四德",言行举止、所作所为要谨守规、不逾矩,"丈夫"眼中所见的妇人,当然得中规中矩、恪守妇道。"矩"字的左边是一个矢,矢为箭,古人认为箭射出去是直线飞驰的;右边的巨,则是画直线的工具。这就是说人的行为要合乎规范,要如矢、巨一样,正直行事,不能曲里拐弯搞弯弯绕,不能偏离正轨、各行其是,否则就难以把不同的人统一整合起来,家庭、团体、宗族,乃至社会,就会成为一盘散沙。

自古以来,"规矩"的力量既潜移默化,又无处不在,既细雨润物，又强大无比。正所谓家有家规，国有国法。秦朝商鞅变法之初，使用"徙木立信"之法，取信于百姓，最后得以顺利颁布变法之法令。秦末刘邦率兵攻取关中，郑重地向关中民众"约法三章"，赢得了百姓的信任、拥护和支持，最后取得天下，建立西汉王朝。

从当时社会普遍性看，家规、族规、乡规、民规，几乎渗透贯穿于每一个人的血脉心灵。除核心的忠孝礼义价值外，"勤劳传家久，诗书济世长"、"正直做善事，清白重名节"等理念也深入人心、家喻户晓。铁面无私的包拯，出道前的明志诗前两句便是"清心为治本，直道是身谋"。包拯不仅对己严、治吏严，即便是对皇亲国戚、骨肉至亲，也能秉纲执纪、遵规重矩。他唯一的侄儿包勉为官后，贪腐欺压百姓的劣迹被查实，包拯顶着被从小养大的嫂娘指责其忘恩负义的骂名，毅然大义灭亲，斩杀包勉，后用家规家训循循劝慰，求得嫂娘谅解而传为佳话。

当然，大千世界，芸芸众生，不把规矩、警训当回事的也大有人在，那些在社会大变革时期反封建、反压迫的叛逆者且当别论，就一般常人而言，违背规矩、犯上作乱者，都要付出精神与肉体的沉重代价，轻者受责罚、打板子、蹲黑屋，重者伤躯体、断关系、丢性命，具体实例屡见不鲜，由此又催生出影响广泛的历史文化。《西游记》中的孙悟空，灵性无比，神通广大。但因不守天规，大闹天宫，后来被如来佛祖制服，被压在五指山下，历经五百年。在护送唐僧西天取经时，观音菩萨也要在其头上套一个"紧箍儿"，告诫其不得任性胡来。《牛郎织女》中的织女星，思凡心切，私自下嫁，触犯了天条，后被玉帝、王母发现，派天将追拿上天，将一对恩爱夫妻活活拆散。僧人济公在杭州灵隐寺、净慈寺寄住时，因不遵清规戒律,数次被赶出山门。可见,在强大宗法势力面前,就连神仙、超人也不得不屈从低头。

进入近现代社会,政党和各类政治团体应运而生。尽管其性质、宗旨的区别和差异很大,但"党有党规"是不二法则。早年孙中山先生建立国民党之初,要求入党之人必须"打手模"向孙中山效忠。此事曾引起激烈争论,但孙中山仍固执坚持,不做更改。红军初创之时,在忠实贯彻中国共产党的纲领、政策和指示的同时,为增强号召力、凝聚力和战斗力,也订立了一些切合实际的规矩,如"三大纪律、八项注意"。"八项注意"也可视为红军的军规,由"六项注意"拓展而来,其中尚有"起床捆铺草"、"不拿百姓一个红薯"、"洗澡避女人"的规定。中国共产党人一向重视纪律规矩建设,在中国革命即将取得全面胜利、新中国成立前夕,为防止领导人搞特殊、脱离群众,在当时中央所在地西柏坡专门制定了"不做寿"、"不敬酒"、"不收礼"等六条规定。西柏坡由此被认为是"党立规矩的地方"。

以上谈了这么多的"规"和"矩",说到底是要以文化人、以史为鉴。每一个立身现实生活,包括政治生活中的人,都当认真思考,把规矩作为思想和内心深处最敬畏、最经常、最持久、最根本、最活跃的力量,厚植政治文化、纲纪条规底蕴,启发高度文明自觉,做一个道德品行高尚、清风正气充盈、行为举止规范的社会楷模。

"退步" 中的大智慧

　　进入佛教殿堂,迎面见到的第一尊佛像就是弥勒佛。弥勒佛笑容可掬,身宽体胖,光头大耳,袒胸露腹,箕踞而坐。人们熟知的"大肚能容,容天下难容之事;开口便笑,笑世间可笑之人",便是弥勒佛的经典句式。弥勒佛原名阿逸多,出生于古印度南天竺,学佛修身功德圆满,成为弥勒菩萨。汉朝时,佛教开始在中国传播,弥勒信仰渐渐在东土流行。在汉传佛教中,弥勒佛的形象有其原型化身,这一原型就是五代后梁时期的僧人布袋和尚。

　　布袋和尚的名字叫张契此,号为长汀子布袋师,浙江奉化人,早年在奉化岳林寺出家。他整日袒胸露腹,笑口常开,幽默风趣,聪明智慧,与人为善,乐观包容。他常用杖挑布袋或身背布袋入市,见物乞讨,装进布袋,人们向他逗趣或借问佛法为难他,他也不在意,因此,深受世人尊敬和喜爱。布袋和尚有一句警世偈语:"行也布袋,坐也布袋;放下布袋,多少自在。"告诫人们放下心头的包袱与身外之物。他在圆寂之时作偈云:"弥勒真弥勒,化身千百亿,时时示时人,时人自不识。"由此,布袋和尚为弥勒菩萨化身的说法便流传开来。

　　笔者在了解布袋和尚的奇闻轶事时,对其所吟《插秧歌》感触颇深。布袋和尚本是南方农家出身,插秧应是熟门熟路。据说,有四邻请他帮忙插秧,他毫不推辞、一概答应。待各家田里秧苗已插好,方知他分身有术、不同凡人。有人问他插秧感想,他随口吟出一首插秧歌,原文为:"手把青秧插满田,低头又见水中天。六根清净方为道,退步原来是向前。"这首插秧歌,看似朴实无华、浅白平易,吟的是插秧的自然过程,但认真品悟,却感到它富含哲理、饱蕴禅机,充满了风云际会和人生进退的大学问、大智慧。这种"退步原来是向前"的境界格局,在历史上也能寻找到许多活生生的事例。尽管他们退的原因、方式、结果不尽相同,但以退为进的初衷却惊人的相似。他们围绕是退还是进,上演了精彩纷呈、亦实亦虚、亦真亦假、亦是亦非的正剧或闹剧,从中涌现出智慧超群、进退自如的杰出人物,在以退为进中实现华丽转身和精彩蜕变;也出现过利令智昏、进退失据的悲剧人生,在不知进退中跌入困境泥淖和万丈深渊。

　　为了力避强敌锋芒急流勇退。秦朝末年,各地起义反抗暴秦的势力风起云涌,其中数项羽和刘邦的队伍实力较强。他们在进军途中相约,谁先入关中者为王。尽管刘邦率军先攻入咸阳,并且得到当地百姓拥戴,但由于项羽的军力远胜刘邦,为图自保,刘邦主动让出咸阳,并机智躲过"鸿门宴"可能招致杀身之祸的危机。之后,刘邦避开咄咄逼人的项羽军,苦心经营汉中,招贤拜将、养精蓄锐,待时机成熟时反攻项羽,最终夺得天下。

为了占据道义高地巧妙避退。春秋战国时期,晋国公子重耳在国内受迫害,只得四处逃亡。到达楚国时,楚成王以礼相待。席间,楚成王问重耳,如果将来回到晋国掌权,该怎么样报答楚国呢?重耳应答道,楚国物产丰饶,给一般的东西肯定不需要,假使真的能回国,今后如晋楚之军在中原相遇时,我将率军退避三舍。当时一舍为三十里地,三舍为九十里地。听了重耳的回答,楚成王认为重耳是个了不起的人物,会得到老天的相助,于是对他优待有加。后来,重耳在历经磨难曲折之后,终于回到晋国当了国君。当晋楚发生城濮之战时,他下令晋军三次退避。正是三天退避三舍,在道义上取得主动,又积蓄士气,赢得地利,利用楚军的弱点一举将其击败。

为了主动诱敌深入设计而退。战国时期的庞涓和孙膑本出同门,都是军事上的杰出人才,庞涓却妒忌孙膑的才能,设计陷害,孙膑不得不从魏国逃往齐国。庞涓统领的魏军实力强悍,数次攻打赵、韩等国。赵、韩求救于齐,孙膑为齐王献计,用"围魏救赵"、"围魏救韩"的战法迫使魏军回撤。当魏军从韩国撤回时,齐军故意示弱,用"添兵减灶"之法,引诱魏军追赶,一路上将魏军拖得疲惫不堪。齐军在地势复杂的马陵道预先设伏,待庞涓率少数队伍追至时,陷入齐军的包围圈,庞涓被乱箭射死,正应了害人者必然祸己的古训。

为了捞取政治资本谦恭假退。西汉后期,魏郡王氏家族是当时权倾朝野的外戚世家,王家先后有九人封侯、五人担任大司马,族中之人多为将军、显贵,生活奢靡、声威张扬。唯独王莽勤奋好学、独守清净、生活简朴、为人谦恭,对内侍奉长辈十分孝敬,对外交往贤士礼仪周到,成为世人眼中的道德楷模,其名声朝野皆知。王莽当官后,一如既往,不仅办事严谨,对人也更加恭敬,在他的叔叔和姑姑扶持下,逐渐攀上大司马高位。当其他家族势力在朝中占据上风后,他急忙卸职隐退,在家更加安分谨慎。许多官吏和平民都为王莽被罢免鸣不平,要求他复出。再次掌握朝中大权的王莽待地位巩固后,政治野心逐渐暴露,后来竟取代年幼的天子,自己当了皇帝,最终被起义军所杀。唐代诗人白居易有诗曰:"赠君一法决狐疑,不用钻龟与祝蓍。试玉要烧三日满,辨材须待七年期。周公恐惧流言日,王莽谦恭未篡时。向使当初身便死,一生真伪复谁知?"辛辣地讥讽了王莽"假退"的真面目。

为了转移矛盾焦点不得不退。清朝末期,列强欺凌日盛,百姓民不聊生,变法图强声浪持续高涨,各派政党相继成立,反清风潮此起彼伏。尤其是光绪皇帝及慈禧太后相继去世,溥仪继承皇位,朝中政权不稳,争权斗争愈演愈烈,掌握兵权的袁世凯受到攻讦猜忌。袁世凯权衡得失,自称足疾,请辞返回河南故地隐居。在此期间,他韬光养晦,暗中串联,等待时机复出。武昌起义爆发后,朝廷复召他入职,他却待价而沽,直到时机完全成熟,一跃东山再起,窃取清政府的军政大权,最后还当了短暂的"洪宪皇帝",终在众叛亲离、全国一片讨伐的声浪中死去。

为了淡泊名利得失深居隐退。伯夷和叔齐是殷商末期孤竹国君的儿子。孤竹国君最喜欢三儿子叔齐,有意让他将来继承君位。国君死后,大臣们想请叔齐继位,但叔齐认为应是长兄伯夷做国君。没想到伯夷不肯就位,索性逃走了事。叔齐见此,也随之逃去,国君的位置只得由老二来做。后来,周武王率兵伐纣,伯夷和叔齐劝说武王不要去发动战争,武王并未采纳。武王灭纣后,伯夷和叔齐不认可武王的做法,决定不食周粟。两人在首阳山隐居,采薇而食,终于饿死。他们两人的让国精神和耻食周粟的高尚气节,被后人传颂。东晋末期的陶渊明,为官时深恶官场的虚伪和名利的羁绊,在任彭泽县令时,毅然弃职归隐,从此过上自由自在、自耕自食的田园生活。他是田园诗的开创者,他的诗数量最多、成就最高,以纯朴自然的语言、高远脱俗的意境,表达对清新恬静的田园生活的热爱。他的《桃花源记》《归去来兮辞》广为流传,从中也反映了他高洁质朴的性格特征。

前面说了这么多的"退",并非认为一味退让、消极避世、无所作为是可取的,而是在于更好地悟透"退步原来是向前"的真谛。《三国演义》中,魏将张辽大战逍遥津,追得吴主孙权情急万分。孙权在败逃时,见前面的河桥被敌军损毁,犹豫之间,后面追兵又至。情急之下,他先将马后退数丈,然后扬鞭策马,一跃而过断桥,方才脱离险境。《水浒传》中,好汉林冲遭高太尉陷害,被发配沧州。他路过名士柴进庄上,受到厚礼款待。而受聘庄上的洪教头见林冲是个发配之人,态度极度傲慢,极尽轻鄙威逼之能事。两人比武之时,林冲先是连连退让,然洪教头步步紧逼,林冲看出洪教头的破绽,果断出招打得洪教头羞愧离去。这两则故事,恰恰说明以退为进的奥妙所在。

既然"以退为进"蕴含取胜之道,那就应对为什么退、何时退、怎么退深入研究,把握其逻辑机理和运用之妙。笔者以为,至少要把握好以下几点。

一是退要审时度势。时者,时机、时局也;势者,变化、趋势也。

善于观察事物发展变化的趋势,充分把握时机、掂量时局、因势而谋、因时而动,顺应潮流而不逆势而行,则能做到进退有度。元朝末年,群雄蜂起,一些有军事实力的豪强抢占地盘,纷纷称王称帝。当时朱元璋带领的队伍节节胜利,基本具备与其他势力一争天下的基础。朱元璋征求谋士朱升对今后战略方针的意见,朱升献了九个字:高筑墙、广积粮、缓称王。朱元璋采纳此策,稳扎稳打,一步一步完成了统一中国的帝业,建立了大明王朝。

二是退要不弃斗志。退是为了更好地进,即使不得已、无可奈何而退,也不要灰心丧气、自暴自弃。越国被吴国打败之时,越王勾践以奴仆身份侍奉吴王,待取得吴王的怜悯被放归之后,他忍辱负重,苦心经营,晚上头枕兵器睡在稻草堆上,早起后先尝一尝悬挂在房子里的苦胆,并让守卫的士兵问他:"你忘了三年的耻辱吗?"以此激励斗志。经长期艰苦的准备,终于寻得机会攻陷吴国,为越国报仇雪耻。"卧薪尝胆"成为一个在逆境中发奋图强的成语典故。

三是退要谋定而动。当遇到挫折或处于弱势时,往往选择退的方略。越是处于不利境况,越是应该冷静思考、沉着应对。退要退得有章法、有秩序、有准备,不能盲目而退、无备而退,否则,就会招致更大的失败或是灭顶之灾。三国时期,蜀相诸葛亮为夺取关中、进图中原,曾六出祁山,但因种种原因,北伐数次受挫。待最后一次北伐诸葛亮病重时,仍预先设谋布局,指导蜀军度过内忧外患危机,还师汉中。

四是退要不失转机。春秋时期,宋国与楚国在泓水隔岸列阵准备交战,宋军统帅宋襄公否决谋臣两次请求出战的良机:在楚军未完全过河时,退让不作攻击;待楚军已经全部渡过河尚未摆好阵势时,再次退让不作攻击。直到楚军阵势已成,两军对垒时,宋军大败,损失惨重,宋襄公本人也受创伤。事实上,退并不是一味退让,退中也蕴含进的机遇,只要善于把握转机,就能立于主动之地。在土地革命战争中,红军灵活运用的"敌进我退、敌驻我扰、敌疲我打、敌退我追"十六字诀就是不失转机的典范运用。

五是退要坚守底线。退是一门大学问,退中有原则,退中有政治。丧权辱国的退、丧失大节的退、丧尽天良的退则不可取。中日甲午战争时,清兵统帅叶志超丧失斗志,牙山战役组织混乱,狼狈退到平壤。平壤之战,一看形势不妙,又连夜狂奔五百里,一路逃过鸭绿江,把朝鲜拱手让给了日本。叶志超无底线、无节操、不顾大局的败退,对整个甲午战争的走向产生十分恶劣的影响。它只是晚晴没落腐朽的一个缩影,但也反映他本人不思进取、贪生怕死的人性弱点。历史的教训值得深刻铭记。

玉皇大帝姓名有深意

玉皇大帝在中国民间有很大影响,民间将其视为天上的"皇帝"、万神世界的最高统治者。道教认为,玉皇大帝为众神之王,在道家神阶中地位极高。道经中称其居住在昊天金阙弥罗天宫,统御诸天,综领万圣,主宰宇宙,开化万天,行天之道,布天之德,造化万物,济度群生,权衡三界,统御万灵,为天界至尊之神、万天帝王。简而言之,玉皇大帝总管天上、地下、空间三界,四方、四维、上下十方,胎生、卵生、湿生、化生四生,天、人、魔、地狱、畜生、饿鬼六道等一切阴阳祸福。

玉皇大帝本姓张,这与道教的创始人有关。道教的创始人为张道陵,相传为西汉开国功臣张良的第八世孙,汉光武年间生于丰县阿房村。张道陵自幼聪慧过人,七岁便读通《道德经》。为太学学生时,博通"五经",天文地理、河洛谶纬之书无不通晓。但他认为所读之书无法解决生死问题,于是弃儒改学长生之道。张道陵年轻时曾当过一段时间江州令,但不久就辞官隐居到洛阳北邙山中,精思学道。之后他开始云游名山大川,访道求仙。先是南游淮河,居桐柏太平山,后又渡江南下到江西贵溪县云锦山。张道陵在山上结庐而居,并筑坛炼丹。三年后神丹炼成,龙虎出现,故此山又称龙虎山。后来,他听闻蜀中民风淳厚,容易传播教义,便移居四川鹤鸣山。据说,太上老君降临蜀地,传授张道陵"正一盟威之道",嘱其扫除妖魔、救护生民。张道陵就此创立了道教,尊老子为教祖,以"道"为最高信仰。他著作道书二十四篇,收徒设教,建立道教组织。奉其道者,须纳五斗米,时称"五斗米道"。张道陵为天师派第一代天师。天师职位继承采用世袭嗣教制度,之后由其儿子张衡接任,张衡传子张鲁,张鲁传张盛。由于张姓子孙世传其业,因此,历代天师统称"张天师"。也正是这个缘故,作为道教尊奉之神的玉皇大帝冠以"张"姓也是顺理成章的事了。

至于玉皇大帝之名,有多种传说版本,但较集中的为两种。一说是叫作"张友仁",友爱兼仁义,符合那时的道德标准。《封神演义》中提到,周武王灭商纣,取得胜利后,姜子牙开始封神,把其他位置都封赏完了,最后留下一个玉皇大帝的位置。按照他的设想,这个位置是为他自己预留的,但按中国传统文化行事,还是要谦虚一下。因此,大家都主动劝姜子牙当玉皇大帝,结果姜子牙顺口客气地说:"有人来当。"恰在这时,正好有一个叫作"张友仁"的人间善人刚刚死掉,灵魂飞升上天,听到姜子牙如此说,便接了句"友仁在此"。就这样,"张友仁"当上了玉皇大帝。这个说法来自小说演义,本不能当真,从逻辑推理上看也不靠谱。姜子牙功成后被周王封在齐地,再说他亦是淡泊名利之人,怎会想着玉帝之位。另一说是他本是一个寨主,名叫张百忍。盘古开天辟地以来,天地间一切祥和,后来诸神开始争斗,人间也钩心斗角,使得天地三界大乱。太白金星因此下凡寻找德才兼备之人来做三界大帝。太白金星化身乞丐四处寻找,后来到了张家湾,发现人称"张百忍"的寨主将寨子治理得非常和睦,他为人和善慈悲,威信非常高。太白金星询问他用什么办法治理的。他回答,寨民生老病死、爱恨情仇的事很多,当寨主被他们找来找去,烦心事、难办事不少,牢骚怪话也听在耳朵里,但凡事都在一个"忍",一忍百忍,那些怨气就化解了。太白金星认为他说得很有道理,就把他请上天庭,做了玉皇大帝。后来,三界众神仙纷纷陈请,共同推崇张百忍为"终身天帝",人间也给他加了许多尊号。对玉皇大帝的信仰、崇拜随之形成,许多传统文化作品都提到了玉皇大帝。

在中华传统文化中,"忍"文化源远流长、博大精深,坚忍、容忍、隐忍、忍受、忍让、忍耐是传之久远的美德。"忍一时风平浪静,退一步海阔天空。"周成王曾对臣下说:"必有忍,其乃有济;有容,德乃大。"孔子曰:"小不忍,则乱大谋。"老子说:"天道不争而善胜,不言而善应。"孟子言:"故天将降大任于斯人也,必先苦其心志,劳其筋骨,饿其体肤,空乏其身,行拂乱其所为,所以动心忍性,增益其所不能。"讲的都是"忍"之大道。据传隋朝末年,李世民在征战中受伤,被寿张县张家庄的张公艺救起。李世民登基后,特赐亲书"义和广堂"金匾于张家。唐高宗在位时,曾去泰山封禅,归途中经寿张县访贤,当时张公艺已是八十八岁高龄,九世同堂。当高宗问起张公艺治家方法时,张公艺写了一百个"忍"字,并讲述其中含义。高宗听后备受启发,亲书"百忍义门"四个大字,赠予张家。之后,《张公艺百忍歌》流传于世:"百忍歌,歌百忍;忍是大人之气量,忍是君子之根本;能忍夏不热,能忍冬不冷;能忍贫亦乐,能忍寿亦永……古来创业人,谁个不是忍……仁者忍人所难忍,智者忍人所不忍……人生不怕百个忍,人生只怕一不忍……"明代唐伯虎也写有一首《百忍歌》:"……朝也忍,暮也忍。耻也忍,辱也忍。苦也忍,痛也忍。饥也忍,寒也忍。欺也忍,怒也忍。是也忍,非也忍……好也忍,歹也忍,都问心头自思忖。"中国古诗文中,带"忍"字的诗句也不少见,比如裴度的"遍寻真迹蹑莓苔,世事全抛不忍回",张籍的"端坐吟诗忘忍饥,万人中觅似君稀",韦庄的"能扶汉代成王业,忍见唐民陷战机",杨万里的"最是蜜蜂无意思,忍将尘脚蹋梅花",王冕的"舅姑老病毛骨枯,忍饥忍寒蹲破庐"等。带"忍"字的成语,如忍气吞声、忍辱负重、百忍成全、忍痛割爱、忍俊不禁、忍辱偷生、惨不忍睹、忍无可忍等等,含义也都很深刻。"忍"的文化如此广博,究竟如何把握其精髓要义,不妨从历史人物故事中作个深入了解。

忍是一种胸襟。俗话说,宰相肚里能撑船。凡能忍者,一定是气度恢宏洒脱之人。不能忍者,像江东的孙策、周瑜等,武艺高强、才华出众,正是年轻有为、建功立业之时,但他俩人皆因怒气大而早早丢了性命。宋代苏轼曾写就《晁错论》一文,以独特的视角写出汉景帝时期晁错的受祸原因,鲜明地提出"古之立大事者,不惟有超世之才,亦必有坚忍不拔之志"的观点,认为"事至而不惧"、"徐为之所"才能使大事成功,指责晁错临危而逃的错误,进而倡导仁人君子、豪杰之士应"出身为天下犯大难,以求成功"的主张。文章立意新颖深刻、高远幽邃,读来发人深省。历史上,有不少名人胸襟宽广而成大事。

《史记》中记载,舜的生母去世后,父亲又娶了一个妻子,并生有一个儿子。父亲喜欢后妻的儿子,在后妻的怂恿下总想害死舜,舜一有小的过失就要受到严厉的惩罚,但舜依然孝敬父母、友爱弟弟。有一次,舜爬到粮仓顶上去涂泥巴,父亲就在下面放火焚烧粮仓,舜借助两个斗笠作翅膀,从粮仓上飞下来保护自己。之后,父亲又让舜去挖一口井,舜事先在井壁上凿了一条通往别处的暗道,当他挖井挖到深处时,父亲和弟弟竟然向井中倒土,试图将舜活埋,但舜从事先挖好的暗道逃离了。尽管他们三番五次想害死舜,但舜仍不计前嫌,一如既往地侍奉父母、友爱弟弟。舜的美名远扬后,尧帝就把他召去,用心培养他,后来把两个女儿都嫁给他。舜勤勤恳恳协助尧帝治理天下,兢兢业业干了二十八年,受到尧帝的信任和重用,最后尧帝把位置禅让给舜。舜当政后,"润天地、识气象、怜众生、护万物、爱禽兽、睦友邦",使社会出现太平繁盛景象。后人对"唐尧虞舜"给予高度评价。

唐代有一位叫娄师德的名臣,二十岁时即考中进士,文武兼备,屡建大功,曾两次入朝为相。就是这样一个德高望重的人,当他的弟弟被任命为代州刺史时,临行前,娄师德特意召弟弟问道:"我是宰相,你也担任州牧,我们家太过荣宠,会招人嫉妒,你认为应该怎样做才能保全性命呢?"弟弟道:"今后即使有人吐我一脸口水,我也不敢还嘴,把口水擦去就是了,绝不让你担心。"娄师德说:"这恰恰是我最担心的事。人家朝你脸上吐口水,说明怨恨你的所作所为,是对你发怒。你把口水擦了,说明你不满,会使人家更加迁怒于你。你应该笑着接受,让唾沫不擦自干。"这段对话产生了"唾面自干"的成语。娄师德不仅要求弟弟这样做,他自己也是这样做的。娄师德因身体肥胖,行走缓慢,与他同朝为官的一位大臣多次停下等他,耽误了时间。那位大臣生气地骂他:"你这个乡巴佬!"娄师德笑道:"师德不是乡巴佬,谁是乡巴佬?"他在巡察州县时,有几次官吏因不认识他而怠慢,他却不予怪罪,还反过来抚慰官吏。如此胸襟肚量确实有过人之处。

历史上,不但一些高官能做到心胸开阔,也有无官无位者超然豁达。相传寒山与拾得是两位苦行僧。一日,寒山受人侮辱,气愤至极,便问拾得:"如果世间有人无端地诽谤我、欺负我、侮辱我、耻笑我、轻视我、鄙贱我、厌恶我、欺骗我,我要怎么做才好呢?"拾得回答说:"你不妨忍着他、谦让他、任由他、避开他、耐烦他、尊敬他、不要理会他。再过几年,你且看他。"寒山又问:"还有什么要诀可以躲得呢?"拾得说他曾看过弥勒菩萨偈,接着就念道:"有人骂老拙,老拙只说好;有人打老拙,老人自睡倒;涕唾在面上,随他自干了,我也省气力,他也无烦恼……人弱心不弱,人贫道不贫……这个逞英雄,那个做好汉,看看两发白,年年容颜变……做个大丈夫,一刀截两段;跳出红火坑,做个清凉汉。悟得真常理,日月为邻伴。"寒山问拾得的经典对话,蕴含睿智的哲理,读后也会使人心胸更敞亮。如今这两位高僧的奇闻轶事,在寻访苏州寒山寺时还能听到。

忍是一种智慧。人生是一个不断经风雨、见世面的过程,是一个破难题、开新局的过程,也是一个攀高峰、受磨砺的过程。在此过程中,如何不断学习,并把学习变为知识,把知识变为智慧,把智慧变为能力,以应对前行道路中的各种困难与挑战,需要认真思考和实践。迎接挑战首先要战胜自我,"不能胜寸心,安能胜苍穹",

内心的强大是立于主动、处于不败、遇险不惊、遇难不惧的内在力量。清代名臣曾国藩以他的人生智慧总结出内心强大之人的三个特征。一是举止端庄，言不妄发。意思是行为举止端庄得体，成熟稳重，不随便发表意见，不乱说话。古人云："祸从口出，言多必失。"做一个"大智若愚"的人善莫大焉。二是要有志、有识、有恒。有志才有上进心，有识才能善作为，有恒才有持久力，三者相辅相成，方能成就大事。三是失意事来，治之以忍，方不为失意所苦；快心事来，处之以淡，方不为快心所惑。这正是"得之不喜、失之不忧"的大智慧。

《史记·廉颇蔺相如列传》中有一则"负荆请罪"的故事，说的是蔺相如因为"完璧归赵"和渑池会盟有功，被赵国国君封为上卿，位在大将军廉颇之上。廉颇很是不服，认为自己有攻城野战的大功，而蔺相如不过靠能说会道立了点功，可是他的地位却超过自己，简直是一种羞耻。因此，他扬言如遇见蔺相如，一定要羞辱他。蔺相如得知后，不肯与廉颇相会，每当上朝时，常推说有病，不愿与廉颇去争位次的先后。一次外出，蔺相如看到廉颇的车子挡路，便命自己的车掉头回避。蔺相如的门客一致感到廉颇欺人太甚，就向蔺相如进言说："我们所以离开亲人来侍奉您，就是仰慕您高尚的节义呀，如今您官位在廉颇之上，廉颇却口出恶言，又三番五次挑衅，而您却怕得过分，一般人都为此感到羞耻，您却不以为然，跟着您没出息，请让我们告辞吧。"蔺相如坦然问道："诸位认为廉将军与秦王相比谁厉害？"门客回答："廉将军比不了秦王。"蔺相如则说："以秦王威势，我却敢在朝廷上呵斥他，难道会怕廉将军嘛？我之所以这样让他，是担心将相失和、两虎相斗，秦军乘虚而入啊。

所以忍让是为了国家,而不去计较私怨。"蔺相如的话传到廉颇耳中,廉颇静心一想,觉得自己不顾国家利益,义气相争,很不应该,于是背上荆条到蔺相如府上请罪,两人成了好友,同心协力保卫赵国。

《三国演义》中,有一章写到蜀魏两军对峙五丈原时,司马懿坚守不战,诸葛亮由于长途奔袭,不能久战,因此心急如焚。于是,他派人给司马懿送去一身女子服装,意在羞辱司马懿像个女人一样不敢出战。魏营将领见之大怒,司马懿却淡定地将女装穿上,然后和蜀军使者拉起家常,了解到诸葛亮的饮食起居情况,知其身体恐不能长久坚持,即捎话让诸葛亮保重身体。诸葛亮不禁为司马懿的心智叹服不已。然而,就在前期诸葛亮离开荆州入蜀时,特意嘱托镇守荆州的关羽,"东联孙权,北拒曹操",关羽却不以为然,数次怒怼和羞辱东吴使者,最后被东吴偷袭得手,关羽痛失荆州。两者比较,心智高低立时可见。

清代康熙年间,安徽桐城境内出了一个脍炙人口的"六尺巷"故事。朝廷大学士张英的府第与吴姓宅第相邻。吴家盖房时想将墙基向两家相邻的空地拓宽,张家坚决不让,双方发生纠纷,告到县衙后,因两家都是名门望族,县官左右为难,处置不下,只得推说此事但凭相爷作主。张家人遂驰书京都,告诉张英两家争执之事。张英阅信后,当即给家人写信一封,并附一首四言诗:"一纸书来只为墙,让他三尺又何妨?长城万里今犹在,不见当年秦始皇。"家人接信并读诗后,豁然开朗,即主动让出三尺宽空地。吴姓人家见此深为感动,也连忙让出三尺空地。于是,便形成了一条六尺宽的巷道。"六尺巷"所蕴含的包容忍让、善待他人的美德,广为流传。后来，当地人还将这段故事搬上了黄梅戏舞台。"六尺巷"在文化道德层面已远远不是"六尺"之宽，它的忍让智慧已超越地界，甚至国界，成为弘扬中华传统美德的优秀载体。

忍是一种志向。小不忍则乱大谋，小冲动则毁大业，在古代是许多志向高远之人的共识。周朝开国元勋姜子牙，出生时家境贫寒，年轻时做过宰牛卖肉的屠夫，也开过酒店卖过酒。虽然生活窘迫，但他人穷志不穷，无论严冬酷暑、日子好坏，始终都能隐忍生活的艰辛，勤奋刻苦地学习天文地理、军事韬略，深钻治国安邦的大道，期望有朝一日能施展自身才华、实现人生抱负。可是由于生不逢时，直到七十岁还是一无是处，闲居在家。后来，他来到渭水之滨磻溪垂钓，借钓鱼的机会与姬昌相见。姬昌在渭河北岸与姜子牙一番谈论后，认定他是个绝世奇才，接着让他上自己的车同载而归，又尊他为太师。经过自二十二岁到七十二岁长达五十年的忍耐，姜子牙终于有了用武之地，他倾心辅佐姬昌，对内推行德政、发展生产、训练兵马，对外恩威并重、广结诸侯、开疆拓土，国力日趋强盛。周武王即位后，姜子牙成为掌握实权"尚父"军师，辅佐武王消灭无道商纣，建立周朝政权。后来，他被封到齐地，成为吕氏齐国的缔造者、齐文化的创始人。历代帝王和文史典籍都对姜子牙倍加推崇，尊为兵家鼻祖、武圣、百家宗师。

汉光武帝刘秀本出自汉景帝之子长沙定王刘发一脉，刘秀的祖先因遵行"推恩令"的原则而从列侯递降，到他父辈时，只是一个县令级的小官员。刘秀九岁时，父亲便去世，他与兄妹便成了孤儿，生活十分艰难。王莽篡汉后，天灾人祸接连不断，各地义军纷纷揭竿而起，刘秀及其长兄刘縯加入了更始帝刘玄的联军队伍之中。之后，刘縯被更始帝所杀，当时刘秀正在外地领兵打仗，为了不被更始帝猜忌，急忙返回宛城向刘玄谢罪，表示兄长犯上，自己也有过错。刘玄见刘秀如此谦恭，反而有些自愧，所以未对刘秀加罪。刘秀强忍悲痛，韬光养晦，隐忍负重，一直小心从事，也不私下接触兄长刘縯的部将。就这样，让刘玄暂时放松了对他的警惕。后来，他终于找到去河北招抚的机会，离开更始帝北渡黄河，闯出一片天地。再后来，他率领将士攻城略地，实力日益增强，重建汉政权，史称"东汉"，刘秀即为东汉首位皇帝。

在汉代，史学家司马迁忍辱发愤著史书的故事也很感人。司马迁出生在一个修史世家，自幼习读古籍，二十岁时开始游历天下，后回朝中为官。汉武帝时，发生了将军李陵投降匈奴的事件，武帝异常愤怒，群臣皆声讨李陵的罪过，唯有时任太史令的司马迁说："李陵侍奉亲人孝顺，与士人有信，一向怀着报国之心。他只领了五千兵，吸引了匈奴全部的力量，杀敌一万多，虽然战败降敌，其功可以抵过，我看他是迫不得已降敌，坚持活下来还是想找机会回报汉朝的。"据此，他被定为"诬罔罪名"，按律当斩。司马迁想到文王拘于囚室而推演《周易》，仲尼困厄之时著作《春秋》，屈原放逐才赋有《离骚》，左丘失明乃有《国语》，孙膑遭膑刑后修兵法，吕不韦被贬属地才有《吕氏春秋》传世，韩非被囚秦国作《说难》和《孤愤》，《诗》三百篇大概都是贤士圣人发泄愤懑而作。然而，自己书未成、功未立，就这样死去心有不甘，于是毅然选择腐刑以赎身死。之后，他在坚忍和屈辱之中，以其"究天人之际，通古今之变，成一家之言"的史识，创作了中国第一部纪传体通史《史记》。《史记》被公认为是中国史书的典范，记载了从上古传说中的黄帝时期，到汉武帝太初四年,长达三千多年的历史,被鲁迅先生誉为"史家之绝唱,无韵之离骚"。

《史记·淮阴侯列传》中,记载了韩信忍受胯卜之辱的故事。韩信很小的时候就失去了父母,主要靠钓鱼换钱维持生活,经常受一位靠漂洗丝绵为生的老妇人施舍,因此,周围人都歧视和欺辱他。一次,一群恶少当众羞辱韩信。一个卖肉的屠夫对韩信说:"你虽然长得又高又大,喜欢带刀佩剑,其实我看你胆量很小。你若真有本事,就用你配的剑来刺我。如果不敢刺我,就从我的裤裆下面钻过去。"周围人跟着起哄。韩信自知形单影孤,现在不是逞英雄的时候,于是,他当着众人之面,从那个屠夫的裤裆下钻了过去。在场的人无不耻笑韩信的胆小。韩信默默忍受"胯下之辱",坚持钻研兵法,后投军项羽,又转投汉军。刘邦听从萧何意见,设拜将台拜韩信为大将军,韩信后成为战无不胜、攻无不克的名将。韩信功成受封后,找到那个屠夫,屠夫以为韩信要杀他报仇,没想到韩信却善待与他,让他当了护军卫。韩信对屠夫说,没有当年的"胯下之辱",就没有今天胸怀天下的韩信。其情其志让人敬佩不已。

忍是一种能力。忍者具有坚强的意志和品质,遇事不怒、受诱不迷、处变不惊的人,说明内心有强大的忍受和控制能力。《镜花缘》中有个"酒、色、财、气"的"自诛阵",常人陷入其中很难得到解脱,因为"酒是穿肠毒药,色是刮骨钢刀,财是下山猛虎,气是惹祸根苗",凡不能够控制欲望者,见酒眼馋,见色迷性,见利忘义、见气生怒,岂有不败之理。

蜀汉名将张飞因嗜酒多次误事。刘备同关羽奉诏领兵攻打袁术时,留张飞守徐州。一日,张飞聚众饮酒,曹豹从不饮酒,张飞硬是让他喝,曹豹抬出女婿吕布,希望看在吕布的面子上放过他。张飞一听更生气,结果硬是打了曹豹五十鞭。曹豹回去怨恨张飞,连夜写信给吕布,商量偷袭徐州城。当吕布与曹豹里应外合夺城时,张飞酒尚未醒,仓促中夺路而逃,徐州即被吕布拿下。后来,张飞守阆中时,得知关羽死讯,下令部属张达、范强二人三天内打造三千套白盔白甲。眼看难以完成任务,二人求情宽限时日,张飞酒后忍耐不住,亲自鞭打二人,并扬言杀二人之头。结果张飞酒后酣睡时,被二人所杀。

历史上为色所害的,如商纣王、周幽王、董卓、吕布之流,举不胜举,但也有克制自己成功的例子。明朝有个典吏名叫曹鼐。有一次,他抓获了一个女犯人。因天气已晚,又逢下雨,无法赶回衙门,曹鼐就带着女犯人在一座破庙中避雨,准备等天亮后再押解回衙门。这女犯人长得颇有姿色,夜深人静时多次央求曹鼐放了她,并表示曹鼐想怎样做就怎样做。曹鼐也是一个年轻人,岂有不动心之理,但他又感到此事断不可做。就在内心反复挣扎中,他在墙上刻下"曹鼐不可"四个字,当欲望出现时,就默念四个字,并再刻一次。一夜下来,刻了十多次,终于忍耐到天亮,将女犯人押解到衙门。

至于为贪财而亡者,历史上也是层出不穷,但也有经受住考验之人。古时广州城外二十里处有一个叫石门的地方,为出入广州的必经之路。路旁有清澈甘润的一眼泉井,行人多在此歇脚饮水,前来广州上任的官吏也同样下马下轿饮用泉水。不少官吏来时身无长物,任满离去却满载而归。百姓见此情状,便将那眼泉取名为

"贪泉",意指饮过此泉水,即使过去清廉也会变为贪官。元兴元年时,吴隐之到广州任刺史。经过石门时,他得知"贪泉"之名的来历,深有感触,便连饮三杯贪泉水,还赋诗一首:"古人云此水,一歃怀千金。试使夷齐饮,终当不易心。"他以诗明志,在任上始终不变初心。有人打听到吴隐之喜欢吃鱼,就想着种种办法给他送鱼。吴隐之不但拒收,还将屡禁不止者辞退。吴隐之任满离开广州时,据传船行至石门,忽遇风浪,乘船被打得摇摇晃晃。吴隐之想莫不是贪泉报警,忙叫人查验物品,原来是家人临行前收了一位友人送的一斤沉香。沉香属名贵之物,吴隐之拿来随手扔到水中,瞬间风平浪静,船得以行。后来,那沉香化作江心的一座小岛,叫作"沉香浦"或"沉香沙",至今小岛犹在。

世上能忍气吞声者也实属不易。春秋时期鲁国有个叫闵损的人,生母早死,父亲娶了后妻,又生了两个儿子。继母经常虐待他,冬天,两个弟弟穿着用棉花做的冬衣,却给他穿用芦花做的"棉衣"。他默默忍受,不发怨言。一天,父亲出门时,闵损牵车时因寒冷忍不住打战,将绳子掉落地上,遭到父亲的斥责和鞭打,芦花随着打破的衣服飞了出来,父亲方知闵损被虐待的真相。父亲返回家,即要休掉后妻。闵损跪求父亲饶恕继母说:"留下母亲只是我一人受气受冷,如果休了母亲,两个弟弟都和我一样了啊。"父亲听了十分感动,就依了他。继母也悔恨有加,从此待他如亲子一般。后来,闵损跟随孔子求学,在孔门中以德行与颜回并称。他劝说父亲的"母在一子单,母去三子寒"之语,成为教育人们奉行孝道的生动言论。

《水浒传》中,却有一个英雄落魄、因气惹祸的故事。说的是好汉杨志本是杨家将后代,武艺高强,在殿帅府下当个小军官,因在押运奇花异石时翻船,被太尉高俅赶出殿帅府。杨志穷困中拿了祖传宝刀去卖。一个叫牛二的流氓上前来抽出宝刀,问杨志要卖多少钱,杨志答说要卖三千贯。牛二撇嘴说,一把破刀,为什么卖得这么贵? 杨志便介绍宝刀的三个好处:第一能砍铜剁铁,第二能吹毛得过,第三是杀人不见血。牛二让杨志先试了前两个好处,又要他试第三个。杨志认为不能平白无故杀人,可以找条狗试试。牛二故意找碴儿,非得让他杀人。杨志不耐烦牛二胡搅蛮缠,让他走开。这牛二揪住杨志,说是偏要买这把刀,但又没有钱。争执中,牛二一边大嚷是好汉就砍我一刀,一边硬来夺刀,还用拳脚踢打杨志。杨志终是忍耐不住,刀光闪处,牛二倒在了血泊之中。之后,杨志被发配充军。再之后,在押运生辰纲途中,因口渴难忍,中了晁盖等蒙汗药的套,丢失生辰纲,被逼上梁山。

在忍的能力方面,《三国演义》中的陆逊值得一提。刘备为报关羽被害之仇,率军攻打东吴。东吴孙权命年轻的陆逊统兵抗拒,双方对峙于彝陵。当时,蜀汉兵马锐气正盛,吴军屡战屡败,陆逊采用坚壁清野、坚守不出的办法消耗对方。蜀军大肆轻蔑辱骂,试图激怒吴军。吴军将领感到蜀军欺人太甚,纷纷请战,但陆逊不为所动。将领们本就对陆逊领兵存有疑虑,又见他如此表现,以为是怯战,轻慢埋怨之言不少。陆逊强忍来自内外的压力,坚持既定方针不变,待暑热季节来临,刘备移营山林密处,连营七百里时,陆逊看出破绽,用火攻一举尽毁蜀军营寨,取得彝陵之战的决定性胜利。陆逊的统兵指挥能力在战役中发挥得淋漓尽致,终于得到上下一致的认可。

忍是一种涵养。赵朴初先生曾作《忍字高》："忍字高来忍字高,忍字头上一把刀……苏秦能忍锥刺股,六国丞相他为高……吕正能忍寒窑守,头名状元被他夺……"正因为忍得艰难、忍得煎熬,才需要忍者具有深厚的涵养。

商纣王当政时期,西岐之地由西伯侯姬昌掌管。姬昌对纣王的凶狠残暴、荒淫无道极为不满,他知道自己去劝谏也没有用,就在背地里唉声叹气。姬昌的表现被纣王派来监视他的人添油加醋告了黑状,纣王信以为真,就将姬昌召来问罪,并囚禁在边远荒凉的羑里城,实际上是一处监狱,基本上与世隔绝,姬昌忍受着孤寂的牢狱之苦。这一时期,姬昌的大儿子伯邑考在纣王身边作人质,他听说自己的父亲被关押,非常着急,决定向纣王求情。没想到伯邑考来到纣王寝宫时,纣王不在,纣王宠姬妲己看上了健美的伯邑考,主动上前纠缠不休。正在这时,纣王回宫看到这一幕,遂把伯邑考剁成肉酱,称为"醢",又派人送给姬昌去尝。姬昌已算出大儿子被害,见纣王送来"醢",顿时明白过来。为了坚持活下去,替儿子报仇,他忍受极大痛苦将"醢"吃下去,并托人对纣王表达谢意。姬昌在被囚羑里的七年岁月中,心静如水,坦然面对各种困难危险,把全部精力放在推演八卦上,著成博大精深的《周易》一书,被后人列为五经之首。后来,姬昌的臣子们收集大量珍宝钱财和美女献给纣王,纣王高兴之下释放了姬昌。姬昌回到西岐后,四处寻访贤人,励精图治建强封地,为其子周武王打败纣王、夺取天下奠定了雄厚基础。

历史上,不仅杰出的男人能忍,有些优秀的女性的忍功也十分了得。汉文帝的母亲薄太后,年轻时是魏王豹的姬妾。魏国灭亡时,薄姬作为汉军俘虏被抓,遂在汉王宫中纺纱织布,耐心忍耐,艰难度日。一次,刘邦到织室发现了她,把她纳入后宫,她也不和其他夫人争宠,别人就用冷眼看她的笑话。这个情况被刘邦知道后,出于怜悯就召幸了她,之后她生子刘恒。当吕后、戚夫人及其她夫人争权时,薄姬仍隐忍不发,随封王的儿子到了代地。吕后死后,她的侄子们阴谋叛乱,被周勃、陈平等人铲除。大臣们害怕外戚专权的悲剧重演,就想挑选皇帝母亲及其姥姥家必须是"谨慎善良"之家,结果,齐王、淮南王都被否决,而代王刘恒被选中,继承了皇位,是为汉文帝,薄姬也就成了薄太后。有人认为是薄太后的隐忍低调,使她在后宫斗争的漩涡中幸免于难,并成全了儿子汉文帝。这话似乎也有一定道理。

还有后蜀时期的花蕊夫人,因其才貌双全,得幸于后蜀主孟昶。宋军大兵压境时,孟昶一筹莫展,屈辱投降,花蕊夫人也被掳掠至宋都。宋太祖久闻其名,召她作诗。花蕊夫人不卑不亢,强忍失国之痛,作诗曰:"君王城上竖降旗,妾在深宫那得知? 十四万人齐解甲,竟无一个是男儿!"宋太祖看后大为赞赏,后纳其为妃。

古人中,也有忍的涵养不够招致骂名的。东汉末期名士祢衡,恃才傲物,与孔融交好。孔融惜其才华,上表向曹操推荐祢衡,但是祢衡却称病不肯应召。曹操听说祢衡擅长击鼓,就任命他为鼓吏,想以此羞辱他。祢衡在曹操大宴宾客时,赤身裸体击鼓骂曹,反使曹操受辱。曹操虽然生气,但不想落下不能容人、妄杀名士之名,就派人把祢衡送给刘表。后来,祢衡又侮辱、轻慢刘表,刘表深感耻辱,但也不想用自己的手杀他,认为江夏太守黄祖性情急躁,遇事不能容忍,就把祢衡送给了黄祖。黄祖的儿子黄射与祢衡比较友善。一次,黄射宴请宾客,有人送给他一只鹦鹉,黄射请祢衡作一篇赋,以助酒兴。祢衡提笔就写,文采飞扬,辞藻华美。后来,黄祖在船上宴请宾客,祢衡却出言不逊,让黄祖很难堪,两人竟相互骂仗。黄祖忍耐不住,一怒之下杀了祢衡,黄射赶来营救,为时已晚,黄祖落了个杀名士的恶名,后悔莫及。黄射把祢衡葬在江心洲上,因祢衡曾为鹦鹉作赋,而那只鹦鹉据说撞死在祢衡墓前,从此,江心洲改名叫鹦鹉洲。唐代诗人崔颢在著名的《黄鹤楼》题诗中曾写道:"晴川历历汉阳树,芳草萋萋鹦鹉洲。"

忍是一种坚守。值得一提的是,忍作为一种文化理念,是要人们修炼内功,以主动的、积极的、坦然的、理智的态度去化解矛盾、化解困难、化解怨气、化解忧愁。但忍绝不是丧失原则、丧失底线、丧失人格、丧失大节的一味被动忍让,忍是为了更好地立身做人、立身于世、立功建业、立德立名。不能为忍而忍,忍得毫无意义、毫无价值,忍得无所作为、一无是处。

"是可忍,孰不可忍"典出《论语》。春秋末期,鲁国有一个卿大夫,叫季平子。季氏世代为卿,权势重大,操纵国家政权,连国君都不放在眼里。作为卿大夫,他本来只能用十六人的乐舞队,可是他自比天子,便在自家的庭院里用六十四人的乐舞队奏乐和舞蹈。在这样等级森严的社会中,礼是不能随便逾越的铁规,特别是作为有影响力的大臣,公然违背礼数、亵渎天子,实属大逆不道。这件事被孔子知道后,孔子十分气愤,在谈论这件事的时候,他对学生们说:"八佾舞于庭,是可忍,孰不可忍也!"意思是,对季平子用六十四人的乐舞队奏乐、舞蹈这件事,如果能容忍的话,还有什么事是不能容忍的呢?后来,这句成语喻指事情恶劣到让人不能忍耐的地步。

秦朝在秦二世胡亥当政期间,残酷的刑罚、沉重的赋税、名目繁多的徭役压迫得民众喘不过气来,很多人家流离失所,家破人亡。秦二世又不顾民众死活,大兴土木,建宫筑城,导致民不聊生,怨声载道。公元前 209 年,秦二世再向全国发布了服徭役的旨令。这一年七月,河南方城有九百名壮丁,在两个军官的监押之下,到渔阳去戍边。当时连日天降大雨,道路不好走,一行人走到大泽乡时,已误规定期限。按照秦律规定,误期即要砍头。两个军官仍不依不饶,任意辱骂鞭打壮丁。壮丁队伍中有两个领头人叫陈胜和吴广,他们暗地商量,如今秦王无道,去也是死,不去也是死,而监押官兵又不把壮丁当人,实在是不能再忍,不如拼死干一番事业。于是,他俩假借天人感应,为起义制造舆论,得到众人响应,接着,众人"斩木为兵,揭竿为旗",高呼"伐无道,除暴秦"的口号,发动了历史上著名的大泽乡起义。起义烈火很快燃遍大半个中国,秦王朝在三年之后就灭亡了。

汉代发生的"朱买臣休妻"的故事,说的是会稽郡有个叫朱买臣的人,家中十分贫寒,每日靠上山打柴为生。但他人穷志不穷,一边砍柴,一边学习,有时还大声朗读诗书。他的行为却遭受周围的冷嘲热讽,连他妻子的娘家人也耻笑他。他妻子也很反感,总是给他脸色看。有时他劳累回家,妻子也不烧饭,他也不在意。之后,他妻子主动提出要他写一封休书,好让她离开这个家。朱买臣好言劝道:"我命中注定要到五十岁发迹,现在距离成功没几年了。我知道你跟我受了不少苦,再坚持忍受几年,等我成功后,会好好地报答你。"然而,妻子认为他是痴人说梦,反而反唇相讥。朱买臣听了虽然难受,仍然忍而未发。后来,他妻子不但越闹越凶,而且竟然与一个木匠私通,移情别恋想跟着木匠过好日子去。朱买臣无奈之下写了封休书,其实是为其妻所逼。穷困潦倒的朱买臣经过苦学不辍,终被朝中发现,汉武帝召他为官。当他被任命为会稽太守,衣锦还乡时,原妻找来想要复婚。他命人端来一盆水泼于地面,说只要把覆水收起来就可以复婚。原妻羞愧难当,回去后竟悬梁自尽了。

《水浒传》中有一则"林冲棒打洪教头"的故事。林冲因遭受高太尉的陷害,被开封府发配至沧州,途中听得"小旋风"柴进美名,便去柴进庄上进见。柴进见是赫赫有名的八十万禁军教头林冲,心中大喜,厚礼款待。没想到庄上一个教武术的教师,即洪教头,对林冲十分轻慢。林冲向他行礼,他不答礼,并认为林冲作为流配之人,恐是要诱些酒食钱米,劝柴进不要当真理会林冲。林冲听了这些侮辱人格的言语,忍不出声。洪教头不依不饶,拖出一根棍棒就要与林冲比试,扬言不敢比试就是假教头。林冲回答"小人却是不敢"。当林冲即要告辞离庄时,柴进以银两相赠,洪教头竟将银子扔在地上,让林冲去拾。林冲仍是不理。洪教头却得寸进尺,又要比试。林冲在征得柴进同意后,只好与洪教头比试。几棒过后,林冲故意卖个破绽,自认输了。洪教头越发欺他,使棒步步紧逼。林冲忍无可忍,终于拿出真本事,将洪教头打倒在地。洪教头羞颜满面,自投庄外去了。可见,忍而不发、后发制人也是一种必要的坚守。

人生在世,认识忍、学会忍、善于忍,对自己、对他人、对社会都大有益处。如若此,向玉皇大帝学点道、取点经未尝不可。

"觉"者是个高明人

在北京市海淀区阳台山麓，有一座著名的寺院大觉寺。大觉寺始建于辽代咸雍四年，称清水院。金代时大觉寺成为皇家行宫，金章宗时为西山八大水院之一，后改名灵泉寺。明重建后改为大觉寺，又称大觉禅寺。清康熙年间，对大觉寺进行了修建。

大觉寺有无量寿佛像，位于无量寿佛殿正中，左右分别是观音菩萨和大势至菩萨立像。无量寿佛、观音菩萨和大势至菩萨被称为"西方三圣"，拜三圣是香客来大觉寺的最主要目的。

无量寿佛即阿弥陀佛。大乘经载，阿弥陀佛在过去久远劫时曾立大愿，建立西方净土，普度无边众生，成就无量庄严功德，为大乘佛教所广为崇敬和弘扬。阿弥陀是梵语，译为无量，无量是阿弥陀佛的根本义。无量在佛教中，一是有究竟、圆满、不可限量之义，不但佛的光明和寿命无量，佛的智慧、愿力、神通等一切都无量；二是指一切佛，即无量无数佛，观阿弥陀佛即代表无量诸佛。无量寿，表示生命的永恒。佛，就是"觉者"、"知者"、"觉"。觉在佛教中有三义,即自觉、觉他(使众生觉悟)、觉行圆满。通俗地说,佛就是大觉大悟的人,是佛教徒对修行成功者的称呼。

观音菩萨,也称观世音菩萨,曾因唐代避讳太宗李世民名,去"世"字,称"观音"。佛教认为,观世音菩萨为大慈大悲的菩萨,众生遇难只要诵念其名号,菩萨即时观其音声,前往拯救解脱。观世音菩萨为阿弥陀佛的左胁侍。

大势至菩萨是阿弥陀佛的右胁侍,佛教认为,大势至菩萨以独特的智能之光遍照世间众生,使众生能解脱血光刀兵之灾,得无上之力。大势至菩萨能够使信徒得智慧之光,使信徒在人生道路上一帆风顺、事业有成、化煞化凶、吉祥如意,充分发挥自我的一切智慧,达到理想的境界。大势至菩萨被认为是光明智慧第一。

由此可见,人们到大觉寺拜佛、拜菩萨,是希望得到怎样的保佑了。

撇开宗教因素,在汉语当中,"觉"字的本义是指人或动物的器官受到刺激后对事物的感受辨别,如感觉、知觉、触觉、视觉、味觉、听觉、觉察等。"觉"的引申义为醒悟,如觉悟、觉醒等。觉是个多音字,读另一音"jiào"时,引申为睡眠。如何做一个觉者,或者说做一个高明的、有智慧的人,不妨从历史文化中寻觅答案。

先知先觉和后知后觉。先知先觉是事物或事件发生之前的预想、预测、预判,《礼记·中庸》篇有"凡事预则立,不预则废"的告诫。后知后觉,一般是指在事情发生之后的回望、分析、总结,是具体实践转化为理性认识的升华。先知先觉和后知后觉所体现的时间秩序、分析方式、认知特点虽有所不同,但都是人们在进行有意识、有目的的活动中思维活动的重要方式,两者相辅相成、相得益彰,将人们的认识能力不断由浅入深地推向新的境界。

《三国演义》中,有刘备三顾茅庐,拜访诸葛孔明的精彩章节。刘备前两次拜访适逢诸葛亮外出,第三次拜访时,诸葛亮正在酣睡,刘备耐心等待。诸葛亮醒后,口中吟诗曰:"大梦谁先觉?平生我自知。草堂春睡足,窗外日迟迟。"其实,"大梦谁先觉",既是自问,也是他问。当今军阀割据、战乱纷争,天下扑朔迷离的大势谁能看得清呢,成就大业的奋斗指向究竟在何方呢?这就是诸葛亮与刘备"隆中对"要回答的问题。"隆中对"准确地分析了各军阀势力的成败得失、优劣强弱,精准判断了天下混乱局势的发展趋势,提出了刘备应怎么立足、怎么发展、怎么争夺天下的战略构想,把刘备的目光从北方,特别是中原地区的局限中,拓展到西南和整个长江流域,从而为最终形成三国鼎立的局面奠定了初始的理论基础。刘备听之如拨云见日、豁然开朗,深有感受地认为,自从有了孔明,就像鱼得到水一样。后来局势的发展和演进,正如诸葛亮所预料的情况,因此,他高瞻远瞩、料事如神的形象一直为人们所称道。

"未雨绸缪"的典故,说的是周武王得了重病,大臣们都非常焦虑。周公虔诚地祭告祖先,请先祖保佑武王恢复健康,宁愿自己代替哥哥去死。祭毕,周公将祝词封存在石室里,严令史官不得泄露。周公祝祷后,武王的病有了转好的迹象,大家都十分高兴。但时间不长,武王旧病复发离开了人世。年幼的太子姬诵被拥立为王,史称周成王。周公受武王遗命行摄政事。周公的摄政引起武王的弟弟管叔等人的不满,他们散布谣言,说周公有野心,要篡夺王位,周成王为此也起了疑心。周公不好为自己辩解,只有离开京都。这时,纣王的儿子武庚不甘心商朝灭亡的事实,见到周朝内部出现裂隙,就派人去联络管叔等,挑拨他们与周公的关系,暗中准备起兵叛乱。周公经过认真调查,终于查清了谣言的源头,并掌握了武庚准备叛乱的情况,便以十分焦急的心情,给周成王写了一首名为《鸱鸮》的诗。诗以母鸟的口吻说:"鸱鸮啊鸱鸮,你已经夺走我的孩子,不要再毁掉我的窝!趁着天还未下雨,我就要剥下桑根的皮修补好门窗。我的手已发麻,嘴已磨损,羽毛已将落尽,可是我的窝还在风雨中飘摇!"年轻的周成王看到诗后,并未能理解周公的苦心。后来,成王在无意中发现了石室里面周公曾写下的祝词,深深为之感动,于是立即派人将周公请回都城。周公回京后,奉成王命出兵征讨叛乱分子,很快取得了胜利,周王朝的统治得到巩固。后来,人们便使用"未雨绸缪"比喻事先做好应对危机的准备。古语说:"先知三日,富贵十年。"指的就是要有长远的眼光和透过现象看本质的洞察力,就能使生活过得美好。

再来看看后知后觉的事例。唐代诗人杜牧《遣怀》一诗写道:"落魄江湖载酒行,楚腰纤细掌中轻。十年一觉扬州梦,赢得青楼薄幸名。"此诗是写杜牧在政治上落魄失意,在扬州十年以酒行乐、倚红偎翠,过着毫无拘检的生活。十年后追悔起来,恍如一场梦幻,自己一事无成,反而落得个轻薄浪荡的名声。

其实,人非圣贤,孰能无过,《左传》中有名言为"知错能改,善莫大焉"。犯了错误能认识并加以改正,当然是件很好的事情。这句话源自一个历史故事。春秋时期,晋灵公无道,滥杀无辜。臣下士季对他进谏。灵公当即表示,"我知过了,一定要改"。士季很高兴地对他说:"人谁无过,过而能改,善莫大焉。"但遗憾的是,晋灵公并未能认真改过，依旧残暴虐杀，最终被臣下刺杀。

《战国策》中有一句名言："见兔而顾犬，未为晚也；亡羊而补牢，未为迟也。"说的是见到野兔，召唤猎犬去追，还不算晚；羊逃跑了再去修补羊圈，还不算迟。比喻出了问题以后想办法补救，就可以防止继续遭受损失。

汉末时期，有个孙权劝学的故事，说的是孙权对大将吕蒙说道："你现在身居要职、掌握重权，不可以不去学习呀！"吕蒙却以军中事务繁忙为理由加以推托。孙权又说："我难道是想要你成为精通儒家书籍、传授经学的学官吗？你只应当粗略地阅读，了解一些历史。你说你军务繁忙，那么比我还忙吗？但我还常常读书，并有很大收获。"于是，吕蒙开始学习。等到谋臣鲁肃来到浔阳与吕蒙讨论事情时，鲁肃听到吕蒙发表的见解后，非常惊奇地说："你如今的见识谋略，已不再是过去的东吴吕蒙！"吕蒙说："对于有志气的人，分别数日后，就应当擦亮眼睛重新看待他的才能，老兄为什么看到事物的变化这么晚呢！"鲁肃遂与吕蒙结为好友，然后告别而去。后来，"士别三日，当刮目相看"成为一句名言。

在后知后觉中，还有一类情况，就是经常回顾总结已经发生的事情，从中找到成败得失教训。《东游记》一书中写到八仙之一的张果老，他经常倒骑毛驴在山中转悠，似乎走得不快，但人家发现他的行程每日竟有千里之遥。书中的一首打油诗道出了其中的奥妙："世上多少人，无如这老汉；不是倒骑驴，万事回头看。"原来，张果老在倒骑驴时，找到了行路的捷径，之后就会比别人少走很多弯路，因此，在别人算起来，他总是走得最快的。可见，后知后觉的作用不可低估。

不知不觉和有知有觉。不知不觉一般是在迷茫、虚幻、不清醒的精神状态下的被动感知，或是没有觉察意识到的一种时间活动过程。例如，"春眠不觉晓，处处闻啼鸟。夜来风雨中，花落知多少。""众人兴致冲冲，不知不觉走了数十里地。"有知有觉则是在思想意识正常清醒的状态下，对外界事物或活动的主动感知、思考过程。例如李商隐的诗句"晓镜但愁云鬓改，夜吟应觉月光寒"，描述在对镜梳妆和月夜吟诗的情境下，有情人不能相见，但又无比牵挂的心理状态，令人感伤不已。

《论语·述而》中，记述了"不知老之将至"的典故，说的是春秋时期，孔子带领学生周游列国讲学，来到楚国叶邑，叶公沈诸梁接待了他。叶公对孔子不够了解，就悄悄问孔子的学生子路，子路一时不知怎样回答为好。孔子得知此事后对子路说："其为人也，发愤忘食，乐以忘忧，不知老之将至云尔。"孔子自述生平，认为自己是一个以讲学传业为大任、为快乐，忘记了吃饭和忧愁，不知不觉也忘记了年龄的人。这也从一个侧面反映了孔子的思想境界和人生追求。

《三国演义》中有一个"髀肉复生"的故事，说的是刘备被曹操打败，丧失地盘，只得投奔荆州刺史刘表，过着寄人篱下的生活。一天，刘表请刘备喝酒聊天，两人正谈得兴浓，刘备突然脸色发暗，潸然泪下。刘表十分诧异，急忙问是什么缘故。刘备长叹道，我往常天天骑马，行军打仗，大腿上的肉都消瘦掉了。如今我很长时间都不骑马了，大腿上的肉又重新长了出来。想想匆匆而逝的光阴，不知不觉我就要老啦，可是却创业不成，所以感到非常悲伤。这实际上是在反映刘备功业未就、不甘老去的壮心。

东晋陶渊明的《桃花源记》记述了武陵郡有个打鱼人,他顺着溪水行船,忘记了路程的远近,遇到一片桃林,桃林的尽头有个小山洞,打鱼人好奇地穿过山洞,眼前出现了肥田沃土、整齐房舍、果木园林,田间阡陌纵横,鸡犬之声相闻,所有人都生活在自由、祥和的环境中。他们向渔人打听外面世界的情况,却不知道有个汉朝,更不知道魏晋两朝的事。渔人把自己所知详尽告诉他们,他们听后都感叹不已。渔人感觉停留几天后,与这里人告别,顺着旧路回去。可是,再回头来找通往桃花源的路,却迷失了方向。此文通过对桃花源安宁幽静、自由平等、丰衣足食的美好生活描绘,表现了作者追求桃花源式理想社会的向往和对黑暗现实社会的不满,从渔人不知不觉的见闻中,艺术地展现了大同社会的风貌,读之浮想联翩,意味深长。

有知有觉在现实生活当中,往往表现出两种精神状态,一种是以"苍天不负有心人"的决心和毅力,有意识、有目的地去做既定的目标的事;另一种是以"明知山有虎,偏向虎山行"的胆识和勇气,无畏地、超常地去做常人想象不到的事。

上古时候,商汤有一次狩猎,见人们张网四面,希望猎物尽入网中。商汤就令手下网开一面,并祷告说,禽兽们,愿逃的就逃走吧,不愿逃的就入我网中。商汤网开一面的消息传到诸侯耳中,大家纷纷称赞他的仁德之心,因此都愿加盟他的方国。与强大的夏王朝相比,当时商的力量还很弱,但商汤以广施仁政的措施,公平有序的法律,促进部族综合实力的发展,并组建一支能征善战的军团,逐渐改变了强弱态势,最终联合其他方国,一举灭掉夏,建立了商朝。

《后汉书·班超传》中记述了班超"不入虎穴,焉得虎子"的事迹。汉明帝派班超到新疆,与鄯善王结交。班超带着一队人马,一路跋涉而去。起先鄯善王见到汉朝使节,将其奉为上宾,班超说明来意,鄯善王很高兴。但过了几天,匈奴也派使者来与鄯善王联络,并说了汉朝许多坏话。鄯善王心情矛盾,不知所从,对班超也冷淡下来,甚至派兵监视班超。班超当即召集大家商议对策。班超认为,只有除掉匈奴使者才能消除鄯善王的疑虑,达成出使目的。可有人担心人手不够,不能制服匈奴较多的兵马。班超慷慨激昂地说:"不入虎穴,焉得虎子!"这天深夜,班超带手下人马潜入匈奴营地,一举歼灭匈奴兵马。鄯善王明白真相后,便和班超言归于好。

浅知浅觉和深知深觉。陆游在《冬夜读书示子聿》诗中教育小儿子:"古人学问无遗力,少壮工夫老始成。纸上得来终觉浅,绝知此事要躬行。"陆游用他近一生的学习心得,总结获取知识既要"无遗力",又"要躬行",可谓道明了学习的真谛所在。浅知浅觉在学习中一般表现为三种情况:一是学习下苦功夫不够,只是蜻蜓点水、浅尝辄止;二是只是一味学习,不加以认真思考,正如孔子所说,"学而不思则罔,思而不学则殆",即由此在学习中望文生义,迷惑而无所得,而光思考不学习又会使精神疲倦而无所得;三是只是学习一些书本知识,而未能结合实践、联系实际去"躬行"。三种情况都表明了学习的局限性,是深知深觉的严重障碍。

宋代王安石写过《伤仲永》一文,文中说金溪县有一个叫方仲永的人,祖祖辈辈以耕种为生。仲永出生五年,还没有见过书写工具,忽然有一天他哭着索要这些东西,他父亲就向邻居去借,仲永用此立刻写了四句诗。他的诗以赡养父母、团结族人为主旨,传给全乡的秀才观赏。从此,指定事物让他作诗,他都能立刻完成,并且诗文和道理还不错。同县的人认为他是个神童,由此对他父亲也非常尊重,有的人还花钱求取仲永的诗。方仲永父亲以为这样有利可图,每天牵着仲永四处拜访同县的人,为此耽搁了学习。王安石在方仲永十二三岁时见过他,让他作诗,写出来的诗已经与盛传的名声不相符。又过了七年,王安石再问起方仲永的情况,他已与平常人一样。为此,王安石叹道,仲永的通晓、领悟能力是天赋,远胜过其他人,最终却成为一个平凡的人,是因为他后天所受的教育不够。方仲永尚且如此,那些天赋本来不够好的人,如果不接受后天教育,那么就更为普通不过了。

　　南宋还有一个"配盐幽菽"的故事,说的是江西有一个读书人,自认为学识渊博,听说有个叫杨万里的诗人也是江西人,很有才华,名气不小。这个读书人颇不服气,就托人带信给杨万里,假说去拜访他,实想一较高下。杨万里也听说此人一贯比较自负,但还是谦和地给他回了一封信,信中表示欢迎家乡来客,并请他来时带一些家乡的配盐幽菽来,很想尝尝家乡的味道。这个读书人拆开杨万里的信一看,不禁傻眼了,他从来未听说过"配盐幽菽"为何物,赶紧四处打听什么是"配盐幽菽",却没有结果。于是,他只好带着满腹疑团去拜访杨万里。见面后,他愧疚地说:"你信中所提配盐幽菽因不知为何物,所以没有带来,请先生予以原谅。"杨万里淡淡一笑,从书架上取下一本《礼部韵略》,翻开书页递给读书人看,只见书上写着:豉,配盐幽菽也。读书人这才明白过来,原来四处寻找的"配盐幽菽",就是家家户户都食用的豆豉。读书人惭愧不已,深知自己的才学比杨万里差得远,从此再不骄傲自负、目中无人了。人们也从这个故事中明白了"学无止境"的道理。

在《战国策·秦策》中有这样的记载:"项橐生七岁,而为孔子师。"孔子一生传道授业解惑,学识渊博,为何拜七岁孩童项橐为师呢? 据说一次孔子率弟子出游时,被在路边玩泥土的项橐挡住了道。孔子问他为何不让车,项橐指着自己用泥土堆起的"城墙"道:"只闻车避城,岂闻城避车?"孔子只得绕"城"而过。孔子觉得这个孩子挺聪明,就决定考考他,于是问道:"你知道天下什么火无烟,什么水无鱼,什么山无石呢?"项橐答道:"萤火无烟,井水无鱼,土山无石。"孔子再提一连串的问题,项橐竟然对答如流。之后,项橐也向孔子提问道:"鹅鸭为什么能浮,鸿雁为什么能鸣,松柏为什么常青? 天上有多少星星,地下有多少房屋?"孔子一时无言以对,连赞"后生可畏",遂拜其为师。这个故事充分说明学海无涯,再有学问的人也有浅薄无知的"空白点",需要以深知深学的办法来解决。

唐代的陆羽,原本是一个弃婴,儿童时期,在高僧积公身边煮茶奉水。在积公的培养下,幼时便初学了茶艺之术。十二岁后,又去天门山拜师学艺。经过七年的学习,年仅十九岁的陆羽便心无旁骛,立志于对茶事的研究考察。他起早贪黑,跋山涉水,以茶民为友,以茶叶为伴,遍历长江中下游和淮河流域各地,考察搜集了大量第一手的茶叶产制资料,并积累了丰富的品泉鉴水的经验,于是隐居湖州,开始了《茶经》的写作。《茶经》共三卷十章七千余字,对唐代和之前有关茶叶的性状、品质、产地、种植、采制、烹饮、器具等皆有论述,成为世界上第一部茶叶专著,为茶叶在中国,乃至世界的传播作出特殊贡献。后世誉他为"茶仙"、"茶圣"和"茶神"。

　　明代李时珍,自小随父亲学医,曾在家苦读医书十年,之后,他一边给人行医看病,一边遍走山川森林,收药方、研药性、尝百草、验功效,查阅大量医书,记录无数笔记,前后共历时三十年,三易其稿写成《本草纲目》一书。该书在前人医学经验积累的基础上,又新增药物三百七十四种,分为一十六部,合成五十二卷。《本草纲目》这部一百九十二万字的巨著,有着巨大的科学价值和实用价值,在药物学、植物分类学、医学、化学、生物学等学科上都占有重要地位,是中国古代中华医学文化宝库中一颗璀璨的明珠,连达尔文都评价其为"东方医药巨典、中国古代百科全书、人类绿色圣经"。

　　明代还有一位伟大的地理学家、旅行家和探险家,名叫徐霞客。从二十二岁起,徐霞客开始了游历考察生涯。三十多年间,他先后四次进行长距离的跋涉,足迹遍及之地相当于现今的十九个省、直辖市、自治区,而且凭双腿行走,所考察的主要是陡峭的山峰和湍急的水流。在考察中,他坚持写游历日记达两百多万字,为后人留下了珍贵的地理考察记录。徐霞客深入细致、艰苦卓绝的考察活动,弄清了许多前人不甚明了,或是存在认识误区的地源地貌情况。例如,他论证了金沙江是长江的正源,否定了《禹贡》中关于"岷山导江"的传统说法;辨明了左江、右江、大盈江、澜沧江等许多水道的源流,纠正了《大明一统志》中有关这些水道的混乱记载和错误等。他还对植物和环境、气候和生态、温泉和地下水等有了一定的科学认识,特别是对石灰岩地貌的考察,开创了世界上对此类地貌考察的先河,对地理学研究作出了重大贡献。这一切,无疑是深钻细研、深知深觉结出的丰硕成果。

亲知亲觉和他知他觉。"要想知道梨子的滋味，就要亲口尝一尝。"东汉王充在《论衡》书解篇中有名言："知屋漏者在宇下，知政失者在草野，知经误者在诸子。"意思是知道房屋漏雨的人就生活在这个房屋里，知道施政有缺失的人就生活在政策影响下的百姓中间，知道经书解说有误的人就是那些读着诸子百家书的学者。这些名言，表达的正是亲知亲觉的要义。

中国经典寓言故事中，有个《小马过河》的故事。有一天，老马对小马说，你已经长大了，能帮妈妈做点事吗？小马愉快地答应了，它按照妈妈的吩咐，驮了半袋麦子向磨坊跑去。跑着跑着，一条小河挡住了去路，小马不知河水深浅，就四周张望，见一头老牛在河边吃草，小马就跑过去问牛伯伯能不能过河。老牛说，水很浅，刚没过小腿，过去没问题。小马听了老牛的话，正要过河。突然，从树上跳下一只小松鼠，大声劝阻小马不要过河，并说水很深，昨天一个小伙伴就是掉在这条河里淹死的。小马一听，不知如何是好，只得往回跑去找妈妈问个清楚。小马向妈妈说了情况，妈妈告诉它，光听别人说，自己不去想想、去试试是不行的，河水到底是浅是深，你自己去试一试就知道了。于是，小马折返到河边，小心地过了河。过河后，小马才知道河水既不像老牛说得那样浅，也不像松鼠说得那么深。这就是道听途说和亲身体验得出的不同结论。

有一个发生在北宋时期"黄州菊案"的典故，说的是苏轼有一次去拜访王安石，正好王安石在接待另外的客人，苏轼见案桌上有王安石题的一首《咏菊》诗，刚写了开头两句："西风昨夜过园林，吹落黄花满地金。"苏轼暗笑王安石连基本常识也不懂，认为菊花在草本植物中,花瓣只会枯干而不会被风吹得四处飘落。于是,他就在王安石的诗句下面写了两句:"秋花不比春花落,说与诗人仔细吟。"王安石后来见到苏轼的题句,暗笑苏轼未能亲知事物的变化却自以为是的做派。后来,苏轼因获罪被贬为黄州团练副使。他在黄州生活期间,遇到重阳节大风天气。风息后,苏轼与朋友到后园赏菊,却见菊花花瓣纷纷吹落,满地像铺了一层金子似的。苏轼想起给王安石续诗之事,不禁目瞪口呆、后悔莫及,认识到是自己错了。他们两人之间还有一则"三峡取水"的故事。据冯梦龙《警世通言》记载,王安石因幼年寒窗苦读,染成陈疾,在太医院觅得一偏方,需要中峡巫峡之水作引送服。恰逢苏轼从川回京,王安石便写信请他帮忙取一壶中峡之水。苏轼乘船过三峡时,因恋风光景色,吟诗作文,竟忘了取水之事,待想起来,船已进入下峡。苏轼暗想,三峡相连,本是一江之水,哪有必要非分中峡与下峡呢?于是,就在下峡取了水。王安石收到水后,当下拿来煮沸泡茶,一看茶色,就对苏轼直言道:"这明明是下峡之水,怎么骗我说是中峡之水呢?"苏轼大为吃惊,竟不知怎么被王安石识破。王安石解释道:"三峡之水,上峡水性太急,下峡水性太缓,中峡水急缓相当。我的病症居于中脘,必须用中峡水作引送服方可。《水经注》中记载,上峡水烹阳羡茶味浓,下峡水烹阳羡茶味淡,只有中峡水烹茶浓淡适宜。这壶茶泡了好一会才出茶色,所以知道必然是下峡之水了。"苏轼听了佩服得五体投地,连连承认错误、赔礼道歉。泡茶如同治学,亲知亲觉的学者,方能悟出学业的真经。

　　京剧《杨门女将》中,有一折佘太君探营的折子戏,说的是西夏统兵首领王文占据险要隘口,坚守不战,企图耗尽宋军粮草,以逸待劳杀退杨门女将。佘太君不顾征战劳顿、冷夜西风,以百岁高龄趁夜色瞭望敌营,对人们都认为"飞龙山山高势险,葫芦谷陡壁悬崖",从而无路可用于进攻的天险再做深入调查,后又经过与穆桂英的侦察情况相互印证,得出深山峡谷中必有险要路径的结论。最后,出奇兵,抄后路,内外夹击战胜王文,取得大捷。由此可见,正确的结论和胜利的希望往往建立在亲自调查、知彼知己的基础之上。

由于种种因素和条件的限制,许多时候一些事情并不能做到事必躬亲。有些事自己一时还看不明白、想不清楚,需要别人提醒帮助,还有的是借用他人的逻辑思维方式来帮自己走出认识误区。这时,他知他觉的作用就不可忽略了。《荀子·成相》篇中有:"前车已覆,后未知更,何觉时?不觉悟,不知苦,迷惑失指易上下。"意思是说,前车已经倾覆,后面的车却不知道变更方向,何时才是醒悟的时候?不能提早觉悟,不知如此会吃苦,最终会迷惘疑惑,上下颠倒,君臣易位。在《荀子》之后,还有许多著作提及"前车之鉴"。例如《战国策》中就有"前事之不忘,后事之师",意思是记住以往的经验教训,可以作为以后行事的参考借鉴。西汉初年,刘邦与臣下陆贾等经常谈论秦亡的教训。之后,贾谊也经常与汉文帝谈论历史,特别是秦朝的兴衰史,规劝文帝要施仁政而弃秦暴政,文帝深以为然。

唐代柳宗元曾写过一篇《种树郭橐驼传》,说郭橐驼以种树为业,他所种的树成活率高,长得又高又大,结出的果实也多。有人问他种树种得好的原因,郭橐驼回答:"我并不能使树木活得长久且长得快,只不过是能够顺应树木的自然生长规律,使它的本性充分发展而已。而别人种树,从种苗、培土起,就过于吝惜、担心,还总是来观察树的死活,不放心地摇动树干看培土是紧还是松,这样人为地去做,树木的天性就远去了,虽然看似喜爱它,实际上是害了它。"问话的人感到郭橐驼说得有道理,又问他用种树的方法做官治民可不可行。郭橐驼则说,他不懂做官治民的事,但住在乡下,却看见那些官吏喜欢不断发号施令,从早到晚跑来催促百姓耕地、种植、收割、织布、喂养家禽,甚至怎么带孩子的事都管,弄得百姓疲于应付,占用了劳动的时间,生活不得安宁,像这样做与其说是治民,倒不如说是扰民,它与种树的道理大概相通吧。问话的人感叹地说:"真是很好啊!我问种树的方法,却得到了治民的方法。"柳宗元认为这件事可作为为官从政的鉴戒。

先秦《韩非子·难一》中,有个"以子之矛,攻子之盾"的典故。讲的是一个卖矛和盾的人,一会儿向人推销他的矛,说是世界上最锐利的武器,没穿不透的东西;一会儿又向人推销他的盾,说是世界上最坚固的盾牌,没有什么东西能够戳穿它。人群中有人问他,如果用你所卖的矛戳你的盾,结果会怎么样呢?他无言以对,落荒而逃。这实际上也是一个"以其人之道,还治其人之身"的道理。

据说王羲之在某地做官时,有一天,一个年轻人来告诉,说是因家贫父亲死前曾向某乡绅要了一块荒地来埋自己,乡绅答应了并讲好只要"一壶酒"作酬谢。其父死后,年轻人拿一壶酒去感谢时,乡绅却说是"一湖酒",年轻人无可奈何只得来求大人评理。王羲之听后,了解确是实情,便于第二天来到乡绅处,乡绅久慕他的大名,很想求其墨宝,王羲之便写了一幅字送与乡绅。乡绅问怎样酬谢时,王羲之说"只要一活鹅"。乡绅便提来一只活鹅,王羲之摆手:"我说的是一河鹅。"乡绅辩解道,鹅是以只计数,怎能用河计数呀？王羲之则反问,既然如此,那么酒是以湖来计数的吗？乡绅听后恍然大悟,赶忙去向年轻人赔礼道歉。

在《诗经·小雅·鹤鸣》篇中,还有"他山之石,可以攻玉"之句,比喻别国的贤才可为本国效力,也可比喻能帮助自己改正缺点的人或意见。秦王嬴政十年时,秦宗室贵族借韩国派水工修灌溉渠,阴谋消耗秦的国力这件事发难,谏秦王下令驱逐一切从别国来秦的客卿,秦王为此颁发了逐客令。李斯知道后,向秦王上了著名的《谏逐客书》,他从历史回顾,以穆公、孝公、惠王、昭王四位国君招贤纳士为例,强调重用客卿的重要性。接着再谈现实,列举秦王的爱好,诸如昆山之玉、随和之宝、明月之珠,以及所佩太阿剑、所乘纤离之马等,都是来自诸侯各国,说明"泰山不让土壤,故能成其大;河流不择细流,故能就其深;王者不却众庶,故能明其德"。秦王看了李斯的上书,深悟其中之理,乃除逐客之令,由逐客变为留客、用客、重客。秦国在外来人才的帮助下,日益强大,为统一中国奠定了厚实的基础。

大悟大觉和执迷不觉。佛教中的"大彻大悟",是一种彻底的觉悟,亦即完全证到"不生不灭"的真如实相。如果说"开悟"是觉悟之始,那么"彻悟"则是觉悟之成。佛家有这么一则故事,一位小沙弥深得庙里方丈喜爱,但他却在一夜之间动了凡心,偷下山去,被世间五光十色所迷沦为浪子,方丈为此痛心不已。二十年后,浪子突然感到忏悔,骑马赶回山,跪在方丈面前请师父饶恕他,仍能收他为徒。方丈却说,你罪过深重,必堕阿鼻地狱,要想佛祖饶恕,除非供桌也会开花。浪子失望地离开了。第二天早上,方丈踏进佛堂的时候,被佛桌上开满的鲜花惊呆了。方丈在瞬间大彻大悟,连忙下山寻找浪子,却已经来不及,心灰意冷的浪子堕入原来荒唐的生活之中。是夜,方丈圆寂时留下遗言:世间上,没有什么歧途不可以回头,没有什么错误不可以改正。一个真心向善的念头,是最罕有的奇迹,正如佛桌上开出的花朵。其实,佛门之外,人世间大彻大悟或是大悟大觉的也不乏其人。说到底,这是一种看破红尘、看穿社会、看明事物、看透人生,回归人性本真和自然法则的心境反映。正所谓:"宠辱不惊,看庭前花开花落;去留无意,望天上云卷云舒。"大悟大觉在不同的人理解与悟境也不完全相同,应与人生的阅历和经历有很大关系。

　　唐代大诗人李白年轻时渴望得到朝廷重用,一展自己的才华抱负。当他被唐玄宗招进京、命为供奉翰林后,却成了玄宗饮宴赏景、偕美行乐之余的御用进诗工具,又因权贵的谗毁,李白终被玄宗赐金放还。在理想不能实现、思想极度烦闷的漫游旅途中,他写出了《将进酒》一诗,其中,"人生得意须尽欢,莫使金樽空对月","钟鼓馔玉不足贵,但愿长醉不复醒","古来圣贤皆寂寞,惟有饮者留其名"等诗句,表现的就是看淡功名、纵情享乐之意。唐杜甫的诗句"丹青不知老将至,富贵于我如浮云",借写画家曹霸本是名门之后,而安史之乱使他流离失所的坎坷遭遇,来抒发自己的人生态度。唐代王翰的《凉州曲》:"葡萄美酒夜光杯,欲饮琵琶马上催。醉卧沙场君莫笑,古来征战几人回?"表现的则是将生死置之度外,尽情酣醉,视死如归的勇气与情怀。北宋的苏轼才华出众,却经历坎坷。在贬官黄州时,一日在沙湖道中遇雨,同行人淋雨皆觉狼狈,他却浑然不觉。之后,写下一首《定风波》词:"莫听穿林打叶声,何妨吟啸且徐行。竹杖芒鞋轻胜马,谁怕? 一蓑烟雨任平生。料峭春风吹酒醒,微冷,山头斜照却相迎。回首向来萧瑟处,归去,也无风雨也无晴。"词意所表达的正是他风雨无惧、忧乐两忘、淡然归去、心平气定的内心写照。正是因为有此大悟大觉的心境,苏轼一生磨难不断,却都能淡然处之、豁达洒脱,留下许多动人的故事。清代名臣林则徐曾写有教子联:"子孙若如我,留钱做什么,贤而多财,则损其志;子孙不如我,留钱做什么,愚而多财,益增其过。"前贤先哲们对"修身齐家治国平天下"的意蕴悟得是多么的深透啊!

历史上,也有那些为了功名利禄、一己私欲陷于茫茫雾海之中,迷失自我,迷失方向之人。春秋中期,秦穆公即位后,国势渐强,遂有图霸中原之意。当他得知郑、晋两国国君新丧,决定要越过晋境偷袭郑国。大臣蹇叔、百里奚二人竭力劝阻,认为千里劳师,难以达成突袭目的;乘别国国丧之机伐兵,也不是仁义之师所为;如果攻取郑国,千里之遥也不能得其地利,一旦不能成功,则必然遭受很大损害。秦穆公不听此意见,蹇叔再三劝谏,仍不采纳。秦军出师时,蹇叔与百里奚大哭,秦穆公闻之大怒,坚持出兵不变。后因郑国已有准备,秦军无功而返,在途经晋国崤山时,被晋军设伏,招致全军覆灭。秦在崤山之战中轻启兵端,孤军深入,千里远袭,遭到前所未有的失败,以此秦国东进中原之路被晋国死死扼住。失败的主要原因,正与秦穆公战略判断失误又执迷不觉有关。

前秦苻坚登上王位时,丞相王猛尽力辅佐。王猛去世前写了许多关于巩固江山社稷的建议,其中重要的一条是建议苻坚千万不要去攻打晋国。王猛死后几年后，符坚提出攻打晋国的想法，朝中大臣权翼、石越等都出面反对，并阐述不能攻打的理由，其他臣子也纷纷附和，然而符坚执意攻晋。后符坚集结百万兵力之众与东晋八万兵力在淝水一线展开决战，却遭到惨败，前秦士兵丢盔弃甲而逃，看到八公山的草木，都以为是晋国的伏兵。这一战彻底浇灭了符坚的信心，至此一蹶不振。两年后，符坚被杀，北方重新陷于战乱之中。

先秦韩非有一篇《扁鹊见蔡桓公》的文章，说的是名医扁鹊有一天去拜见蔡桓公，在蔡桓公身边站了一会儿，对他说："大王，据我看来，您皮肤上有点小毛病，要是不治，恐怕会向体内发展。"蔡桓公认为自己身体很好，并不需要治疗。过了十多天，扁鹊又来拜见蔡桓公，说道："您的病已经发展到皮肉之间，不治还会加重。"蔡桓公听了很不高兴，扁鹊只好退了出来。又过了十几天，扁鹊再一次来拜见，对蔡桓公说："大王的病已经发展到肠胃里，再不治会更加严重。"蔡桓公听了比上次更加不高兴，扁鹊无奈连忙退出。又过了十几天，扁鹊远远望见蔡桓公，只看了几眼，扭头就跑。蔡桓公觉得奇怪，派人去问他。扁鹊说："皮肤病用热水敷烫就能治好；发展到皮肉之间，用扎针的方法也可以治好；即使发展到肠胃里，服些汤药也还能治好；一旦深入骨髓，医生就无能为力了。现在大王的病已经深入骨髓，所以我不再请求给他医治了。"数天后，蔡桓公浑身疼痛，派人去请扁鹊，可是扁鹊早已去了别国。不久，蔡桓公就病死了。可以说他的死是被自己的执迷不觉所害。

历史映照现实，古往贯通当今。如果能以觉者的境界登高望远，以觉者的胸襟运筹宏远，以觉者的智慧谋深虑远，以觉者的勇气开拓尽远,以觉者的定力行稳致远,那么,就一定能成为有胆有识有为、有德有智有成的高明人。无论前行的道路多曲折,无论面对的形势多复杂,无论命运的长河多波折,无论追求的目标多转折,都能镇定自若、坦然面对,逢山开路、遇河搭桥,最终走向通往胜利的彼岸。

由"木樨地"想开去

北京市西城区长安街复兴门以西,靠近中华全国总工会和中国军事博物馆的地方,叫作"木樨地"。

关于这一地名的由来,主要有四种说法。一是说在明代,此地种植过大面积的苜蓿,主要是为皇宫的御马提供饲料。到了清代,这里人口渐多,成为村庄,称为苜蓿地,民国时被讹传为"木樨地"。二是说清代时从门头沟向都城送煤的骆驼队,大多出入于阜成门,当时这一带生长着许多野生苜蓿,赶骆驼的人在此歇脚时,就用这里的苜蓿喂骆驼。年长日久,这个地方被称为苜蓿地,后谐音为"木樨地"。三是说这个地方曾经是皇家捐资兴建的道观"白云观"的菜园,以产黄花菜闻名。黄花菜成熟时色泽金黄如桂花一般,俗称木樨,因此,这片菜园被称为"木樨地"。四是说此地曾种植过许多桂花,桂花的学名叫木犀或木樨,属木犀科常绿灌木或小乔木。顾名思义,木樨地就是种植桂花的地方。

有专家认为,从史料记载上看,第一种说法较为可信,其他几种说法因无明确记载,难以考证。笔者当然不能否定专家的意见,但从主观愿望上来说,倒是更愿接受第四种说法,即木樨地是种植桂花的地方。因为桂花自古以来就深受国人喜爱,它集绿化、美化、香化于一体,清可绝尘,色能赏悦,香能远溢。作为中国传统十大名花之一的桂花,许多文人墨客为它歌咏吟诵,围绕桂花的经典故事也经久流传。

凭着这样的愿望,不妨来些逻辑上大致能说得通的推测和想象,虽然有的想象游离了精确的史实,但作为茶余饭后的趣资谈料也未尝不可。

如果木樨地真的是种植桂花之地,第一念头就是这是否与古代的科举考试有关呢。科举制度是古代中国一项最重要的选拔人才制度,它的历史可追溯到一千二百余年前。当时,大量出生于中下阶层的社会有识之士,渴望通过科举考试,跻身于为官从政的行列,实现治国、平天下的抱负和光宗耀祖的宏愿。正是因为选才的重要性和参与的广泛性,科举的关注度之高、仪式性之隆重历来都是世人津津乐道的话题。科举一般分为童生试、乡试、会试和殿试。童生试由各地方学政官主持,院试合格者为秀才。乡试,明清两代每三年在各省省城(尤为注意的是,包括京城)举行一次,主考官由皇帝委派,考中者正榜所取的称为举人,其中,第一名叫解元,第二名至第十名叫亚元。会试,明清两代每三年在京城举行一次,考试由礼部主持,皇帝任命考官,录取者为贡士,第一名叫会元。殿试,是皇帝亲自主持的考试,取中后统称为进士,第一甲第一名称状元,第二名称榜眼,第三名称探花。每一等级的应考,只有在前一等级被录取后方有资格。可见能参加会试、殿试考试之难。

乡试考期一般在秋季八月,故又称为秋闱。放榜之时,正值桂花飘香,故又称桂榜。会试于乡试的第二年举行,考期一般在春季二三月,故称春闱。宣布科举结果,即发榜时,一般会举办大型宴会、游街示喜、雁塔题字等活动。同时,同榜人在庆贺时,还要推举同榜少年二人作为探花使,探采花园之中的名花。例如,唐代孟郊几经落第打击,直到四十六岁终于考中进士,他回味参加科考历程的酸甜苦辣,写下了《登科后》一诗:"昔日龌龊不足夸,今朝放荡思无涯。春风得意马蹄疾,一日看尽长安花。"得意欣喜之情尽显于诗中。

在汉语成语中,有个"蟾宫折桂"的典故,说的是晋武帝泰始年间,吏部尚书崔洪举荐郄诜当左丞相。后来郄诜当雍州刺史,晋武帝问他怎么评价自己,他说:"我就像月宫里的一截桂枝,昆仑山上的一块宝玉。"意思是说,他的才能堪比月中之桂、昆山之玉。晋武帝大笑并嘉许他。后来,蟾宫折桂用来比喻考试得中。我们可以试想,明清两代科考在东长安街放榜,若同榜人推举探花郎骑马采花,木樨地可是个距离恰当之处。但有人会提问,会试不是在春季吗?春季哪来的桂花呢?前面已提到过,乡试也包括京城,乡试庆贺也有采花庆贺一说。此外,清朝除举办定年定期的正科考试外,凡遇到重大庆典,如登基、万寿等,会额外加开乡试、会试,即开恩科、加科。据统计,有清一代共开科一百一十二次,其中,例行正科八十四次,其余二十八次则属于恩科或加科。如果正科一般在春季,那恩科、加科或许时间有变也未可知。这样推测一般,木樨地的桂花不就派上大用场了吗。

古人喜爱桂花之情,不仅表现在科举考试中,也表现在日常生活之中,许多文人都用诗句表达对桂花的赞美。唐代诗人皮日休写道:"玉颗珊珊下月轮,殿前拾得露华新。至今不会天中事,应是嫦娥掷与人。"宋代杨万里写道:"梦骑白凤上青空,径度银河入月宫。身在广寒香世界,觉来帘外木犀风。"宋吕声之写道:"独占三秋压众花,何咏橘绿与橙黄。自从分下月中种,果若飘来天际香。"著名女词人李清照有诗曰:"暗淡轻黄体性柔,情疏迹远只香留。何须浅碧深红色,自是花中第一流。"

人们喜爱桂花,还因为桂花有着高贵、美好、吉祥、喜庆、团圆、收获等多重象征意义。桂花的"桂"与高贵的"贵"是谐音字。贵是价值高、分量重,值得珍惜与重视。贵也可以形容一个人在社会中的重要地位和关键作用,也可以指一件物品在人们心目中的位置,如价格昂贵、洛阳纸贵、"民为贵,社稷次之,君为轻"、达官显贵、贵族子弟、难能可贵、贵在自知之明等。"贵"字由中、一、贝三字组成。"贝"代表财富的价值高,物质上的富有还不能算是高贵,还必须有精神上的崇高追求。在中国传统文化中,"中"是一个具有深厚文化底蕴的字。"中"字的起源有多种说法。一般而言,"中"字的本意是一个表示方位的字,它是相对于上下左右、东西南北而言的。古人以中国的中为"居天下之中"意。受居中为尊观念影响,古代统治者将"中"作为统领四方、宾服四夷、居中而治的治国方略。古代思想家则将"中"作为一种"中庸"、"中和"的哲学概念,认为"不偏之谓中;不易之谓庸。中者,天下之正道;庸者,天下之定理",中的作用是为了和,和是中的结果,由中而致和是天下万事万物共生共存共荣的源泉。由此可见,中在古人心目中分量之重。再来看看"一"字。汉文化中对"一"这个数字非常崇敬,认为"一"

是万数之始、万物之祖、万事之源。道家学派认为"道生一,一生二,二生三,三生万物","一"代表物质世界的整体,是无所不包、威力无比的东西。一元更始、独一无二即是神秘的"道"。天下一统是统治者最高政治追求,天人合一是中国哲学的基本精神。这种特定的文化心理、思想内涵、价值取向,贯穿在中国古代几千年发展的历史长河中。综上所述,由中、一、贝组成的"贵",其深邃的意蕴就是非常珍重的物质财富与精神财富。桂花借"贵"字谐音,寄托的意义自然是不言而喻了。

桂花的喜庆吉祥寓意,也为人们所珍视。它是观赏性极高的名贵花种,每当花期来临时,满枝的繁花昭示着丰收季节在望,金黄色显示出特有的素雅高贵,沁人的清香使人神怡气爽。古人所认为的四大乐事,即久旱逢甘雨、他乡遇故知、洞房花烛夜、金榜题名时,其中,金榜题名的贵人之贺就相赠予桂花。古时还把桂花或与桂相关的珍稀物作为贡品,向朝廷供奉。在中国南方,有一种树木珍果叫"桂圆",因其种子圆黑光泽,种脐突起呈白色,看似传说中"龙"的眼睛,所以又称"龙眼"。新鲜的桂圆,肉质极嫩,汁多甜蜜,美味可口,深受人们喜爱。据说汉唐时,朝廷就派人征收并向西域馈赠桂圆。桂圆也是杨贵妃爱吃的鲜果之一,不过史书上记载的倒是杨贵妃食用荔枝之事。唐杜牧就有一首《过华清宫绝句》写道:"长安回望绣成堆,山顶千门次第开。一骑红尘妃子笑,无人知是荔枝来。"桂圆也好,荔枝也罢,唐玄宗执政后期对杨贵妃的宠爱和其生活奢靡是毫无疑问的。关于桂圆或龙眼,还有一个美丽的传说。很早以前,在福建一带有条恶龙,每逢八月海水大潮就兴风作浪,附近民众深受其害。当地有一个武艺高强的少年,名叫桂圆,他见恶龙为非作歹,决心为民除害。待到海潮即将来临时,他准备好酒肉食品放在岸边。恶龙一番折腾后,见到美食,果然大口吞食,没想到因酒力发作,恶龙不一会就动弹不得了。这时,桂圆举起钢刀刺向龙眼,恶龙痛醒后就要逃回,桂圆奋力骑上龙身,与恶龙英勇搏斗,恶龙终被桂圆杀死,但桂圆也因负伤过重永远闭上了眼睛。人们将桂圆手中攥紧的"龙眼"埋在地里。不久,这个地方长出了一种果品。为纪念桂圆的英勇事迹,人们将果品称为"桂圆",也叫"龙眼"。

桂花也有美好、团圆的象征意义。唐代白居易曾经担任杭州刺史,后又在苏州任刺史。他曾漫游江南,风光如画的江南美景在他心目中留下深刻印象。他在卸任回洛阳十余年后,写下了著名的《忆江南》词三首,第二首写道:"江南忆,最忆是杭州;山寺月中寻桂子,郡亭枕上看潮头。何日更重游!"词中的桂子即桂花也,以此表达对杭州的深深眷恋之情。宋代词人柳永曾作《望海潮·东南形胜》一词,词中有"重湖叠巘清嘉,有三秋桂子,十里荷花。羌管弄晴,菱歌泛夜,嬉嬉钓叟莲娃"句。相传后来,金国国主完颜亮听唱"三秋桂子,十里荷花"以后,便羡慕钱塘的繁华,从而增强了投鞭南侵灭宋的野心。为此,宋人谢驿还写了一首诗:"莫把杭州曲子讴,荷花十里桂三秋。岂知草木无情物,牵动长江万里愁。"可见桂花的魅力之大。《红楼梦》中有一个女性人物叫夏金桂,乃薛蟠之妻。这夏金桂长得有几分姿色,也识得一些文字,之所以叫金桂,是因为她家有几十顷地种着桂花。她家又称为"桂花夏家",非常富贵,田地财产且不说,仅"城里城外桂花局,俱是他家的,连宫里一应陈设盆景,亦是他家供奉",算得上是顶级皇商。可是,就是这个夏金桂,却枉称了这么一个美好的名字。她自小被娇养溺爱,养成骄横霸道的性情。嫁给薛蟠后,就连天不怕地不怕的"呆霸王"薛公子也惧她三分,被逼得躲出家门。她还百般凌辱丫鬟香菱,甚至欲将香菱毒死。不料鬼使神差,夏金桂自己却饮毒身亡,这"泼妇"落得个可悲下场。

桂花的"团圆"意蕴主要表现在桂花盛开的季节。正逢农历八月中旬,中秋节万家团圆,拜月赏花是中国民俗中非常看重的喜庆活动。宋代辛弃疾曾有词:"忆对中秋丹桂丛,花在杯中,月在杯中。"不过,虽说是人间喜庆团圆日,也有"阴晴圆缺",失意惆怅之憾事。唐李商隐描述《嫦娥》就有"云母屏风烛影深,长河渐落晓星沉。嫦娥应悔偷灵药,碧海青天夜夜心"之诗。其实,如若将嫦娥升天说成是有意偷食灵药而为之,那么她的美好形象就会大打折扣。另有版本的嫦娥奔月故事却十分动听。相传有一个名叫后羿的英雄,娶了美丽善良的嫦娥为妻,后羿到昆仑山访友求道时,巧遇西王母赐给仙药,服下此药能长生不老、升天成仙,后羿将此药交嫦娥珍藏。一个叫蓬蒙的人得知此药下落,趁后羿外出时,威逼嫦娥交出仙药。嫦娥为保此药不落入强人之手,危急中吞下仙药,身体立刻飘离地面、飞天而去,自此在寂寞的月中广寒宫里生活,陪伴她的只有一只玉兔。在灯火花烛、共享天伦之乐的团聚日子里,还是应当向月中嫦娥遥寄一份人间温情。

桂花的食用价值也有许多可圈可点之处。桂花性辛温,花、果和根皆可入药,有温肺化痰、散寒止痛的功效。桂花酒有开胃醒神、健脾补虚的作用,桂花茶亦可养颜美容、润喉明目。桂花是极好的食用材料,制作糕点、烹制菜肴、熬汤煲粥,加入适量桂花,可以使食品的味道更加甜美。

　　桂花糕的来历,有一个传说故事。说的是桂湖的桂花是杨升庵从月宫里采摘下来的。杨升庵何许人也?杨升庵即为杨慎,四川新都人,明代著名的三才子之首,东阁大学士杨廷和之子。父子二人都是年少成名,杨慎更是高中状元。杨慎为人性格秉直,因上疏抗谏,被明嘉靖帝谪戍云南,后在戍所逝世。杨慎博览群书,文采出众,词曲功力尤深,《三国演义》开篇词:"滚滚长江东逝水,浪花淘尽英雄。是非成败转头空,青山依旧在,几度夕阳红……"就是杨慎的作品,此词流传影响非常深远。一天晚上,杨升庵在书房里睡着了,魁星入梦,问他想不想上月宫折桂,杨升庵当然说想。于是,魁星便命西海龙王载他飞上月宫。杨升庵在月宫里见到一座宫殿和一株桂花树,他攀上桂树摘了桂枝,又乘龙回到书房。后来,他进京参加科考,果然得中状元。他的家乡新都有个名叫刘吉祥的小贩,从杨升庵桂花飘香的书房中得到启示,将鲜桂花收集起来,经加工处理,与蒸熟的糯米粉、甜糖、熟油拌和制成糕点,取名"桂花糕"。桂花糕一上市,便得到人们喜爱。如今,南方很多城市都有这种特产销售。

　　桂花酒的由来也很神奇。传说古时两英山下,住着一个卖山葡萄酒的妇人,她为人豪爽善良,酿出的酒味醇甘美,人们尊称她为仙酒娘子。一个冬天的早晨,仙酒娘子开门后看到门外躺着一个破衣烂衫、骨瘦如柴的汉子,仙酒娘子急忙将他背回家,灌汤喂酒施救。汉子苏醒后请求在她家暂住几天。仙酒娘子本来怕招来闲话,但看这汉子实在可怜,就点头答应下来。尽管招致别人议论,生意寡淡,仙酒娘子仍强忍痛苦,照顾那汉子。汉子待身体好转后却不辞而别,仙酒娘子放心不下,到处去寻找,碰到一个挑柴老人晕倒在山坡上。仙酒娘子想给他喂点水,却无处可寻,于是咬破自己的中指,将流出的血滴入老人口中,老人忽然不见了。一阵清风过后,从天上飞来一个布袋落在仙酒娘子面前,附着的字条上写道:"月宫赐桂子,奖赏善人家。福高桂树碧,寿高满树花。采花酿桂酒,先送爹和妈。吴刚助善者,降灾奸诈滑。"仙酒娘子恍然大悟,原来那汉子和这老人都是月中吴刚化身的。之后,仙酒娘子把桂花种子分给邻里,种出了许多桂花树,从此人间有了桂花酒。

由桂花还可联想一下木樨肉和臭鳜鱼这两道菜。木樨肉也有人误写为"木须肉",它是一道常见的特色传统名菜,其菜以猪肉片、黑木耳、黄瓜、玉兰片、黄花菜和鸡蛋等混炒而成,因热炒的鸡蛋色黄而散碎,类似木樨,即桂花而得名。此菜制作方便,原料容易购买,味道清新,营养丰富,口感鲜美,价格适宜,是家庭制作和外出点餐时一个不错的选项。至于臭鳜鱼,则是徽菜中一道比较有特色的代表菜,之所以提到它,是因为有人将臭鳜鱼的"鳜"误写为桂花的"桂"。鳜鱼是淡水鱼中比较名贵的鱼种,肉质鲜嫩,刺少色鲜,南方人情有独钟。唐代诗人张志和在探访湖州刺史颜真卿时,曾写下《渔歌子》一词:"西塞山前白鹭飞,桃花流水鳜鱼肥。青箬笠,绿蓑衣,斜风细雨不须归。"需要特意说明的是,此"西塞"是湖州的西塞,不是鄂州黄石的西塞。关于鄂州西塞,唐代刘禹锡有《西塞山怀古》诗一首:"王濬楼船下益州,金陵王气黯然收。千寻铁锁沉江底,一片降幡出石头。人生几回伤往事,山形依旧枕寒流。今逢四海为家日,故垒萧萧芦荻秋。"这首诗所忆的是三国归晋的往事。鳜鱼的烹调方法不止"臭鳜鱼"一种,"松鼠鳜鱼"也是一道名菜。这里又有一个典故。春秋战国时期,吴国公子光想要废吴王僚而自立,特意招募勇士专诸,先让他向烹制鱼炙的厨师学习厨艺。鳜鱼的鱼背用刀划出花纹后,再放入油锅中油炸,鱼背的花纹便会膨胀,做出的鳜鱼像一朵黄花,也像一条小松鼠,再放入调料烧炙,味道特别鲜美。公子光以请吴王僚赴宴之机,事先让专诸将一把锋利的短剑藏于鱼腹中,烹制的鳜鱼看不出有什么异样。专诸乘着端盘献鱼而接近吴王僚的时机,突然抽出鱼腹之剑刺杀吴王,这把剑后来就叫"鱼藏剑"。公子光乃是新吴王阖闾,他对助其登上王位的这道名菜非常喜爱。一次,宫人捧上鱼炙时,阖闾的贴身侍从好奇地问:"这是炙烤松鼠吗?"自此,"松鼠鳜鱼"的名字传开了。至于"臭鳜鱼"的做法,现在饭店一般是用臭腐乳作调料烹制,传统做法却流传着两个版本。一种说法是,把鳜鱼洗净晾干后,首先用细盐将鳜鱼里外抹一层,然后轻轻搓揉,再放花椒八角姜片辣椒粉,继续搓揉。将搓揉好的鱼放在一只干净盘里,上面找个重物压着,盖上盖子,放在一个透风处,保持温度在20—25度,一周后再拿出这个鱼来烧制,就能做出口味上好的臭鳜鱼。还有一种说法是,古时徽州一带百姓,冬天家家户户都要腌制芥菜,以备冬春蔬菜淡季时食用。冬芥菜装进坛子里,第二年春暖温度回升时,芥菜在坛子里发酵会出现一种臭味。一次,一个农户家在野外河塘里打了两条鳜鱼,农妇刚拾掇干净,准备烹烧,不料外面下雨,晾晒的物品需要抢收,农妇急忙中把鳜鱼放进了芥菜坛中,事后也忘了拿出来。过了几天,家中来客,一时找不出多少食材,农妇突然想起那两条鳜鱼,抱着试试看的心情,从坛子里捞出来,和着臭菜汤一烧,没想到奇香扑鼻,客人品尝也赞不绝口。至此,这一烧制方法也渐渐传开了。

由木樨地的由来展开想象的翅膀,一发而不可收,说了这许多。既然是想象和传说,难免有些异想天开、以讹传讹,不过用心读一读,也还有点味道。谁解其中味,全凭趣味心,把桂花美好的象征奉送给亲朋好友,是一件赏心愉悦之事,请君不妨一试。

白"霜"红叶总相宜

在大自然风云雷电、雨雪冰霜各种现象中,霜大概是引起人们关注最少的一种现象了。霜,落时不扰民,散时不留影,总是无声息地来,又静悄悄地去。因此,有"各人自扫门前雪,莫管他人瓦上霜"的说法,也有形容人毫无表情、极其冷淡的脸色为"冷若冰霜",也有歇后语说"霜打的茄子,蔫了"。

霜,汉字的解释为,接近地面的水汽遇冷在地面或物体上凝结成的白色细微颗粒,也指白色如霜的粉末或比喻白色。《说文解字》中有:"霜,露所凝也。士气津液从地而生,薄以寒气则结为霜。"在古典诗词中,霜的时间意象,一是与秋冬相联系,如柳永的《倾杯》中就有"鹜落霜洲,雁横烟渚,分明画出秋色"句;二是清晨的典型物象,如温庭筠的《商山早行》中有"晨起动征铎,客行悲故乡。鸡声茅店月,人迹板桥霜"句。霜也具有空间意象,如李白所写《塞下曲六首》其五:"将军分虎竹,战士卧龙沙。边月随弓影,胡霜拂剑花。""边月"、"胡霜",描写的便是边塞风光和战斗生活。霜还象征着恶劣的自然环境与社会环境,如李清照的《鹧鸪天》中"寒日萧萧上琐窗,梧桐应恨夜来霜",就有悲秋伤时之意;苏轼的《赠刘景文》诗中"荷尽已无擎雨盖,菊残犹有傲霜枝",称赞好友刘景文在恶劣社会环境下仍然不屈不挠、保持自身高洁品质的精神。此外,霜的意象还经常出现在描写旅途艰辛的游子诗中,成为触发思乡之情的一种媒介,如李白的《静夜思》:"床前明月光,疑是地上霜。举头望明月,低头思故乡。"李商隐的《九月》:"天边金掌露成霜,云随雁字长。绿杯红袖趁重阳,人情似故乡。"贾岛的《渡桑干》:"客舍并州已十霜,归心日夜忆咸阳。"范成大的《赠举书记归云丘》:"一枕清风四十霜,孤生无处话凄凉。"

在历法中表示自然节律变化的二十四节气中,"霜降"是个重要节气。它是秋季的最后一个节气,是秋季到冬季的过渡。霜降节气特点是早晚天气较冷,中午则比较热,昼夜温差大,秋燥明显。霜降时节,万物毕成,毕入于戌,阳下入地,阴气始凝。俗话讲"霜降杀百草",霜降过后,植物渐渐失去生机,大地一片萧索。这一季节,大型野兽忙于捕猎过冬,蛰虫活动减少,在洞中不动不食,准备进入冬眠状态。农业生产忙于秋收扫尾,农民开始备衣、贮粮、藏菜。

"孟姜女送寒衣"是中国古代民间四大爱情传说之一。相传,秦始皇时期江南孟家湾住着位孟员外,膝下无子。他在院内种了棵葫芦,枝蔓顺墙爬到了邻居姜家,蔓上结了个大葫芦。秋后,老员外与姜家商量,将大葫芦剖成两半,一家一半。不料,剖开葫芦后,里面有个可爱的女娃娃。两家协商由孟家抚养,取名孟姜女。孟姜女长到十八岁时,一天在花园池塘边,遇到因躲避徭役而藏身树丛中的青年范喜良,两人情投意合,孟家随后招范喜良为婿。不料,正当两人喜结良缘时,范喜良被官府发现,被兵抓走,送到北方去修万里长城。孟姜女日夜思念丈夫,心中痛苦万分。丈夫走后的第三年,天气渐冷时,孟姜女决心赶制寒衣,在入冬前亲自送到丈夫手中。寒衣制好后,她告别父母,踏上千里迢迢送衣的路途。从霜降到立冬,终于走到长城脚下,她四处打听寻找,有知情人告诉她,范喜良在一年前的冬天活活累死,尸骨埋在长城之下。孟姜女一听,悲痛欲绝,放声号哭,整整哭了七天七夜,那段埋范喜良的长城突然倒塌,露出一具白骨。孟姜女怀抱丈夫遗骨,纵身跳海殉夫。后来,孟姜女跳海的地方立了姜女坟,建了姜女庙,北方长城内外还将农历十月初一这天,称作"寒衣节"。

其实,认真考究起来,霜并不是可有可无的多余物,也不是"冷若冰霜"的无情物,霜对自然和社会生活的影响非常重要,其作用可细细道来。

霜使江山添锦绣。《诗经·秦风·蒹葭》一开头,就写道:"蒹葭苍苍,白露为霜。所谓伊人,在水一方。"河边芦苇青苍苍,秋深露水结成霜,是一幅情境幽远、洁净美好的风景图。在这如诗如画的景色里,想到意中人在河水的那一方,是多么令人心驰神往啊。古人描写霜后美丽秋景的诗句很多,如刘禹锡的"山明水净夜来霜,数树深红出浅黄",白居易的"晓晴寒未起,霜叶满阶红",张籍的"城西楼上月,复是雪晴时。幽光落水堑,净色在霜枝",李世民的"朝光浮烧野,霜华净碧空",陆游的"禹庙兰亭今古路。一夜清霜,染尽湖边树"等。在诸多诗词中,唐代杜牧所作的《山行》当数流传影响较广的一篇,诗曰:"远上寒山石径斜,白云生处有人家。

停车坐爱枫林晚,霜叶红于二月花。"杜牧二十六岁中进士,是晚唐杰出诗人,与李商隐两人对应于李白、杜甫,合称"小李杜"。其诗歌成就颇丰,尤以七言绝句著称,擅长咏史抒怀。《山行》一诗描绘的是秋之色,展现出一幅动人的山林秋色图。诗里写了山路、人家、白云、红叶,构成一幅和谐统一的画面。尤其是他发现在夕晖映照下,经过霜打的枫林,枫叶流丹,层林尽染,满山云锦,火红如霞,竟然比江南早春二月绽放的花朵还要鲜美,这是一片不似春光、胜似春光的景色,那火红的枫林呈现一派热烈蒸腾、生机勃勃的活力。诗人在此情此景中,停车驻足、流连忘返,既是欣赏美丽景象,也是展示豪情满怀、奋发向上的精神状态,读之令人激情燃烧,欲与共鸣。正是这首诗,引来了"爱晚亭"。

在湖南长沙湘水西岸,有一座著名的山峰,叫岳麓山。岳麓山是南岳七十二峰的尾峰,"山不在高,有仙则名",其山下有被列为中国古代四大书院之首的岳麓书院,山腰有被誉为"汉魏最初名胜,湖湘第一道场"的古麓山寺,山顶有云麓道宫。岳麓山古木参天,物华天宝,人文荟萃,闻名中外。爱晚亭就建在岳麓山下清风峡中。它始建于清乾隆五十七年,为清代岳麓书院山长罗典创建,原名为红叶亭。后由湖广总督毕沅,据"停车坐爱枫林晚,霜叶红于二月花"的诗句,更名为爱晚亭。爱晚亭古朴典雅,亭坐西向东,三面环山,紫翠青葱,流泉潺潺,池塘泛波。放眼远望,皆是枫林。亭前石柱上刻有湖南学监程颂万所撰的对联:"山径晚红舒,五百天桃新种得;峡云深翠滴,一双驯鹤待笼来。"东西两面亭棂所悬的红底鎏金"爱晚亭"匾额,字由毛泽东亲书。立于爱晚亭,观岳麓美景,犹如进入梦幻般的世界,令人心旷神怡,美不胜收,久久不愿离去。

　　其实,懂欣赏、爱枫叶的古人还真不少,如唐代张志和写有"枫叶落,荻花干,醉宿渔舟不觉寒",晚唐鱼玄机写有"枫叶千枝复万枝,江桥掩映暮帆迟",宋代杨万里写有"小枫一夜偷天酒,却倩孤松掩醉容",明代唐寅写有"我画蓝江水悠悠,爱晚亭上枫叶愁"等,表达了爱枫、惜枫、恋枫、醉枫的意蕴。说到此时,就该提提"香山红叶"了。

　　北京香山闻名遐迩,它是西山的余脉,西山又是太行山的一条支阜,古称"太行山之首",又称小清凉山。古时皇家贵族曾把这一带选为秋日狩猎和纳凉之地,兴致之余,也登山观景。据史籍记载,红叶作为香山最具特色的景观风物,迄今已有八百多年的历史。早在金元时期,红叶已成京西秋日景观。明清时期,到香山观赏红叶成为达官显贵、文人雅士的一大乐事。最早为香山红叶吟诗赋词的是金代人周昂,他曾经任过良乡县令、监察御史。周昂闲暇时,喜欢游历山水。有一年秋天,他与友人寻游香山,看到五彩斑斓的秋色,即兴赋《香山》一诗:"山林朝市两茫然,红叶黄花自一川。野水趁人如有约,长松阅世不知年。"到了元明时,观赏香山红叶已成时尚,"每至严霜日,都人结伴西行,于西山观红叶"。有的人为观赏红叶,还寄宿于山寺或农家小院。到了清代,康熙帝在前朝旧行宫的基础上建成"香山行宫",乾隆帝即位后又加以扩建,建成大小园林景观总共八十余处,其中钦题并赋诗的景观有二十八处,由此形成享誉京城的"静宜园二十八景"。乾隆帝的御制诗,对香山美景赞美有加,如"淡绿深红迷目色"、"绿叶看输红叶多"、"飘绿霏红都过了,是真天女散花时"等等。乾隆帝曾先后两次在香山举办规模盛大的生日庆典，挑选七十岁以上老人参加宴会，并向每位老人赠送两片由他于前一年亲自挑选、制作的精美红叶，得到此红叶的老人无不视之为殊荣。随着时代的变迁，香山许多景点越发放射出璀璨夺目的光芒。其中，比较有史学和文化价值的当为"曹雪芹西山故里"。曹雪芹在隐居西山十多年时间里，以坚忍不拔的毅力，写成巨著《红楼梦》。该书是古典文学创作的一座高峰，是一部明清社会文化生活史的真实写照，思想性、艺术性为世人极力推崇。曹雪芹故里位于北京植物园黄叶村，北京植物园所在地在清代属正白旗旗营，也是曹雪芹生活、著书《红楼梦》之地。走进故里小院，《红楼梦》中那些栩栩如生的艺术形象，似梦幻般在脑海中闪现，伟大的历史文化和优美的自然生态此时此地得到完美的融合，使人情不自禁也融入其中。在享受如诗如画的美妙情境中，我想霜的作用也是功不可没的。

霜使食材多美味。民间习俗中，有霜降吃柿子的说法，据说这与明代皇帝朱元璋有关。朱元璋小时候家中十分贫困，经常吃了上顿没下顿。有一年霜降时节，朱元璋连冻带饿晕倒在野外，醒来时突然看到附近一棵柿子树上结满了红彤彤的柿子。朱元璋爬起身，摘了树上的柿子饱餐一顿，顿感神清气爽。后来，朱元璋登上皇位后，有一年霜降时，领兵再次路过那个地方，发现那个让他活命的柿子树还在，他当即脱下身上的红战袍披在柿子树上，还将它封为"凌霜侯"。这个故事在民间流传开后，就逐渐形成了霜降吃柿子的习俗。且不论这个故事的真假，霜降吃柿子确是传统并大有益处。

俗话说"霜降吃柿子，不会流鼻涕"。霜降前后是柿子的最佳成熟期,柿子个大、皮薄、汁甜,营养价值很高。它含有胡萝卜素、维生素 C、葡萄糖、果糖,以及碘、钙、磷、铁等矿物元素。秋天干燥时节,柿子能有效补充人体养分及细胞内液,起到清热润肺、生津止渴的作用。柿子含有大量的维生素和碘,能治疗缺碘引起的地方性甲状腺肿大;柿子中的有机酸等有助于肠胃消化,增进食欲;柿子还有助于降低血压,软化血管,并且能活血消炎,改善心血管功能;喝酒过量的人,吃个柿子能促进血液中乙醇的氧化,帮助肌体排泄酒精等。有谚语告诉人们"霜降摘柿子,立冬打软枣","霜降不摘柿,硬柿变软柿"。但摘柿子时,常常要留几个挂在树上,一说是喂鸟积德;二说是鸟在授粉、除虫时有功,应该有所报答;三说是柿子摘光谐音"死光",不太吉利。此外,柿子一次也不能多吃,因为它属寒凉性的食物,吃得过多,容易出现腹泻等肠胃不适,再有它含糖量高,吃多了易出现血糖升高。除树上现摘的柿子外,柿子还可加工做成柿饼。柿饼表面通常覆盖一层薄厚均匀的白霜,那是果肉干燥时随水分蒸发而渗出的葡萄糖和果糖的凝结物,也称柿霜。柿霜含有多种营养成分,堪称柿饼的精华。

　　不仅柿子如此,不少蔬菜、瓜果表层都沉积着一层叫作蜡质的白霜,对植物起一定的保护和保湿作用。例如,冬瓜的白霜,能反映冬瓜的成熟度。新鲜瓜果,白霜较多。葡萄上的白霜,可以减少葡萄表皮上的水分蒸发,增添葡萄的新鲜度,而且这种白霜含有齐墩果酸,能起到护肝的作用,因此有说法"吃葡萄不吐葡萄皮"。李子、西梅、蓝莓的表面也会有一些白霜,新鲜的苹果拿在手上摸到一种滑腻感,原因就在于水果分泌的这些糖醇类物质。在农村生活的人或经常购买蔬菜的人知道,青菜在下霜过后会变甜。这是因为霜后气温下降,青菜为避免自身细胞被冻坏,就要想办法保护自己。因为青菜里含有淀粉,淀粉本身是不甜的,而且不容易溶于水,但温度降低后,青菜里的淀粉就在体内淀粉酶的作用下,经水解作用变成麦芽糖酶,又经过麦芽糖的作用,变成葡萄糖。葡萄糖容易在细胞液水中溶解,这就降低了细胞液的冰点,使细胞不容易冻坏,既保护了青菜自身,又使青菜有了甜味,吃起来味道十分可口。菠菜、白菜、萝卜等吃起来也是同样的道理。霜也能使埋于地下的"水果",如地瓜、红薯等去掉身上的土腥味,变得又香又甜。

在北方地区,霜降前后,牧民们就要抓紧打草,为喂养牲口贮备过冬的草料。有的地区还有霜降期间"敬耕牛"的习俗。因为农耕社会,牛是农家的命根子,"牛通人性",霜降时节,秋收基本完工,为了感谢牛辛勤的耕耘,就在这个期间用上好的草料喂它,同时禁牛力、禁鞭笞,让牛也能享受一下劳累和收获之余的快乐时光。

值得注意的是,鸡蛋和有些水生植物表面也带着霜。其实,鸡蛋表面的白霜是一层保护膜,它起封闭蛋壳上气孔的作用,既能防止细菌进入鸡蛋内,又能防止蛋内水分蒸发,保持蛋液鲜嫩。诚如是,鸡蛋皮上的那层霜还是不擦为好。海带本身含有的甘露醇出水风干后,会附着在海带表面,看上去像白霜,有点甜味。甘露醇具有利尿和消肿作用,可减轻肾脏负担。由于甘露醇溶于水,所以海带在水中浸泡时间长了,会降低营养价值。懂行的厨师会将海带先放在蒸笼里干蒸,再用水冲洗,这样加工的海带就既嫩又脆了。由此看来,要使舌尖上的味道更甜美,需要人们仔细关注食材上的那层霜。

霜使邪毒远遁形。在中国古代神话传说中,青女,又称青霄玉女,是掌管霜雪的女神。《淮南子·天文训》记载:"至秋三月……青女乃出,以降霜雪。"唐李商隐有诗口:"青女素娥俱耐冷,月中霜里斗婵娟。"据传,很久以前,有一位叫武罗的姑娘曾协助黄帝战胜蚩尤被封为青要山女神,掌管人间婚姻。大战过后,到处血雨腥风,山瘴毒雾,加上天气炎热、酷暑高温,百姓受邪毒侵袭,百病滋生,瘟疫流行。武罗女神为了给人们消灾祛病,净化人寰,特意到广寒宫请来降霜仙子青女。青女本是月中吴刚仙人的妹妹,名叫吴洁,在广寒宫司降霜飞雪的仙子。青女应邀来到人间,站在青要山中心最高峰上,手抚一把七弦琴,妙手拨出清音,霜粉雪花便随着颤动的琴弦飘然而下,气温降低了,大地洁净了,邪气污秽、山瘴毒雾逃得无影无踪。人们的灾病很快就好了,过上了安居乐业的幸福日子。从那时起,每年三月十三日、九月十四日,青女要两次霜降人间,使得四季分明、五谷丰登。为此,在武罗的安排下,人们在青要山峰下,特意为青女建造"冰清阁",在霜降之日前来供奉之人络绎不绝。

其实,霜能败火祛毒并不完全是神话,中国传统医学中医理论中有过准确记述。《红楼梦》第六十四回中有"茉莉粉替去蔷薇硝,玫瑰露引来茯苓霜"的情节,赵姨娘内侄欲娶柳五儿,柳家父母同意但五儿不愿,父母未敢应允,钱槐气愧,偏与柳家相与。柳家欲回,其哥嫂送给柳五儿茯苓霜。原来这茯苓霜是广东的官员到贾府拜访,送了两篓子,顺带给门上人一篓作门礼,因此柳家哥哥得了一小包。书上写道:"这怪俊的白霜儿,说第一用人乳和着,每日早起吃一盅,最补人的,第二用牛奶子,万不得,滚白水也好。我们想着,正宜外甥女儿吃。"

　　说起茯苓霜，就得先说茯苓，它是多孔菌科寄生植物茯苓的菌核，常常寄生在植物赤松或马尾松根部，唐朝诗人李商隐写过"碧松之下茯苓多"的诗句。茯苓有滋补健脾胃、宁心安神的功能，而用白茯苓制成的茯苓霜又是茯苓的精华。黄帝与医师高阳负对话，称茯苓为"四时神药"。孙思邈《枕中记》载："茯苓久服，百日病除。"李时珍《本草纲目》载："茯苓生津液，开腠理，利小便。"在中药四君子汤、开胃汤、六味地黄丸、金匮肾气丸、牛黄清心丸、健身全鹿丸等诸多方剂中均有茯苓。据说，大禹治水期间，以茯苓为粮充饥，并治愈了工匠的肠胃疾病；苏轼曾用茯苓、芝麻治疗痔疮；成吉思汗用茯苓治疗众多官兵所患之风湿病；慈禧太后长年以茯苓饼养生保健。至今，时常可见街市上制作和售卖茯苓饼、茯苓膏。

　　在带"霜"字的药物中，有一种药叫"金鸡纳霜"，又称"奎宁"，它是防治热病，尤其是治疗疟疾的特效药，为热带地区的必需品，其主要成分是用金鸡纳树的树皮研磨而成。据说 17 世纪，秘鲁首都利马经常发生疟疾，威胁人们的生命。当地印第安人找到一种医治疟疾有特效的树皮，称之为"生命之树"，并规定谁泄露了秘密，便处以死刑。1638 年，担任秘鲁总督的西班牙钦琼伯爵和夫人金鸡纳来到利马。不久，金鸡纳夫人患了一种严重的冷热病，什么药也治不好，于是请来印第安姑娘珠玛照料。金鸡纳的病一天重似一天，珠玛姑娘出于同情，冒着生命危险采来"生命之树"的树皮，让夫人煎服，服后夫人的病果然好了。为此，钦琼伯爵和夫人与珠玛姑娘建立了深厚感情。第二年，"生命之树"便被移植到欧洲，植物学家把它改名为"金鸡纳树"。后来，经科学家对这种树皮的精心研究和试验，发明了闻名世界的治疗疟疾的特效药，取名

"金鸡纳霜"。

在中国,有一种中药叫"西瓜霜",它清热泻火、消肿止痛,主治咽喉肿痛、喉痹等。西瓜霜为葫芦科植物西瓜的成熟果实与芒硝经加工而成的白色结晶粉末。据说它的具体做法是,取新鲜西瓜,沿蒂头切一厚片作顶盖,挖去瓜瓤及瓜子,将芒硝填入瓜内,盖上顶盖,用竹签插牢,放入瓦盆内盖好,置于阴凉通风处,待析出白霜时,随时刷下,直至无白霜析出为度。如今,西瓜霜治成润喉片,能起到润喉、保护嗓子的良好作用。可见,"霜"对人们的身体保护作用不可低估。

霜使人间增美色。自古以来,人们涂脂抹霜、美容化妆的习俗就已存在。《诗经·卫风·伯兮》中曰:"自伯之东,首如飞蓬。岂无膏沐,谁适为容?"意思是自从丈夫出行东征之后,妻子在家无心梳妆打扮自己,任由头发生长得像蓬草一样,不是因为没有膏脂和润发油,是因为化妆后给谁看这姣好面容呢?魏晋南北朝时,已经能制作和使用红色胭脂。唐朝时期,化妆之风尤为流行。如唐宇文氏《妆台记》记载:"美人妆,面既敷粉,复以胭脂调匀掌中,施之两颊……以粉罩之,为飞霞妆。"唐武则天常用一种名叫"神仙玉女粉"的"美容御药"来养颜,它的成分包括益母草、面粉、滑石粉等。

古代女性为了增加肌肤美白,达到面若敷霜的效果,常用米粉和铅粉作原料。铅粉又叫铅华,相当于如今的粉底霜,只是它含有铅的成分,经常抹会使脸色发青。铅粉最早出现于汉代,后来被广而用之。南北朝时,宋武帝有位女儿寿阳公主,生得十分美貌。一天,她在宫殿的檐下小憩,一阵风吹过来,几瓣梅花落在她的额头上。梅花渍染,留下花痕,寿阳公主容貌显得更加娇柔妩媚,宫女们见状，都忍不住惊呼好看。自此，寿阳公主常把梅花贴在前额，这种打扮被称为"梅花妆"。由于梅花有季节性特点，后来，人们又采集黄色的花粉制成粉料，用以化妆。这种粉料，便叫作"花黄"或"额花"。《木兰诗》中就有"当窗理云鬓，对镜贴花黄"句，说的是木兰女扮男装，替父从军，获胜而归，还变女儿妆的故事。后人还将未婚嫁的少女称为"黄花闺女"。明代《本草纲目》记载，当时有富贵人家已用珍珠粉润肤。之后，又用珍珠加香粉敷面。

　　春秋时期的名士豫让有句名言为："士为知己者死，女为悦己者容。"此句被司马迁在《报任安书》中引用。"女为悦己者容"形容女性为了喜欢自己的人或者自己喜欢的人而精心打扮。古时如赵飞燕、杨玉环等为取悦君王而精心化妆的事例很多。其实，古时不光是女人化妆打扮，男子也有敷粉化妆的要求。汉朝时，就有男子敷粉的记载。汉惠帝的男侍们有"不敷粉不得上值"的规定。魏晋南北朝时，敷粉成了士族男子中的时尚。三国时，魏国尚书何晏非常爱美，出门前必化妆，因此有"敷粉何郎"的雅号。曹操之子曹植也是爱美之人，常以脂粉敷面。唐代时，皇帝还在重要礼节时给大臣分赐化妆品。中国古代号称有四大美男子，即潘安、兰陵王、卫玠、宋玉或嵇康。他们共同的特征是才貌双全、品行端庄，深受当时人们喜爱。潘安，是西晋时期著名的文学家，因他出众的相貌和过人的才学，受到人们普遍夸赞。他每次走在街上，都会有女性追着他的车子献花，还将新鲜的果品投掷到他的车上，后来形成"掷果盈车"的典故。此后，形容长得俊美的男人往往用"潘安之貌"。

　　安徽黄梅戏中有一出经典剧目叫《女驸马》。民女冯素珍与李兆廷自小青梅竹马，两家为他俩订下婚约。没想到李兆廷落魄后，冯家悔婚并诬陷李兆廷为盗,把他押往官府入了牢房,又把冯素珍许配给当朝权臣之子。冯素珍为逃婚并搭救李公子,女扮男装进京城,考中了头名状元。皇上看其才学过人、貌似潘安,就招为驸马。洞房中,"女驸马"冯素珍向公主哭诉缘由,取得公主谅解和同情,又一道说服皇上,免了冯素珍欺君之罪,并召李兆廷进京与冯素珍完婚。此剧剧情曲折、唱腔优美,久演不衰。

生于魏晋时期的卫玠,自幼神态就异于常人。卫玠年少时乘羊车到街市去,看到他的人都以为是玉人。骠骑将军王济是卫玠的舅舅,英俊豪爽、姿容绰约,但每次见到卫玠,就叹息珠玉在身旁,觉得自己形貌丑陋。卫玠的岳父乐广名声很高,时下人则评说:"岳父像水一般清明,女婿像玉一样光润。"

长得如"玉一般"的美貌男子在《红楼梦》中当数贾宝玉和甄宝玉两人,他俩外貌长得几乎一模一样,都是"面如敷粉,唇若施脂;色如春晓之花,鬓若刀裁,眉如墨画,鼻如悬胆,睛若秋波。天然一段风韵,平生万种情思"。其实,大观园中的女孩儿个个如花似玉,金陵十二钗更如天仙一般。这些女孩儿不仅天生美貌,而且很懂得化妆,就连服侍小姐们的丫鬟也会用蔷薇硝治"春癣"。贾宝玉兴趣使然,对蜜粉、胭脂等的制作也很有考究。例如,他说蜜粉一定要用"紫茉莉花种,研碎,兑香料制的",不要用外面买的。平儿认为在理,说是这样扑在脸上"容易匀净",并且"润泽肌肤",不像外面粉"青重涩滞"。

令人惊异的是,古代女子有的为了增加美白效果,竟然服用砒霜。砒霜,化学名为三氧化二砷,是人类历史上最古老、使用最频繁的毒药,《水浒传》中潘金莲喂病中武大郎喝下去的中药就加入了砒霜，武大郎喝后七窍流血而死。砒霜无色无味，加入食物或者饮品中，每次吃量不超过三十毫克，确能起到增白之效，不过，这是冒着人体中毒、伤害性命之险的。当今社会随着科学知识的普及和科学技术的提升，人们当然不会再吃砒霜美白，各种霜膏，如清洁霜、润肤霜、防晒霜、保湿霜、抗皱霜、祛斑霜及各种面霜，还有灵芝霜、珍珠霜、人参霜、银耳霜、胎盘霜等营养霜应运而生，为人们化妆美容提供多种选择。

关于化妆，还有两个有意思的典故。一个典故是唐宝历年间，士子朱庆馀参加进士考试前夕，心中忐忑不安，按时兴"行卷"的做法，把自己的诗篇投赠给水部员外郎张籍，请他看自己的作品是不是符合主考官的要求。但为了使这种想法不要说得太直白，让别人知晓，朱庆馀借一位新娘的口吻，把张籍比作新郎，把主考官比作公婆，写出一首含意比较隐晦的诗，即为："洞房昨夜停红烛，待晓堂前拜舅姑。妆罢低声问夫婿，画眉深浅入时无。"朱庆馀呈现的这首诗获得张籍明确的答复，在《酬朱庆馀》中，他写道："越女新妆出镜心，自知明艳更沉吟。齐纨未足时人贵，一曲菱歌敌万金。"赠诗用同样的手法，将朱庆馀比作一位采菱姑娘，相貌既美，歌喉又好，因此，必然受到人们的赞赏，暗示他不必为这次考试担心。

还有一个典故是说苏轼在任杭州通判时，一天陪朋友游览西湖，先是天气晴好，后又下起了雨，主客同饮湖上，看着西湖风光因晴雨的变化，更添一番美景。于是，苏轼写下《饮湖上初晴后雨》这首流传千古的名诗："水光潋滟晴方好，山色空蒙雨亦奇。欲把西湖比西子，淡妆浓抹总相宜。"这首诗明里是写西湖美景，暗里却是赞美一位美丽的少女歌伎王朝云。王朝云当年才十二岁，莺歌燕舞,才色绝佳,苏轼见之惊其美貌和气质,因而将王朝云比作心中的西施姑娘。她的妆容,不论是淡淡的素雅还是浓浓的艳丽,都是那么自然相宜、美丽动人。苏轼之后将王朝云买回家作了侍女,在王弗、王闰之两位妻子相继去世后,纳王朝云为妾,红袖添香,给苏轼曲折坎坷的人生带来了些许安慰和乐趣。只可惜,王朝云三十四岁时早逝,苏轼之后再未续娶。尽管两人没能相伴终生,但说起来这也是一段佳话。特别是杭州西湖被比作"西子"的名气传开,使美丽的西湖给游人更添美好丰富的想象。

霜使骨硬志愈坚。霜重色愈浓,危难见英雄。历史上,那些傲雪凌霜、饱经风霜的人,往往练就了铮铮铁骨和钢铁一般的意志。初唐诗人王勃在《滕王阁序》中写道:"嗟乎!时运不齐,命途多舛。冯唐易老,李广难封。"冯唐是汉代著名将军,非常有才干,但机遇总是不垂青于他。他年轻时,遇到的汉文帝喜欢老成持国的人,因此,他备受偏见、排挤。到了汉武帝时,武帝喜欢热血沸腾、活力四射的年轻人,冯唐又因无私倔强、敢于直言,多次被罢官坐冷板凳。后来,匈奴人屡屡犯边,汉武帝广征人才,有人推荐冯唐,可此时冯唐年事已高,报国之志终于难酬,但他一颗矢志报国、心驰边关的雄心仍在。李广也是一名有本事的战将,一生作战无数,但关键时候,总是丧失立功建业的机遇,所以一直到李广自杀,都没能封侯拜相,但他"飞将军"的威名却仍然响亮,"但使龙城飞将在,不叫胡马度阴山"、"君不见沙场征战苦,至今犹忆李将军"都是为李广而点赞。

曹操一生顶雪冒霜、南征北战,晚年写下《龟虽寿》一诗,其中有"老骥伏枥,志在千里。烈士暮年,壮心不已"等名句。他把自己比着一匹上了年纪的千里马,虽然进入"暮年",但胸中仍然燃烧着驰骋千里的激情,深刻地反映他老当益壮、自强不息、锐意进取的精神气概。这一名句,后来成为激励年龄虽大,但仍不甘衰老、雄心未泯的人们的座右铭。

宋代大文豪苏轼,抱负远大、才干过人、情怀高尚,却命运多舛、屡遭磨难,即便如此,也始终没有怨天尤人、向命运低头。他把满腔豪情和忧国忧民的关切,寄寓其词作之中,写出"酒酣胸胆尚开张。鬓微霜,又何妨!持节云中,何日遣冯唐?会挽雕弓如满月,西北望,射天狼"的名词,表达虽然两鬓染霜,但仍能随时听从朝廷派遣,亲赴沙场杀敌的英雄情结。

南宋还有一位爱国诗人陆游,一生最大的愿望就是驰骋疆场、奋勇杀敌,为收复北方失地不懈奋斗。但南宋朝廷偏安一隅、一味求和,使陆游报国之志难以实现。于是,他在《书愤五首·其一》中写道:"早岁那知世事艰,中原北望气如山。楼船夜雪瓜洲渡,铁马秋风大散关。塞上长城空自许,镜中衰鬓已先斑。出师一表真名世,千载谁堪伯仲间!"这首诗是陆游晚年最重要的作品之一,真实地反映了他报国无望、英雄泪目,因而内心愤恨不已的情感。

在戏剧《杨门女将》中,佘太君挂帅亲赴杀敌一线,曾有一段唱词:"百岁人哪顾得,征鞍万里,冷夜西风,白发凝霜,杨家将誓保三关……"唱出了巾帼不让须眉的英雄气概。

提起饱经风霜,"张骞出使西域"是一个重要的历史事件。汉武帝刘彻在位时,招募使者出使大月氏,欲联合大月氏共击匈奴。张骞应募任使者,于长安出发,一路风餐露宿、披星戴月,匆匆穿过河西走廊时,不幸被匈奴骑兵抓获,被扣留长达十年,后乘匈奴人不备而逃脱,继续为完成使命而奔波。前后历经十三年,饱经风霜之苦,终于回到汉朝。这次出使,虽然没有达到原来的目的,但对于西域的地理、物产、风俗习惯有了比较详细的了解,为汉朝开辟通往中亚的交通要道提供了宝贵资料。不久,张骞协助卫青作战,"知水草处,军得以不乏",被汉武帝封为"博望侯"。汉元狩四年,张骞又奉命第二次出使西域,前后历经四年而归。汉通西域,虽然起初是出于军事目的,但西域开通以后,它的影响已远远超出军事范畴。从西汉的敦煌,出玉门关,进入新疆,再由新疆连接中亚、西亚一条横贯东西的通道,就是后世闻名的"丝绸之路"。"丝绸之路"把汉民族与中亚许多国家联结成一条纽带,促进了相互之间的政治、经济、军事和文化的交流,具有深远的历史意义和战略意义。中国的蚕丝和冶铁术传至西域,促进了人类文明的发展进步,而西域的一批植物和乐曲、乐器引入中国,对汉民族农业发展和文化生活的丰富也有很大促进作用。

唐代贞观年间,有一位高僧玄奘西行取经。据史书记载,玄奘西行,往返十七年,旅程五万里,所历"百有三十八国",带回大小乘佛教经律论共五百二十夹,六百五十七部。其间,他跋山涉水、饱经风霜,历经千辛万苦、种种磨难,终于获得功果,为弘扬佛家教化、促进文化交流作出卓越贡献。中国古典名著《西游记》中的唐僧,原型就是高僧玄奘,不过玄奘倒没有唐僧那样胆小怕事。

历史上,像战国时期赵国名将李牧长期驻守边关抗击匈奴,唐代大诗人杜甫大半辈子颠沛流离、饱受战乱之苦,明代大文学家徐渭一生命运多舛等例子数不胜数,名人们可谓是"饱经风霜"。还有唐代诗人张继,考中进士后尚未被铨选任用,不到两年时间,就逢安史之乱爆发,不少文士纷纷逃往江南躲避战乱,其中也包括张继。一个秋天的夜晚,他在泊舟苏州城外的枫桥边时,写下了《枫桥夜泊》一诗:"月落乌啼霜满天,江枫渔火对愁眠。姑苏城外寒山寺,夜半钟声到客船。"江南水乡秋夜幽美的景境,难以安抚这位饱经风霜、战乱之苦,又未受任用、孤寂客子的愁郁感受。当然,张继后来还是被朝廷录用,因为才能不错,从检校员外郎做到检校郎中,再升迁至洪州盐铁判官,终是有了用武之地。

　　综上所述,霜对人类文化、生活和保护的作用真是不可小视。它使人们精神和物质生活更有品位、更有美味、更有滋味、更有鲜味,也更有回味。无论是面如粉霜的年轻人,还是白发如霜的老年人,其实生活中都离不开霜。既然如此,何妨多了解一些霜,多关注一些霜,多创造一些霜,让冷冷清清的霜也能感受到来自人间的善意和关爱,也让霜为人类美好生活增添新的美景和活力吧。

"田"里收成有几何

　　"田"字的本义为种植农作物的土地,后延伸至和农业有关的东西。田是个象形字,字形像在一大片垄亩上画出三横三纵的九个方格,表示阡(竖线代表纵向田埂)陌(横线代表横向田埂)纵横无数的井田或沟浍四通的一块块农田。阡,指田地中间南北方向的小路;陌,指田地中间东西方向的小路,阡、陌两字组成词组,即指田地中间纵横交错的小路。《战国策》说商鞅"决裂阡陌,教民耕战"。《史记》中记载,商鞅"为田,开阡陌封疆,而赋税平"。曹操在《短歌行》中写道:"越陌度阡,枉用相存。"《说文解字》注曰:"田与陈古皆音陈。凡言田田者,即陈陈相因也。田即陈字。陈者,列也。取其陈列之整齐谓之田。"汉乐府《江南》写道:"江南可采莲,莲叶何田田。鱼戏莲叶间……"田田,这里是形容荷叶相连的样子。意思是说江南又到了适宜采莲的季节,莲叶浮出水面,挨挨挤挤,重重叠叠,迎风招展,欢快的鱼儿在莲叶下面不停地嬉戏。与此相近,还有唐李商隐的诗句"对影闻声已可怜,玉池荷叶正田田",明陈荐夫的诗句"荷叶田田柳叶垂,千船万船多女儿"等。

自古以来,人们的生存发展就离不开田。同时,从文化内涵来看,中国古代"天人合一"的思想与人们的生活环境紧密相关,对天地的认识是"天圆地方",田字的形体便也象征着土地。田或土地是农作物,乃至所有陆上动植物生存之母,所以,人们关心"田"里的收成,也就是在关心自身的生存发展。这篇小文要谈的,并不是田地农作物的自然收成,而是从历史文化的视角,看看"田"对社会发展的作用和贡献,以及在"田"字上发生的有趣味的事。

"田"字演化很多有意义的字。在汉字字典中,带"田"字偏旁部首的字至少在八十五个以上,含有"田"字或由"田"字演化出的字更多。

首先,来看一下"冀"字。冀字本意是指希望、期望。相传大禹治水时,将天下分为九州,冀州是古九州之首,这在《国语·鲁语》和《史记·孝武本纪》中均有记载。冀,如今还是河北省的简称。冀州是个人杰地灵的地方。根据《尚书·禹贡》记载,古冀州包括现在的北京、天津、河北、山西、河南北部,以及辽宁、内蒙古部分地区。《三国演义》写到袁绍占冀州,地方千里,拥兵百万,从韩馥手里接管的一流人才就有沮授、田丰、张郃、高览、颜良、文丑等。其实,赵云也是冀州人,只不过他之后为刘备所得。冀字,由北、田、共三个字组成。一说在远古时期,华北平原还在形成期的时候,这里人烟稀少,周围部落都可来此活动,是共有之地,称之为冀地。但这种说法似乎并没有把希冀,即希望的含义说清楚。我们不妨再做深入分析。北者,在古汉语中同"背",即相背离或相反的方向。田者,田地也。《诗经·小雅·北山》中有"普天之下,莫非王土;率土之滨,莫非王臣",前半句的意思是井田制下一切土地归国王所有,后半句说的是分封制下各诸侯都是君主之臣,需拱卫王室。井田制是中国古代社会特有的土地国有制度,出现丁商朝,到西周时已发展得很成熟。西周时期,道路和渠沟纵横交错,把土地分割成方块,形状像"井"字,因此称作"井田"。井田属周王所有,通过领主分配给庶民使用。领主不得买卖和转让井田,还要交一定的贡赋。领主强迫庶民集体耕种井田,周边为私田,中间为公田,即公共耕作之田。"古者三百步为里,名曰井田","井田者,九百亩,公田居一"。换言之,一个单位的井田有九百亩,中间一块公田由大家无偿代耕,收成全归领主所有,周边的八块私田分给庶民耕种,收获由领主与庶民按规定比例分成。由此,那个背着公共之田的私田收成越好,庶民所得就越多,大家也把希望寄托在这里,这就是"冀"字的深层含义。

其次,来看看"由"字。由的基本字义,有原因、自(从)、顺随、听从、归属、经过、凭借等意思,平常用得较多的有自由、理由、由于等词组。魏晋时期,有嵇康、阮籍、山涛、向秀、刘伶、王戎和阮咸七位贤人,经常聚在当时的山阳县竹林之下,不拘礼法、喝酒、纵歌、肆意酣畅。他们中多人不愿出仕朝中,而愿意过着无拘无束、自由自在的散淡生活。他们以自己的才学创造大量的作品,继承了建安文学的精神,被后人称为"竹林七贤"。宋朝初期,宋太祖赵匡胤采取各个击破的战略,先后攻灭荆南、湖南、后蜀等国,南唐岌岌可危。南唐后主李煜派大臣徐铉到汴京求和。徐铉是能言善辩且有胆识之人,他见到赵匡胤就说,南唐多年事奉大宋诚惶诚恐,各种礼仪都非常周到、恭敬,实在没有什么罪名,但大宋却非得攻灭南唐,这总得给个理由吧!赵匡胤很霸气地回答道:你不要多说了,江南是没有什么罪,但天下现在要归于一统,"卧榻之旁,岂容他人鼾睡"?徐铉听了这个话,顿时哑口无言,他知道这已不是给不给个理由的问题。既想灭之,何患无辞。明朝末年,李自成率农民起义队伍一路闯关夺隘,直趋北京城下。眼见京都不保,崇祯皇帝心急如焚,他听说前门有个测字先生很是灵验,就想知道吉凶情况。崇祯乔装打扮成普通人,来到测字先生摊位前,测字先生问他所测何事,他答测大明前程,测字先生让他写一字,崇祯帝想了一下,在纸上写了一个"由"字。测字先生看后认为,由者,田字出头也,种田人要出头,对皇权来说不是好兆头。崇祯帝又写出一个与由谐音的"友"字。测字先生看后又道,友者,反字两边出头也,预示着种田人已经起来造反,并成了气候。崇祯帝再写一个"酉"字。测字先生看了不敢回话,崇祯帝让他但说无妨。测字先生解道,酉者,尊字去头去尾也,尊是九五之尊,即为皇上,而尊除去头尾,皇上乃凶多吉少。崇祯帝听后,默然无语,回宫后不久,即跑到煤山自缢而崩。

　　再看由"田"、"心"组成的"思"字。思的本义是深想、考虑,由此引申出怀念、悲伤、意念、创作的构想等义。其实,最早的思字,上半部并不是田,而是一个"囟"字。"囟"是指囟脑门,婴儿头顶骨未长合拢合缝的地方。后来,隶书书写变化时囟被讹变为田。心、田为思倒也很有意思。《诗经·小雅·采薇》中写道:"昔我往矣,杨柳依依。今我来思,雨雪霏霏。行道迟迟,载渴载饥。我心伤悲,莫知我哀!"意思是说,回想当初出征时,杨柳依依随风吹拂。如今回来路途中,雨雪漫天飞舞。道路泥泞难走,又饥又渴十分劳累。我的心充满悲伤忧戚,我心哀痛谁能休会知道? 这是对征役战争给人们带来痛苦的沉重思考。历史上,有几位名字含"思"字的人物都做山了了不起的成就。唐代医药学家孙思邈,医德高尚,重视养生,济世活人。朝廷曾下令征孙思邈为国子监博士,被他拒绝。他在太白山潜心研究道教经典,探索养生之道,同时博览众家医书,研究古人医疗方剂。他走遍深山老林,重视民间的医疗经验,不断走访积累,终于写就了不朽著作《千金要方》,并编成世界上第一部国家药典《唐新本草》。后人誉他为"药王",很多道教宫观里都有"药王殿",供奉他的塑像。北魏和东魏时期的贾思勰,系统地总结了秦汉以来中国黄河流域的农业科学技术知识,并亲自实践、进行农牧业活动,掌握第一手农业生产技术,经过分析、整理、总结,写成农业科学技术巨著《齐民要术》。全书凡十卷九十二篇,十一万余字,内容极为丰富,涉及农、林、牧、副、渔等诸多农业范畴。该书不仅是中国现存最早和最完善的农学名著,也是世界农学史上最早的名著之一,对后世的农业生产有着深远的影响。贾思勰称得上是中国古代杰出的农学家。西晋时期的左思,年幼时贪玩不爱学习,加上外貌丑陋,饱读儒学经书的父亲并不喜爱他,外人也认为他有痴呆感。为了改变他人对自己的歧视,左思发愤图强,以比别人多数倍的功夫投入学习之中,博览群书,勤学苦练,后变得十分擅长写诗作赋。他在洛阳居住时,虚心拜访名人,详细了解三国时代的魏都、吴都、蜀都三都事情,前后花了近十年的时间去构思并写成《三都赋》。《三都赋》经当时著名文人皇甫谧、张载、刘奎等人赏识,一下子享有盛名,众人为了阅读此赋,纷纷买纸传抄,一时之间纸价猛涨,这就是"洛阳纸贵"的典故。左思终成一代文学大家。

再看一看田字两头皆通的"申"字。申的本义是电,引申泛指伸展、延缓、说明、禀报、重复、鬼神等义。甲骨文中的申字,好似天上打闪或电光闪射的线条,逐渐演变成现在的写法并有了较多的引申之义。十二地支的第九位和十二生肖中的猴也称为"申"。战国时期,有两个与"申"有关的名人需提一提。一个是申不害,亦称申子,他是法家重要创始人物之一、思想家,以"术"著称,是百家争鸣中的代表人物。在韩国为相十五年,"内修政教,外应诸侯",帮助韩昭侯推行"法"治、"术"治,使韩国君主专制得到加强,国内政局得到稳定,贵族特权受到限制,百姓生活渐趋富裕,史称"终申子之身,国治兵强,无侵韩者",十五年便使韩国强盛起来。另一个是楚国大臣黄歇,他以明智忠信、礼贤下士辅佐楚王治国有功而闻名于世。楚考烈王曾以黄歇为相,赐以土地,封为春申君。他与魏国信陵君魏无忌、赵国平原君赵胜、齐国孟尝君田文并称为"战国四公子"。相传,春申君黄歇曾疏凿上海市境内的黄浦江。黄浦江别称黄歇浦,又称春申江,简称申江,上海别称申,均源于春申君黄歇。

由田字演化而来的字还有很多,如畴、略、雷、界、备、苗……它们都承载着特有的文化内涵,就不一一赘述了。

"田"家出了很多有本事的人。田字的基本义也特指姓,论起田姓的来历就要从陈姓溯源。陈姓最早出自妫姓,是大舜的后代。周武王时,把"陈"这个地方封给舜的后裔妫满,还把女儿太姬嫁给他。他因嘴上长满胡须,又称陈胡公或胡公满。妫满的第十代孙叫陈完,因避陈国内部动乱,逃到齐国。齐桓公知道陈完德才兼备,便欲让其在齐为官,但陈完婉辞,只接受了一个工正的官职。当时"陈"和"田"的读音相同,所以后来陈完就改为田氏,称为田完。他是田氏的第一代宗主,田氏从此世代在齐国做官。到了第五代田桓子的时候,田氏开始进入军方高层。田桓子的儿子田僖子非常善于收买人心。他首创"小斗入大斗出"的做法,即每次有人向他借粮,他就用大斗量好借给别人,等别人还粮食的时候,他却用小斗来收回。这样让利给人,久而久之,所有的百姓都夸赞他的仁义美德,齐人心里只记着田氏的恩惠,甚至连国君都忘记了。到田僖子之孙田和任相时,权力已完全掌握在田氏手中,他将齐康公放逐到海上,自立为君,于是,姜姓齐国成了田氏齐国。这就是有名的"田氏代齐"典故。

值得一提的是,陈完的五世孙田书,因为作战有功,被齐景公赐姓为孙。孙书的孙子名孙武,因为齐国发生内乱,逃到吴国。在吴国隐居的几年间,孙武结合前人的理论,融会贯通,写就了闻名于世的《兵法十三篇》,即后来的兵学圣典《孙子兵法》。吴王阖闾看后,对孙武的才能大加赞赏,并聘其为军师。在吴楚之战中,孙武的军事谋略达到出神入化的境界,他成为举世公认的"兵家至圣"、"东方兵学鼻祖"。孙武的身上发生了很令人深思的故事。其中,孙武以一百八十名宫女操演阵法,三令五申、令不得行而怒斩二妃的故事脍炙人口。孙武的后裔孙膑,也是战国时期著名的军事家,由他演绎了"围魏救赵"、"添兵减灶"等数种奇计,《孙膑兵法》也是古代最杰出的军事理论著作之一。据传,三国时吴国建立者孙权亦是孙武后裔。

在田姓历史上,战国时期涌现的知名人物特别集中。田穰苴,是田氏门中偏室所生，但他从小自强不息，具备文能令人信服、武能威慑敌人的才能。齐景公时，晋、燕两国同时攻打齐国，齐景公为选将事寝食难安，晏婴向齐景公推荐田穰苴。齐景公召见他后，对他的军事才能非常欣赏，任命他做大将，领兵抗击晋、燕两国军队。他因击退入侵之军，被封为大司马，所以他又称为司马穰苴，子孙后世称司马氏。他所总结的《司马穰苴兵法》，具有很好的军事思想和很高的军事价值，是中国古代著名兵书"武经七书"之一，对后世产生很大影响。唐肃宗时将田穰苴等历史上十位武功卓著的名将供奉于武成王庙内，称为武庙十哲。宋徽宗时追尊田穰苴为横山候，位列宋武庙七十二将之一。

再来看看田午，他是战国时的齐桓公，本名田午，是田氏代齐以后的第三位齐国国君。历史上有前后两位齐桓公，先一位是春秋五霸之一的齐桓公，姜姓，吕氏，名"小白"；后一位即现在要说到的齐桓公田午。《韩非子·喻老》有"扁鹊见蔡桓公"的故事，蔡桓公因讳疾忌医、不听扁鹊三次劝说，最后病入膏肓而亡，而这个"蔡桓公"，根据《史记·扁鹊仓公列传》记载，应为"齐桓公"。齐桓公田午继位后，齐国内忧外患比较严重。他坚持正确的斗争和联合相结合的策略，逐渐转变了被动挨打的局面，并转守为攻，带领齐国成功地渡过了难关。可以说，他在位期间是齐由弱变强的一个历史转折点。此后，接连几任齐国国君都很有作为。田午最大的历史功绩就是为了汇聚天下之英才和智慧，设立了中国历史上赫赫有名的稷下学宫。"稷"是齐国国都临淄城一处城门的名称。"稷下"即齐都临淄城的稷门附近，在此设立的学宫得名"稷下学宫"。稷下学宫在其兴盛时期，曾几乎容纳当时诸子百家中的各个学派,汇聚天下贤士多达千人左右,如孟子、邹子、申子、荀子、鲁仲连、淳于髡、田骈等等。稷下学宫兼容百家之学,形成了学术上百家争鸣的生动局面,取得了丰硕的学术研究成果,广泛涉及政治、经济、军事、哲学、历史、教育、道德伦理、文学艺术,以及天文、地理、历、数、医、农等多学科的知识,极大地丰富了先秦思想理论宝库,促进了战国时期思想文化的繁荣,也深刻地影响了中国古代学术思想的发展。

齐桓公田午之子田因齐,是继田午之后战国时期齐国第四代国君。田因齐原为侯,后来他与魏惠王在徐州会盟,互相承认对方为王,史称"徐州相王"。之后,他则称齐威王。齐威王以善于纳谏用能、励志图强而名著史册。他在位期间,针对卿大夫专权、国力不强之弊端,任用邹忌为相,田忌为将,孙膑为军师,进行政治改革,修明法治、选贤任能、赏罚分明,国力渐趋强盛。在桂陵、马陵两次战役中,大败魏军,开始称雄于诸侯。齐威王时期的故事很多,其中,"一鸣惊人"的故事说的是他本人。齐威王执政之初,沉湎于灯红酒绿之中,无心处理朝政,致使大权旁落,朝政混乱无章,外部势力也乘虚侵齐。当时齐国有一位叫淳于髡的名士,求见齐威王,给他出了一道谜题,说是一只大鸟落在大王的庭院里三年,它不飞也不叫,大王知道这只鸟是怎么回事吗? 齐威王回答:"此鸟不飞则已,一飞冲天;不鸣则已,一鸣惊人。"于是,齐威王精神振作起来,他派人深入了解国情、民情,将七十二座城池的大夫全部召集起来,重赏刚正不阿、实绩突出的即墨大夫,烹杀热衷拉关系、走门路、说假话、害百姓的东阿大夫,又大举用兵抵御外敌、收复失地,齐国出现蓬勃发展的好局面,齐威王也成了一代具有雄才大略的明君。与齐威王及其大将田忌相关的还有一个"田忌赛马"的典故。田忌与齐威王都喜欢赛马,但每次比赛,田忌的马总是落败。后来,田忌的好朋友孙膑来了,孙膑认真看了比赛后,告诉田忌,下次赛马能赢,田忌不信,孙膑说,你只要听我的就行。到了又一场比赛时,孙膑让田忌以下马对齐威王的上马,结果输了;再让田忌以上马对齐威王的中马,这回田忌赢了;之后又以中马对下马,依然是田忌的马赢了。最后,田忌的马以三局两胜赢得比赛。原来,孙膑看清了田忌的马与齐威王的马虽然有差距,但并不很大,如果每个等级的马相对应,田忌的马就都得输,但如果调整一下出场顺序,结果就大不一样。这个故事给后人怎样做到以劣胜优提供了有益的启示,因而广为流传。

　　齐威王之后,其子田辟疆即位,是为齐宣王。齐宣王做了两件轰轰烈烈的大事。一件是发展文化事业,不惜耗费巨资招揽天下各派文人、学士到齐国稷下学宫来,使稷下学宫进入鼎盛时期,百家争鸣的精神得到发扬光大。另一件是乘燕国发生内乱时,发兵攻燕,只用五十天就占领燕国都城蓟,即现在的北京一带,几乎灭亡燕国。但后在赵、魏、韩、楚、秦等国的干预下被迫撤军。史书记载的与齐宣王相关的轶事典故不少,如明察秋毫、安步当车、缘木求鱼、滥竽充数、王顾左右而言他等都与他相关。相传,齐宣王身边有两个女人一个叫钟无艳,又叫钟离春、无盐女,长得奇丑而有才,后人就将妻子容貌不佳谦辞为"家有无盐女";另一个叫夏迎春,长得奇美但无甚才能。齐宣王有事,就去问计于钟无艳,事情过后,则去找夏迎春寻欢作乐,把钟无艳抛到一边。后人用"有事钟无艳,无事夏迎春"来形容做人太势利。齐宣王与孟子还有一段著名的"君子远庖厨"的对话。齐宣王知道孟子是个博学多闻的名士，就请他讲讲春秋时期齐桓公、晋文公称霸之事。孟子则给他讲了用道德来统一天下的王道，说是一切为了让百姓安居乐业，这样去统一天下，就没有谁能够阻挡。齐宣王问，像我这样的人能让百姓安居乐业吗？孟子认为能够，因为他听别人说过，大王有一天坐在大殿上看到有人牵着牛，要去杀了祭祀，大王就让人把牛放了，不忍心看到牛害怕发抖的样子，就像毫无罪过的人却被处于死刑一样。牵牛人问那怎么祭祀，大王答复用羊来代替。这件事说明大王并不是吝啬，而是有仁心，这种不忍心正是仁慈的表现。所以，君子总是远离厨房。大王有了这种仁心，就可以统一天下了。齐宣王听了很高兴。

田姓之名人，还有田文、田单值得一提。田文即孟尝君，著名的"战国四公子"之一。田文的父亲田婴有四十多个儿子，田文是小妾于五月五日所生，田婴很迷信，认为这一天生的小孩会对父母不利，让人把这个孩子扔掉，但田文母亲瞒着田婴悄悄把田文养大。后来，母亲带田文见田婴，田婴见了很愤怒，责问为什么不扔掉。田文问田婴，为什么不让养育五月出生的孩子。田婴说，五月出生的孩子，身子长到跟门户一样高，会害父母的。田文反问，人的命运是上天授予呢，还是由门户授予呢？如果是由上天授予的，您何必忧虑呢？如果是由门户授予的，那么只要加高门户就可以了，谁还能长到那么高呢？田婴听了竟无言以对。过了一段时间，田文趁空问他父亲，儿子的儿子叫什么？父亲答，叫孙子。田文再问，孙子的孙子叫什么？父亲又答，叫玄孙。田文又问，玄孙的孙子叫什么？田婴只得说，不知道。田文说道，您执掌大权、担任齐相,已经历三代君王,齐国领土没有增加,而您却积累万金私家财产,门下也看不到一个贤士。您的姬妾,甚至仆人吃穿都很好,而贤士待遇却很差,缺衣少吃。您一个劲地积贮财产,想留给将来连称呼都叫不上来的人,却忘记国家在诸侯中地位一天天衰落,这是多么奇怪呀!田婴听了,大受启发。之后,转变对田文的态度,让他主持家政、招揽宾客。田文的名声传播越来越广,他的食客达到数千人之多,进而有了"焚券市义"、"狡兔三窟"、"鸡鸣狗盗"等典故的发生。

"田单复齐"的事,发生在齐湣王失国亡身后。公元前284年,齐湣王内为人民所怨,外被强秦等国仇视,五国联军大破齐军。燕国名将乐毅率军攻占齐都临淄,半年内接连攻下齐国七十余城,灭了齐国,仅剩莒国和即墨两座孤城尚未攻克。田单被即墨守城军民推举为城守,率领大家顽强抵抗。双方交战五年,乐毅强攻不克,改用包围策略。田单利用两军相持的时机,集结士卒,增修城垒,加强防务,又派人入燕行离间计,使燕国派骑劫取代乐毅。田单抓住燕军松懈麻痹、思乡心切的战机,集中千余头牛,角缚利刀、尾燃芦苇,用"火牛阵"大破围城燕军,并乘胜追击,将燕军逐出国境,尽复失地七十余城。之后,奉齐襄王即位,田单受封安平君。

历史上,田姓名人层出不穷、举不胜举,难以一一尽述。

"田"园孕育很多有品位的诗。《尚书·虞书·舜典》中说:"歌咏言,诗咏志。"用诗歌表达人们丰富的思想情感和精神追求,是中国历史文化的一个显著特点。自古以来,人们依存土地、热爱土地,也躬耕于土地、劳作于土地,由此生发出许多与土地田园相关的诗词歌赋,值得细细品味。

　　《七月》是《诗经》中的一首诗,其中写道:"七月流火,九月授衣……同我妇子,馌彼南亩。田畯至喜……八月剥枣,十月获稻……嗟我农夫,我稼既同……"此诗反映了周代早期农业生产情况和农民的日常生活情况。全诗共分八章,从岁寒写到春耕,从妇女蚕桑写到布帛衣料的制作,从猎取野兽写到采藏果蔬,从修理茅屋写到凿冰劳动,反映了一年四季多层次的高强度劳动,语调凄切清苦,仿佛是在悲吟一部沉重的农耕史。

　　《诗经》中《甫田》一诗,有"倬彼甫田,岁取十千。我取其陈,食我农人……琴瑟击鼓,以御田祖。以祈甘雨,以介我稷黍,以穀我士女……"等句。这首诗共分四个章节:第一章首述大田农事,每年能收获很多粮食;第二章写为了祈盼丰收,虔诚地举行祭神仪式;第三章写周王在仪式之后亲自督耕;第四章专记丰收景象及对周王的美好祝愿。诗中突出表现了上古时期先民们对于农业的重视,对于与农业相关的神灵的无限崇拜,以及祈盼丰收的美好愿景。

　　愿望归愿望,其实,古时农人的辛酸苦辣是很现实、很值得同情的。例如,比较熟悉的唐代李绅所写的《悯农二首》:"春种一粒粟,秋收万颗子。四海无闲田,农夫犹饿死。""锄禾日当午,汗滴禾下土。谁知盘中餐,粒粒皆辛苦。"这组诗深刻地反映了中国封建时代农民的生存状态,集中地刻画了当时的社会矛盾。唐代聂夷中的《田家》一诗:"父耕原上田,子劚山下荒。六月禾未秀,官家已修仓。"诗的前两句描述父子二人在山上耕田、山下开荒的场景,而后诗风顿转,用极具讽刺意味的口吻,直指当时沉重的赋税:六月份庄稼还没抽穗,而官府已经在修理腾空粮仓准备收粮,农家悲辛可见一斑。在"悯农"的情愫中，还有两首诗读来令人潸然泪下。一首是宋代杨万里所作："稻云不雨不多黄，荞麦空花早着霜。已分忍饥度残岁，更堪岁里闰添长。"还有一首为明代于谦所作："无雨农怨咨，有雨农辛苦。农夫出门荷犁锄，村妇看家事缝补。可怜小女年十余，赤脚蓬头衣蓝缕。提筐朝出暮始归，青菜挑来半沾土。茅檐风急火难吹，旋蒸山柴带根煮。夜归夫妇聊充饥，食罢相看泪如雨……"由此可见，农民的生活真是水深火热、异常艰辛。

除了悯农内容外，也有一些与田园有关的哲理诗。例如曹植的《君子行》："君子防未然，不处嫌疑间。瓜田不纳履，李下不正冠……"意思是君子应该防患于未然，不要将自己置身在容易引起嫌疑的处境中，经过别人家的瓜田不弯腰穿鞋，从李树下经过不要举手去整理帽子，"瓜田李下"的成语也正是此意。宋代汪洙的《神童诗》这样写道："天子重英豪，文章教尔曹；万般皆下品，惟有读书高……朝为田舍郎，暮登天子堂；将相本无种，男儿当自强……"该诗虽含有读书求上进的进取精神，但对种田郎的鄙视、轻蔑显而易见。明代唐寅的《桃花庵歌》写道："桃花坞里桃花庵，桃花庵里桃花仙……若将富贵比贫贱，一在平地一在天；若将贫贱比车马，他得驱驰我得闲……不见五陵豪杰墓，无花无酒锄作田。"诗歌表面上看，富贵与贫穷比，一个在天、一个在地，但实际上富者车马劳顿，不如贫者悠闲自得。古今将相又在何处呢？早已在寂寞中化作锄下田土而已，哪里比得上以花为邻、自由若仙人般的生活。该诗体现了作者对人生的深刻洞察和超然豁达的人生境界。

在古代诗歌发展史上，有一类以描写自然风光、农村景物和安逸恬淡的隐居生活为主要内容的诗歌，统称为山水田园诗。山水诗与田园诗既有联系又有区别，以谢灵运、谢朓等诗人形成南朝山水诗派，以陶渊明等诗人形成东晋田园诗派。唐宋时，山水田园诗有了很大发展。

陶渊明作为中国第一位田园诗人，田园诗数量最多、成就最高。这类诗充分表现了他对淳朴田园生活的热爱，对劳动的认识和对劳动人民的真挚情感，以及诗人对"桃花源"般理想世界的追求和向往。他的田园诗以淳朴自然的语言、高远拔俗的意境，为中国诗坛开辟了新天地，并且直接对后世唐宋田园诗派产生了很大影响。他的《归园田居·其三》写道："种豆南山下，草盛豆苗稀。晨兴理荒秽，带月荷锄归。道狭草木长，夕露沾我衣。衣沾不足惜，但使愿无违。"该诗写出了诗人起早贪黑、不辞辛劳、种豆南山、回归本真的自然心态，反映了他对劳动生活的由衷喜爱。

唐朝的山水田园派诗人众多，主要代表人物有王维、孟浩然、柳宗元、常建、韦应物等人。李白、韩愈等人在山水田园诗上也有很高的造诣。孟浩然的田园诗主要写隐居生活的高雅情怀和闲情逸致。他在《过故人庄》一诗中写道："故人具鸡黍，邀我至田家。绿树村边合，青山郭外斜。开轩面场圃，把酒话桑麻。待到重阳日，还来就菊花。"大诗人李白一次前往终南山拜访友人，并和友人一块到田家畅饮欢言，于是作诗曰："暮从碧山下，山月随人归。却顾所来径，苍苍横翠微。相携及田家，童稚开荆扉。绿竹入幽径，青萝拂行衣。欢言得所憩，美酒聊共挥。长歌吟松风，曲尽河星稀。我醉君复乐，陶然共忘机。"该诗把李白洒脱豪饮、不屑世俗的性格表现得淋漓尽致。柳宗元被贬永州后，了解到农民遭受封建统治阶级横征暴敛的痛苦，写了《田家三首》诗，其一为："蓐食徇所务,驱牛向东阡。鸡鸣村巷白,夜色归暮田。札札耒耜声,飞飞来乌鸢。竭兹筋力事,持用穷岁年。尽输助徭役,聊就空自眠。子孙日已长,世世还复然。"大意是说,农民起早贪黑从事繁重的体力劳动,但依然穷困度日,劳动成果都负担在徭役和税收之上了。韦应物在《观田家》诗中写道:"微雨众卉新,一雷惊蛰始。田家几日闲,耕种从此起……仓廪无宿储,徭役犹未已。方惭不耕者,禄食出闾里。"该诗提到农家辛苦忙于农活,不得几日闲暇,但家中却无隔夜粮,徭役还在催逼。那些不耕田的人,吃的俸禄都是乡里供养的呀,难道一点不惭愧吗?同样写出了农民的辛酸和封建剥削制度的不合理性。

宋代杨万里和范成大的田园诗描写的农事更为细腻、逼真。例如杨万里的《插秧歌》:"田夫抛秧田妇接,小儿拔秧大儿插。笠是兜鍪蓑是甲,雨从头上湿到胛。唤渠朝餐歇半霎,低头折腰只不答。秧根未牢莳未匝,照管鹅儿与雏鸭。"一幅农家人忙于插秧连早饭都顾不上吃的景象展现在人们面前。范成大数次出任地方官员,后退隐石湖十年中,写了许多田园诗,其中一组大型田园农事诗《四时田园杂兴》,共有六十篇之多。这组诗分春日、晚春、夏日、秋日、冬日五个篇章,各十二首,以描写江南农村一年四季的田园风光和劳动生活为主,多站在农人的角度,写景、叙事、状物、抒情,既抒写了对田园风光的热爱,也表达了对农民辛苦劳作、受尽盘剥的同情和悲悯。其中一首为:"昼出耘田夜绩麻,村庄儿女各当家。童孙未解供耕织,也傍桑阴学种瓜。"把农人不分男女老幼忙于农事的景象描绘得栩栩如生、惟妙惟肖。

"田"地发生很多有影响的事。"民以食为天。"历史上,围绕土地或田地发生的政治、军事、经济斗争从来就没有停止过。统治阶级竭力维护土地所有制和既得利益,强权者通过战争掠夺、巧取豪夺、土地兼并、跑马圈地、横征暴敛、欺压逼迫等种种方式,大肆侵占土地或把田地据为己有。

有个"蹊田夺牛"的典故,说的是春秋时期,陈国陈灵公荒淫无道,被大夫夏征舒杀了。楚庄王为伸张正义,发兵攻打陈国,杀了夏征舒,准备吞并陈国。大夫申叔认为楚庄王是过分行动,他举了一个例子,即像有人牵着牛踩了别人的田地,别人不仅让他赔偿损坏的庄稼,还要把他的牛给没收了。这样的惩罚过重,毫无道理。楚庄王这才罢手。

历史上,除了用战争与强权手段外,封建社会的土地兼并确是一个难以治愈的痼疾。那些大地主和大官僚们贪得无厌,采取种种卑劣手段,巧取豪夺大量土地,使土地愈来愈集中到他们手中。据史料记载,北宋宰相蔡京所占土地产业就高达五十万亩以上,使广大农民失去土地、流离失所。清朝初年,曾发生"跑马圈地"事件。为了满足大量入关的满贵族及八旗将士的利益,从而达到巩固清朝统治的目的,清军一入关,清政府便开始大肆圈占土地。具体操作上,一些人策马驰骋,一些人则拿着绳索、木桩,将奔马所经过的地方围圈起来并打桩为记。一经丈量的土地,即归大清皇权所有,然后再赐给王公大臣和八旗将士。如果有人对所圈贫瘠土地不满意,就会重新圈占肥沃良田,这被称作"圈换"。被圈占了土地的农民包括一些小地主,立即陷入背井离乡、家破人亡的悲惨境地。顺治年间,满洲镶黄旗出身的鳌拜,凭借军功和自己膨胀的势力,在京城周边进行规模庞大的圈地行为,激起很大的民愤,朝中大臣也看不过去，联名上奏弹劾，他的罪行到康熙帝时进行了清算。

　　古代少数民族因失去土地深受灾难的也不在少数。匈奴是较早游牧生活于青海地区的少数民族之一，他们当中曾流行一时的民歌是："失我祁连山，使我六畜不蕃息。失我焉支山，使我嫁妇无颜色。"足见这样的"丧失"对匈奴族的生活产生了很大影响。

　　正是因为土地的重要性，失去土地、难以生存的人们就要奋起而反抗斗争。历代农民起义的一个基本目的就是获得田地、有粮生存。《史记·陈涉世家》记载，陈胜出身雇农，曾经同别人一道被雇佣耕地，因失望而叹恨，并与人相约"苟富贵，无相忘"，从此立下鸿鹄之志，后与吴广在大泽乡揭竿而起，反抗暴秦统治，多次开仓放粮，以济百姓。唐朝末期，关东发生大旱，官吏强迫百姓缴租税、服差役，百姓走投无路，聚集黄巢周围，发生了影响深远的农民起义，大唐半壁江山尽在战乱之中，导致唐朝国力严重衰退。北宋初年，川峡地区的土地大多被官僚、豪强、寺观霸占。许多农民沦为客户或佃户，缴纳重赋，阶级矛盾极为尖锐。又遇天灾频仍，饿殍载道，民不聊生。993 年，在永康军青城县，即今四川都江堰地区，爆发了王小波、李顺起义。起义提出"均贫富"主张，一度建大蜀政权。后来虽然失败，但对地主阶级予以沉重打击。南宋建炎至绍兴年间，湖南洞庭湖区发生钟相、杨么领导的大规模农民起义，提出"等贵贱、均贫富"的口号。贫苦百姓纷纷响应，起义队伍多时竟达数十万人。明朝天启、崇祯年间，陕北连年旱荒，农民纷起暴动。闯王李自成等提出"均田免赋"主张以号召民众，在河南等地到处传播"不当差、不纳粮"的歌谣。于是，民众盼闯王、迎闯王，纷纷加入闯王队伍，声势浩大，直逼明朝都城。大明王朝在农民起义军滔天声浪中被淹没。清朝太平天国运动的口号是"天下一家,同享太平"、"无处不均匀,无人不饱暖",试图做到"凡天下田,天下人同耕",建立"有田同耕,有饭同食,有衣同穿,有钱同使"的理想社会。后来因内部腐败堕落、内斗分裂而招致失败,但口号之鲜明、响应之热烈、规模之宏大,经过历史的沉淀,确实值得认真深思。

历朝历代统治者为缓和阶级矛盾,巩固皇权统治,促进国力增强,也采取了一些措施。例如,秦商鞅变法,提出废井田、开阡陌、重农桑、奖军功等一整套变法求新的发展策略,促进了政治的稳定和经济的发展,使秦国的综合国力日益增强。北宋王安石变法,以发展生产、富国强兵、挽救宋朝政治危机为目的,以"理财"、"整军"为中心,涉及政治、经济、军事、文化、社会各领域,一定程度上改变了北宋积贫积弱的局面,充实了政府财政,提高了国防力量,对封建地主阶级和大商人非法渔利也进行了打击和限制。但变法遭到保守势力竭力反击,他们抓住变法在推行过程中的漏洞和不足,全盘否定,最终变法以失败告终。

明朝中叶,兼并土地的情况相当严重,皇亲国戚、官僚贵族,甚至包括宦官,利用种种手段,大量夺占土地。全国纳税的土地,约有一半为大地主所隐占,拒不缴税,严重地影响中央收入。封建剥削进一步加剧,使租种官田的农民生活极苦。内阁首辅张居正发起了一场变法革新运动。他除了在政治上整顿吏治,在军事上推行边防新政外,将改革重点放在整顿赋役制度、扭转财政危机上,针对土地兼并、隐漏,人口逃亡流失、户田二籍混乱失真,"私家日富,公室日贫,国匮民穷"等弊端,对"天下田亩通行丈量",核实准确,在此基础上,实行"一条鞭法",即把各州县的田赋、徭役及其他杂征总为一条,合并征收银两,按亩折算缴纳。这样大大简化了税制,方便征收税款,同时使地方官员难以作弊,进而增加了财政收入。"一条鞭法"上承唐代的两税法,下启清代的摊丁入亩,是中国历史上具有深远影响的一次社会变革。然而,改革触动了大地主阶级和豪门贵族的根本利益,张居正病逝后,大部分变革措施都遭到废除,改革最终也以失败告终。

明朝初年,以发展经济、稳定社会为宗旨,还有计划地进行了大规模的人口迁徙活动。从朱元璋洪武二年开始,一直持续到朱棣永乐末年,规模较大的移民活动前后共计十八次之多,移民总人口超过百万人。对迁往各地的民户,政府根据丁口的数量统一划拨耕田,还免费提供农具、种子和耕牛,减免其赋税劳役,一定程度上医治了连年战乱、大量土地荒芜、人口失散的创伤,缓解了社会矛盾。但强制性移民过程,使那些难离故土的人们被迫迁移,有的族裔被四下分散,途中充满了艰辛和血泪。

需要指出的是,无论是政府抑制、变法改良还是人口迁徙,都难以触动大地主和既得者的根本利益,难以从根本上解决社会矛盾。因此,封建社会制度逐步衰退并最后走向终结是历史必然。

在古代社会,除了扩充和占有土地以增加收入外,通过提高生产技术的途径,也使农业有了长足发展和进步。中国农耕文明的始祖可溯源到神农氏、后稷和嫘祖。

神农氏即炎帝,据传于距今五千五百年至六千年前生于历山,即今湖北随州市境内。他是农业和医药的发明者,教人农耕,保佑农业收成,还遍尝百草,帮人治病,被世人尊称为"五谷王"、"五谷先帝"、"神农大帝"、"药王"、"地皇"等。

后稷的故事也流传久远。据《史记·周本纪》载:"周后稷名弃。其母有邰氏女,曰姜嫄。"传说距今四千多年前,炎帝后裔有邰氏的女儿姜嫄,因踩巨人足迹而生了,认为是不祥之物,三弃不死,便给孩子起名叫弃。弃从小就喜欢农艺,在母亲的教诲下很快掌握了农业知识。他看到人们仅仅靠打猎维持生活,食物太单调,又不能保证每次捕获猎物,心里非常难过,决心改变这种状况。他漫山遍野地跑,遍尝各种野生植物,从飞鸟嘴里衔的种子掉在地上能够生根发芽,长出新的植物得到启示,他还发现植物的生长与天气、土壤的关系。于是,他开始在教稼台讲学,指导人们种庄稼,并传播农耕文化。后来,他也被人们尊奉为农业始祖。

在中国历史文化中,有"社稷"一词,原是土神和谷神的总称,社为土神,稷为谷神。在农耕社会中,土神和谷神是人们最重要的原始崇拜物。社、稷,反映中国古代以农立国的社会性质。社即与土地有关,凡有土地者则可以立社,甚至乡民也可以立社祭祀土地神,社日成为乡民们祭祀和庆祝活动的重要日子,如举办"社戏"、"社火"等。后来,又出现"社会"一词,应与社日活动有关。稷,在西周始尊为五谷之长,与社并祭,合成"社稷"。后来,"社稷"被用来借指国家。据《周礼·考工记》,社稷坛设立于王宫之右,与设于王宫之左的宗庙相对,即"左祖右社",前者代表安全的生存空间,后者代表稳定的食物来源,是国家的根本所在。北京的社稷坛始建于明代永乐年间。祭坛之上分别铺设青、红、白、黑、黄五种不同颜色的土壤,俗称"五色土"。泥土由各地州府运送而来,寓意"普天之下,莫非王土",象征领土完整、国家统一,以及金、木、水、火、土五行为万物之本。明清两代,每逢农历二月、八月的上戊日清晨,皇帝都会来社稷坛举行祭祀仪式,祈求风调雨顺、五谷丰登、国泰民安。1925年,孙中山逝世后,灵柩停放社稷坛拜殿。1928年,社稷坛被命名为"中山公园",拜殿改为"中山堂"。

农耕文明的始祖中,还有一位伟大的女性人物嫘祖。相传,她是轩辕黄帝的元妃。黄帝战胜蚩尤后,建立了部落联盟。他带领大家发展生产,种五谷,驯动物,冶铜铁,制造生产工具。在此过程中,嫘祖组织妇女也进行生产劳动,并发明了养蚕缫丝技术,开创了栽桑养蚕的历史。后人为了纪念嫘祖这一功绩,将她尊称为"先蚕娘娘"。如今,北京北海公园中还存有清乾隆年间建造的先蚕坛,颐和园内还有一座蚕神庙,都是为祭祀蚕神娘娘而设。

说田、爱田、种田、敬田,说到底是因为田与人类社会的关系太密切了。谁不祈盼田里有个好收成,谁不希望五谷丰登、安居乐业、幸福的日子万年长呢?!

万岁山上道一"万"

　　从北京故宫的北门神武门出来,横穿过一条马路,即是景山公园。景山公园内有一座山叫景山,景山公园即因此山而得名。据传明代兴建紫禁城时,曾在此堆放煤炭,所以它俗称"煤山"。明永乐年间,将开挖护城河的泥土堆积于此,垒成一座高大的土山,叫"万岁山",又称大内的"镇山"。登上万岁山头,俯瞰巍峨壮观的紫禁城,突然想到,当年这城中的历代皇帝们,为什么臣下都称其为"万岁"呢? 如果从明朝永乐元年,即1403年算起,至今不过八百年,距万年还差得很远,而历朝历代的"万岁"们早已作古,用另一种形式进入史书之中。可见,无论何人,不可能有万年之寿。

　　其实,"万岁"一词最早并不专用于称呼皇帝。在西周和春秋时期,"万年无疆"、"眉寿无疆"等是人们常用的颂词和祝福语。《诗经·豳风·七月》中有"跻彼公堂,称彼兕觥,万寿无疆"之句,描写的是人们在经过一年的辛勤劳作后,举行欢庆活动的场面。"万寿无疆"是人们在举杯相庆时发出的欢呼语。在这一时期的文字记述中,它的意思也并不是专为恭贺天子而用,表示的只是祈盼将珍贵的宝物传之后世,子孙后代万年永享之意,而"万岁"一词,是这一类颂词、祝福语的发展和简化。从战国时期到汉初,"万岁"一词出现频率较高,但也只是作为民众的一种欢呼语。例如,《战国策·齐策》中记载,孟尝君的门客冯谖到薛地收取债息时,将实在交不起债息的贫民之债券当场烧毁,民众们非常感动,"因烧其券,民称万岁"。除了当欢呼词使用外,还有一层意思,即作为"死"的讳称,通常"千秋万岁"指的就是死亡之意。

皇帝被称为"万岁",始于汉武帝刘彻。汉武帝罢黜百家、独尊儒术,儒家特别看重礼的作用,"万岁"也被儒家定为皇帝一人使用。为了增加其神秘色彩,还演绎出汉武帝巡游中岳嵩山、琅琊、芝罘等地时,随行之人听到山神呼喊"万岁"。自此,除皇帝外,任何人都不得自称"万岁",否则,就要犯大逆不道的大罪。后来,臣下对皇帝高呼万岁,也称之"山呼万岁"。

至于"万万岁"的由来,则与唐代女皇武则天有关。相传武则天称帝后,曾千方百计抬高自身地位。一天,她在金銮殿召集翰林院众学士出题答对。武则天脱口出上题曰:"玉女河边敲叭梆,叭梆叭梆叭叭梆!"众学士纷纷对答,但武后都不满意。这时,有位学士看出了她的心思,极尽奉承地吟道:"金銮殿前呼万岁,万岁万岁万万岁!"武后一听,这不就是名正言顺的武皇称呼吗?于是,高兴地将其推为佳作。从此,"万万岁"一词便流传开来。后世的皇帝,仿效这种做法,让臣子们在上朝时,山呼"万岁万岁万万岁"。

古人为什么不说百、不说千、不说亿,而对"万"字情有独钟呢?这还得从"万"字的来历说起。"万"字的本义是蝎子,《说文》中说:

"万,虫也。"在甲骨文中,"万"字是一个象形字,其字形十分形象地展现了一只蝎子的外形,蝎子的钳、身子、尾巴一应俱全。在"万"字的演化过程中,曾出现"虿",因为上面有一个"万"字,所以该字用来表示数词,即数量很多的意思。到了汉朝,简化字"万"字开始出现,在表示数词中含义也越来越丰富。《诗经·小雅·蓼萧》中有句:"和鸾雍雍,万福攸同。"万福在这里是指多福的意思,诗意即为銮铃悦耳响叮当,万般福祉归圣躬,以此表达对周天子的尊崇、歌颂之意。万福,后来演变为妇女向人们所行的礼节。道万福时,两手松松抱拳,在胸前右下侧略做移动,同时微微鞠躬,即表示多福、祈祷之意。《水浒传》中就有:"那妇人拭着眼泪,向前来深深地道了三个万福。"《红楼梦》中也有"香菱忙又万福道谢"等描述。唐朝诗人杜甫在《江畔独步寻花》中写道:"黄四娘家花满蹊,千朵万朵压枝低。留连戏蝶时时舞,自在娇莺恰恰啼。"贺知章在《咏柳》中写道:"碧玉妆成一树高,万条垂下绿丝绦。不知细叶谁裁出,二月春风似剪刀。"北宋王安石在《元日》中写道:"爆竹声中一岁除,春风送暖入屠苏。千门万户曈曈日,总把新桃换旧符。"杨万里在《过松源晨炊漆公店》中写道:"莫言下岭便无难,赚得行人空喜欢。正入万山圈子里,一山放过一山拦。"以上四首诗中,万朵、万条、万户、万山中的"万"字,均表示很多的意思。

万字应还有其引申含义,例如,万寿无疆中的万应含有长久的意思,万里迢迢中的万应含有遥远的意思,万仞之巅中的万应含有高峻的意思,万不得已中的万应含有实在的意思。以万字组成的成语确实不少,如万众一心、万水千山、万世师表、万马齐喑、万般无奈、万籁俱寂、万全之策、万紫千红、千秋万代、千家万户、千变万化、千呼万唤、千真万确等等。这些成语之中的万字含义非常丰富，切不可简单地以一万个固定数字机械地理解。

万字也可作姓氏之用。万氏的始祖是一个叫毕万的人。毕万，姬姓，毕氏，名万，毕公高之后，是春秋时期晋国的大臣。毕万因随晋献公灭耿、霍、魏三国有功，晋献公封毕万于魏地，并任命他为大夫。毕万死后，毕万子孙有以其名字为姓氏的，称万氏，也有以其封地为姓氏的，称魏氏。毕万所封的魏地，即为今山西芮城县内。《左传》中记载，毕万受封魏地时，晋国掌管占卜的大夫郭偃预言说："毕万的后代必会昌盛。万，是满数；魏，是巍巍高大的名称，开始赏赐就是这样，上天已经启示预兆。天子统治兆民，所以称为'兆民'；诸侯统治万民，所以称为'万民'。现在名称的高大跟着满数，他就必然会得到民众。"后来，毕万的后代果然昌盛，据说战国七雄之一的魏国就是毕万的后代所掌控。

古代万姓的名人中，有两位值得一提。一个是万章，为战国时期齐国人，孟子门下得意弟子，是最早扬名于历史的万姓先人。万章对整理、编著《孟子》一书有重要贡献。《孟子》七篇中有"万章"的就有十八章，万章名字出现二十二次之多，对孟子有"尧以天下与舜"、"伊尹以割烹要汤"、"敢问友"、"敢问交际"等之问达三十八次之多。《史记》载，孟子晚年，经常同万章等弟子谈论经书，并和他们一起著《孟子》一书。后人为纪念万章，为其修建了享殿陵园。

还有一个是万修。23年，刘玄遣刘秀北渡黄河，镇慰河北州郡。刘秀到河北后不久，王朗在邯郸称帝，还悬赏："天下有得刘秀首级献于朕者，赏邑十万户。"一时间，刘秀的处境颇为艰难。当此时,河北各地大多数都拥戴王郎,只有信都郡拒不投降王郎。万修与信都太守任光、信都都尉李忠等人,同心同德固守信都以迎接刘秀的到来,使刘秀有了立足和反攻的基地。刘秀入驻信都之后,万修被拜为偏将军,封造义侯。随后,万修跟随刘秀一路征战。刘秀攻破邯郸、平定河北后,为了封赏万修在平定王郎之役所立功劳,又拜他为右将军。刘秀称帝后大封功臣,万修受封为槐里侯。汉明帝永平年间,明帝追忆当年随其父皇打下东汉江山的功臣宿将,命绘二十八位功臣的画像于洛阳南宫的云台,万修为云台二十八将之一。

　　明朝第十三位皇帝为万历帝,万历是明神宗朱翊钧的年号。他在位前后共四十八年,是明朝在位时间最长的皇帝。万历帝在位初十年,内阁首辅张居正主持政务,实行了一系列改革措施,社会经济有了很大发展,百姓生活也有所提高。万历帝亲政后,励精图治,生活节俭,勤勉奋进,开创了"万历中兴"的好局面。特别是他主持了著名的"万历三大征",先后在明王朝西北、西南边疆和朝鲜展开三次大规模军事行动,即分别为李如松平定蒙古人哱拜叛变的宁夏之役,李如松、麻贵抗击日本丰臣秀吉政权入侵的朝鲜之役,以及李化龙平定苗疆土司杨应龙叛变的播州之役,以此巩固了大明疆土。万历帝在位中后期,倦于朝政,沉湎于酒色之中,国家运转陷入非正常状态。而就在此过程中,辽东后金迅速崛起。万历四十四年,后金政权正式建国,终于成为明朝的主要威胁。万历四十七年,在萨尔浒之战中,明军在辽东遭到惨败。一年多后,万历帝驾崩。其墓地即为现明十三陵的定陵。终其一生,万历帝即位于16世纪70年代初,终于17世纪20年代。当时,正是整个世界处于翻天覆地的大变动时期。中国封建社会发展到晚期,新的生产关系开始萌芽,处于由古代社会向近代社会转型发展的剧变前夜。在这个滚滚向前的历史发展潮流中,万历帝懵然无知、无所作为,既把明朝推向衰落的绝境,也使中国在整个世界发展的大格局中逐渐落伍出局。可以说,这是中国历史的悲哀。

　　说到"万"字,还有一个南宋初年的大奸臣万俟卨需要提一笔,不过此人之姓"万"读作 mò。南宋绍兴十一年,他秉承宋高宗和秦桧之意,蓄意打击主战派,主理抗金名将岳飞之狱,诬陷岳飞虚报军情及逗留淮西等罪,致使岳飞父子和张宪等被害。后因与秦桧争权,遭到罢黜。秦桧死后,万俟卨复被朝廷任用,官至宰相之位,继续执行屈膝求和的投降路线,深受百姓痛恨。至今,浙江杭州岳王庙的岳坟之前,尚有四个铁铸的人像,反剪双手,面墓而跪,即陷害岳飞的秦桧、王氏、张俊、万俟卨四人。跪像的背后墓门上有联"青山有幸埋忠骨,白铁无辜铸佞臣"。可见,历史和人民永远是公正的。

　　关于带"万"字的历史典故有很多,不妨择其精要略加叙述。

　　"读书破万卷"方成其才。唐代大诗人杜甫三十五岁那年,到长安参加朝廷组织的考试。但奸相李林甫在此之前就对唐玄宗禀告说"野无遗贤",即民间没有遗漏的贤才。因此,杜甫等参考之人全部未被录用,杜甫只能滞留长安。在了解到当时朝中用人状况后,杜甫给担任尚书左丞的韦济赠了一首诗,其中写道:"甫昔少年日,早充观国宾。读书破万卷,下笔如有神。赋料杨雄敌,诗看子建亲。李邕求识面,王翰愿卜邻……"杜甫一方面表达对韦丞相推荐自己的感激之情;另一方面,认为自己在少年时就读万卷书,辞赋可比杨雄,诗篇可近曹植,李邕、王翰等名人都愿与其接近,以此来袒露怀才不遇的心迹。后"读书破万卷,下笔如有神"经常用于形容为博览群书而文章和才能出众者。

《庄子·天下》中有"惠施多方,其书五车",意思是说,惠施的学问广博,他的文章够五辆马车之多。"学富五车"的成语,就是形容学问渊博的意思。惠施是战国中期宋国人,著名的政治家、哲学家,名家学派的开山鼻祖和主要代表人物。他是合纵抗秦的最主要的组织人和支持者。除了政治、军事上的成就外,他的学识非常渊博,魏王经常听惠施讲学。他在有关宇宙万物的学说中,通过对"历物十事"的分析,提出"合同异"的思想,含有辩证的因素。他说:"大同而与小同异,此之谓小同异;万物毕同毕异,此之谓大同异。"例如马,凡是属于马这一类动物都包括在内,这就是"大同";而黑马、白马、大马、小马等又有差别,这叫作"小同"。他得出万物"毕同"的结论,这样就把相同的事物和不同的事物都抽象地统一起来,进而又推论出"泛爱万物,天地一体"的结论。用辩证历史的观点看,惠施思想认识之深邃还是很了不起的。

成语典故中,有一个"手不释卷"的故事,说的是吴国大将吕蒙起初不爱读书,吴主孙权就给他讲汉朝光武帝刘秀上太学时就勤奋好学,后在戎马倥偬之中,仍然手不释卷,以此来勉励吕蒙刻苦学习。吕蒙果然被深深感动,之后抓紧时间学了很多知识,才干迅速提升。

还有一个"才高八斗"的典故,说的是东晋诗人谢灵运自幼好学、博览群书、工诗善文,是第一位全力创作山水诗的诗人。他兼通史学,擅长书法,翻译经书,卓越的才华为众人所推崇。李白有诗曰:"蓬莱文章建安骨,中间小谢又清发。"谢灵运与南朝诗人谢朓并称为大谢、小谢。据说,有一次谢灵运一边喝酒一边自夸道:魏晋以来,天下的文学之才共有一石,其中曹子建独占八斗,我得一斗,其他人共分一斗。由此,形成了"才高八斗"的典故。

唐朝著名学者李泌,他家藏书之多,连身为唐宋八大家之首的韩愈都羡慕不已,曾作诗赠予李泌:"邺侯家多书,插架三万轴。"李泌在唐德宗时,受封邺县侯,所以韩愈在诗中称之为"邺侯"。李泌读书、藏书留下美誉,他藏书的书架被称为"邺侯架",后形成成语"邺架之藏",就是形容藏书之多或藏书之地。

读书是写作的基础,本是一个浅显的道理,但也有自恃聪明、放松学习而身败名落之人。"江郎才尽"的典故,说的是南朝文学家江淹自小读书刻苦,写得一手好文章,人称江郎。江郎曾任宣城太守,当他罢职回家时,乘船途中梦见一个自称张景阳的人,向他索回以前送予的锦缎,江淹即从怀中抽出锦缎归还。又有一次,江淹在亭中梦见一个自称郭璞的人,向他索回以前送予的五色笔,江淹从怀中果然掏出一支五色笔,随即归还给郭璞。经过这两个梦境之后,江淹写起诗文来,再也没有名言佳句了。其实,"送锦"、"还笔"只是梦境而已,"江郎才尽"的本意是他官做大了,脱离了生活,少读了书籍,写作的灵感和源泉逐渐枯竭。这一典故给读书之人深刻启迪,活到老学到老当成为人生的高尚情怀与持之以恒的追求。

"为万世开太平"志存高远。北宋思想家、教育家、理学创始人之一的张载,自幼天资聪慧,志向远大,品格超常。年轻时,他向主持西北防务的范仲淹上《边议九条》。范仲淹召见他并与之交谈,

对张载的志向热情赞扬,并认为他一定可成大器。张载听从范仲
淹的意见,回家苦读各类书籍,经过十年多的攻读,终于悟出儒、
佛、道互补、互相联系的道理,逐渐建立起自己的学说体系。张载
一生,两次在朝中为官,三次在地方为政,后回到家乡陕西横渠,精
心研学、著书立说、教书育人,在关中兴教,使"关学"大盛,以德育
人,使学者辈出,关中民风为之一变。他讲学的主旨,集中体现在
"横渠四句"中,即"为天地立心,为生民立命,为往圣继绝学,为万
世开太平"。"为天地立心"是关于自身如何修身养性立志,"为生
民立命"着眼于对民众命运的关注,"为往圣继绝学"是指继承和弘
扬圣人的传统文化精神,"为万世开太平"是引导人们确立天下大
同的社会政治理想。"横渠四句"因其中蕴含的远大政治抱负和高
尚品格情怀,被历代传颂不衰。古之成大事者,在塑造自身的精神
品格之上,都能以天下为己任,成为严于律己的道德楷模和成风化
俗的教育宗师。

　　春秋末期鲁国思想家颜回,是孔门七十二贤之首。他十三岁
拜孔子为师,终生师事之,是孔子最得意的门生。他谦逊好学,极
富学问。《论语·雍也》说他"……一箪食,一瓢饮,在陋巷,人不堪
其忧,回也不改其乐"。颜回素以德行高尚著称,"敏于事而慎于
言"。他终生所向往的就是出现一个"君臣一心,上下和睦,丰衣足
食,老少康健,四方咸服,天下安宁"的无战争、无饥饿的理想社会。
有一次颜回随孔子在陈、蔡期间绝粮七天,好不容易得到一点米,
颜回在破屋墙下做饭,子贡从远处看到他从锅里取饭而食,便问孔
子,仁人廉士能否改变自己的节操呢?孔子回答,不能。子贡便把
看到颜回偷饭吃的事说给孔子。孔子不信,故意叫来颜回,说要用

做好的饭祭奠先人。颜回立即说,刚才有灰尘掉进锅里,锅里饭不干净,丢掉又太可惜,我就把它捡吃了,不可以用来祭奠了。孔子了解真相后,对颜回更加信任,又感叹地认为,亲眼所见的事也未必是实。后来,颜回一方面讲学授徒,传播儒学,一方面协助孔子整理古代典籍,呕心沥血,以致劳累而死。后世认为,颜回的不朽,在于他重立德,后世称他为"复圣",他的高尚道德和完美人格对社会产生不小影响。

在立德、立功、立言三不朽标准上,明代王阳明堪称典范。王阳明是明代最著名的思想家、哲学家、书法家、军事家、教育家、文学家,官至南京兵部尚书、都察院左都御史,是心学流派的创始人。阳明心学的起点是"龙场悟道"。在被贬贵州龙场时,他从孤独、寂寞、苦闷、悲戚的心境中解脱出来,用"生命的体验"来面对残酷的人生现实,在沉思中"穷天人之际,通古今之变",创造了"心即理"—"知行合一"—"致良知"的心学理论体系,使主体人格精神获得高扬,个体的生命存在价值得到肯定,人的心灵被提升为与天地融为一体的永恒之中,将生命体验过程带入一个"至乐"的境界。王阳明的精神遗产作为"心学"的宝贵财富,得到后人尊崇并给人们以深刻启示。

"万事开头难"难有其因。"万事开头难"是一句谚语,意思是凡事开始时总是困难重重。究其原因,主要有四。

一是难在前程茫然。李白在《蜀道难》一诗的开头便写道:"噫吁嚱,危乎高哉,蜀道之难难于上青天。蚕丛及鱼凫,开国何茫然……"诗中所说是蚕丛及鱼凫建立了古蜀国,开国的年代和具体情况由于久远无法弄清楚。开国与做事是一个道理。做事之初,世事难料、前途未卜，心中不免忐忑难安，甚至难以定下开始的决心。李渊起兵反隋，起初犹豫不决，难以下决心，隐忍不发数年之久。除了他本人的性格和家庭背景的关系外，还有时机未到、地理偏狭、师出无名，即天时、地利、人和三大条件不具备的原因。他担心贸然起兵、自取其祸，应该说不无道理。

二是难在缺少共识。思想认识上的不统一，使原本不易做的事难上加难。战国时期，赵武灵王为了富国强兵，提出"着胡服"、"习骑射"的主张，可是"胡服骑射"的命令还没有下达，就遭到许多皇亲国戚的反对。公子成等人以"易古之道，逆人之心"为由，拒绝接受变法。赵武灵王竭力说服众人"何必拘泥于古人的旧法"，亲自登门反复做公子成等人的思想工作，冲破重重守旧势力的阻拦，才将变革推行开来。北魏孝文帝拓跋宏，为了便于学习和接受汉族先进文化，加强黄河流域的统治，决心把国都从平城，即今山西大同，迁到洛阳，大臣们纷纷反对。他见认识实在难以达成，就假借出兵伐齐的名义，在秋雨连绵、道路泥泞中行军一个月。随同孝文帝而行的大臣们苦不堪言，又劝阻孝文帝不要伐齐。孝文帝则说，如不伐齐就迁都，两者只能取其一。许多文武官员见事到如此，才勉强同意迁都。即使这样，留在平城的贵族的反对之声仍然不绝。孝文帝派人去做宣传工作，而那些人又提出迁都是大事，还是卜卦来决定吉凶后再定。孝文帝阐明治理天下，应以四海为家，无需占卜问卦的道理，费尽口舌才将迁都之事定下。

三是难在创业艰辛。诸葛亮在《出师表》中概括追随先帝刘备创业的艰难，用了"受任于败军之际，奉命于危难之间，尔来二十有一年矣"的句子。其实，刘备在三顾茅庐之前，也是备尝艰辛。刘备与关羽、张飞桃园三结义时，年二十八岁，而他投身荆州时，已是四十多岁。近二十年时间里，他东奔西走，或被曹操追杀，或被吕布逼迫，或在袁绍处遭猜忌，到了荆州投刘表也是寄人篱下。曹操大军压境时，刘备竟无立身之地，落得个妻离子散，幸有赵云冒险救出阿斗。可见创业是多么不易。清代曾国藩创建湘军之初，也是困难重重，与太平军作战屡遭失败，曾国藩急得要投水自尽，幸得被人救起，才有了后来的发展。

四是难在强势干预。做前人未做的事，特别是否定前人的事，必然遭到旧势力的强大阻力。商鞅变法、王安石变法、张居正变法受到的阻力都很大。汉景帝刘启采用晁错《削藩策》来加强中央集权，激起吴王刘濞联合刘姓宗室、诸侯王发动"七国之乱"，景帝不得不杀晁错，以排除叛军所谓"清君侧"的理由。清朝末期的戊戌变法，遭到以慈禧太后为首的顽固势力疯狂镇压。维新派人士谭嗣同决意求死，他对身边人说道："各国变法无不从流血而成，今日中国未闻有因变法而流血者，此国之所以不昌也。有之，请自嗣同始。"之后，谭嗣同慷慨就义。戊戌变法也在流血中夭折。

"万里赴戎机"功不可没。北朝时期的一首长篇叙事民歌《木兰辞》中，有这样的诗句："万里赴戎机，关山度若飞。朔气传金柝，寒光照铁衣。将军百战死，壮士十年归……"木兰女扮男装、替父从军的故事，在中国广泛流传，人们无不钦佩这样一位投身战场、英勇杀敌的女英雄。在传统文化故事中，巾帼英雄的事迹不少，比如杨门女将中的穆桂英大破天门阵、十二寡妇征西，南宋抗金女英雄梁红玉金山擂战鼓、助丈夫韩世忠痛击金兀术于黄天荡，明末著名女将秦良玉率领兄弟参加抗击清军、平息张献忠之乱等，都留下了光彩照人的英雄形象。

　　当然,在古代男子当中,投身军旅、建功报国的英雄更是灿若繁星。汉武帝时的著名将领卫青,从小给人家做牧童,受尽苦楚。后因他姐姐卫子夫被选入宫,卫青的军事才能得到汉武帝赏识。卫青自带兵后,奉命先后七次远征匈奴,均取得胜利,足见他卓越的军事才能。卫青的外甥霍去病也是一位杰出的军事将领,十七岁时就领兵深入大漠,寻歼匈奴,取得全军最好战绩。之后,他多次率军远征,在河西之战中,歼灭和招降河西匈奴近十万人,直取祁连山,占领河西走廊,开辟西域丝绸之路。霍去病多次表达"匈奴未灭,何以家为"、"饮马瀚海,封狼居胥"的志向。他在乘胜追击匈奴时,曾在狼居胥山(今蒙古肯特山)举行祭天封礼,在姑衍山(今蒙古肯特山以北)举行祭地禅礼,兵锋一直逼至北海(今俄罗斯贝加尔湖),这在古代武将中是梦寐以求的最高荣耀,荣耀属于年轻的英雄胜利者!

　　东汉开国名将马援,在建立东汉政权时立下赫赫战功。之后,他仍领兵征战,西破陇羌,南征交趾,北击乌桓。在他二平岭南时,年龄已有六十二岁。汉光武帝刘秀考虑到他年事已高,本不想让他去。可他当面向刘秀请战,并披甲持兵、飞身上马,神采飞扬。刘秀赞他老当益壮,于是答应由他率军远征。马援在征战中说:"男儿要当死于边野,以马革裹尸还葬耳,何能卧床上在儿女子手中耶!"后来,这句话形成了"马革裹尸"的典故,形容好男儿立志战死沙场也无怨无悔的决心。马援在世时累官至伏波将军,世称"马伏波",受到后人的崇敬。

　　晚清时期的名臣左宗棠,为了维护中国主权和领土完整,力主收复被外部侵略势力控制的新疆。1876年4月,他在六十四岁高龄时,率领六万清军出征,为表达不收复新疆绝不复返的决心,特制一口棺木随行。不到两年时间,就将除伊犁之外的新疆领土全部收回。左宗棠随后大力经营和治理新疆,发展当地经济。清代诗人杨昌浚曾写七言绝句《恭诵左公西行甘棠》:"大将筹边尚未还,湖湘子弟满天山。新栽杨柳三千里,引得春风度玉关。"以歌颂左宗棠经营新疆的功绩。至今,新疆还能见到那粗壮挺拔的"左公柳"。

"家书抵万金"确需珍重。唐代诗人杜甫的一生充满艰辛坎坷,尤其是战乱给他和家庭都带来极大的痛苦。他在《春望》一诗中写道:"国破山河在,城春草木深。感时花溅泪,恨别鸟惊心。烽火连三月,家书抵万金。白头搔更短,浑欲不胜簪。"这首诗与其说是写思家心切,倒不如说是写国破家散的悲伤。杜甫晚年更为凄惨,他漂泊无定,又得不到亲朋好友的信息,带着对残破国家的忧心和此生怀才不遇的感伤,写了《登岳阳楼》一诗:"昔闻洞庭水,今上岳阳楼。吴楚东南坼,乾坤日夜浮。亲朋无一字,老病有孤舟。戎马关山北,凭轩涕泗流。"

古人看重家书的故事有很多,因为在那个信息不发达的年代,家书就是联络情感、倾诉亲情的纽带。晚唐诗人李商隐,少年失父、中年丧妻、一生漂泊,与妻子结婚不久,他就在旅宦中生活,聚少离多。一个秋天的雨夜,当他接到妻子的来信,触发了对妻子的无限思念,写下了《夜雨寄北》一诗:"君问归期未有期,巴山夜雨涨秋池。何当共剪西窗烛,却话巴山夜雨时。"然而,这种情感的寄托也是短暂的,在李商隐又一次离家后不久,妻子就永别人间,两人从结合算起只有十二年时间。

宋代苏轼与第一任爱妻王弗只结合了十一年,王弗年仅二十七岁就因病去世。亡妻病逝十年后,苏轼写下了一首千古流传的诗词:"十年生死两茫茫,不思量,自难忘。千里孤坟,无处话凄凉……"

宋代李之仪的《卜算子》:"我住长江头,君住长江尾。日日思君不见君,共饮长江水。此水几时休,此恨何时已。只愿君心似我心,定不负相思意。"这首小令同样表达了男女相爱的思念和分离的怨愁。

既然说书信,还有唐代诗人王湾的《次北固山下》一诗值得一提,诗曰:"客路青山外,行舟绿水前。潮平两岸阔,风正一帆悬。海日生残夜,江春入旧年。乡书何处达?归雁洛阳边。"诗的后两句以归雁传书表达了作者对家乡的深切思念。北固山,是镇江三山名胜之一,以险峻著称,因三国故事而名扬千古,据传"甘露寺刘备招亲"的故事就发生在这里。

中国古代"家书"的珍贵,与不发达的书信传递方式有直接关系。说起来,古代通信的历史并不短,商朝时就利用烽火传递信息,西周已有快马轻车传递方式。秦始皇统一中国后,在全国修驰道,"车同轨,书同文",建立了以国都咸阳为中心的驿站网,制定了邮驿律令。汉代邮驿继承秦朝制度,并统一名称叫"驿",规定十里一亭,三十里置驿。唐宋之后,邮驿大大发展。明代时,还开辟了海上邮驿。尽管如此,当时的信息传递和邮驿活动主要是官方所为,普通百姓信件传递难度很大,偏僻乡村更无信网驿站沟通,遇有战乱,千里传书更是奢望。在这种情况下,说到"家书抵万金"并不为过。

　　为了解决"两地书"的问题,古代人也想出了一些办法,演绎了不少美好的神奇故事。关于"鸿雁传书"的故事,据《史记》记载,汉武帝时,汉使臣苏武被匈奴拘留,并押在北海苦寒地带牧羊,与外界音信全无。后来,汉朝派使者要求匈奴释放苏武,匈奴人却谎称苏武已死。这时有人暗地告诉汉使苏武在北海牧羊的真相,并给他出主意,让他对匈奴人说:汉皇在上林苑射下一只大雁,这只雁足上系着苏武的帛书,证明他并没有死,只是受困于北海。这样,匈奴人无法再掩盖事实真相,只得将苏武放回汉朝。从此,"鸿雁传书"的故事便流传下来,而鸿雁,也就成了信差的美称。

　　在《山海经》一书中,记载着"青鸟传书"的故事,说青鸟共有三只,是西王母的信使,它们能够飞越千山万水传递信息,将吉祥、幸福、快乐的佳音传递给人间。据传,西王母曾经给汉武帝写过书信,传书使者就是青鸟。青鸟一直把西王母的书信送到汉宫承华殿前。后来,青鸟传书的故事也多为人们所引用。李白有诗"愿因三青鸟,更报长相思",李商隐诗曰"蓬山此去无多路,青鸟殷勤为探看",崔国辅诗中说"遥思汉武帝,青鸟几时过",李璟写诗道"青鸟不传云外信,丁香空结雨中愁"等,借用的都是青鸟传书的典故。

　　古籍中也有"信鸽传书"的记载。相传在楚汉相争时,刘邦被项羽追击而藏身于一个废井之中,他放出一只鸽子求援而获救。五代后周王仁裕在《开元天宝遗事》书中说道:"张九龄年少时,家中养有一群鸽子,每当与亲朋好友书信往来,就把书系在鸽足上,鸽子凭着教会的方向,飞往投之,张九龄目为飞奴,见到的人都感到稀奇惊讶。"可见,信鸽传书并非空穴来风。

　　"风筝传书"也有其渊源。风筝的制作工艺是由墨子传给公输班,即鲁班,鲁班用竹子做成喜鹊的样子,称为"木鹊",能在空中飞翔达三天之久。风筝在南方称"鹞",在北方称"鸢"。清代高鼎曾写诗:"草长莺飞二月天,拂堤杨柳醉春烟。儿童散学归来早,忙趁东风放纸鸢。"纸鸢就是纸糊的风筝。楚汉相争时,汉将韩信指挥垓下之战,将项羽的军队四面包围,韩信派人用牛皮制作风筝,上缚竹笛,放在楚军军营上空。竹笛迎风作响,汉军又唱楚歌和之,涣散了楚军士气,楚军终于瓦解,这就是"四面楚歌"的故事。五代南朝"侯景之乱"时,梁武帝被侯景围困,他在城中也曾放风筝向外求援,不幸被叛军发觉射落,之后台城被攻陷。

"尺素传书",又叫"鱼传尺素",此典故出自古乐府《饮马长城窟行》:"客从远方来,遗我双鲤鱼。呼儿烹鲤鱼,中有尺素书。"古代用绢帛书写文字,通常长一尺,因此尺素借指书信。相传,三国时吴国人葛玄与河伯书信往返,就将书信放入鲤鱼之中充当信使。唐代贞观年间始用厚茧纸制信函,形若鲤鱼,腹中可以藏书,名曰"鲤鱼函"。宋代词人晏殊在《蝶恋花》一词中就写道:"槛菊愁烟兰泣露,罗幕轻寒,燕子双飞去。明月不谙离恨苦,斜光到晓穿朱户。昨夜西风凋碧树。独上高楼,望尽天涯路。欲寄彩笺兼尺素,山长水阔知何处?"

古代民间还有一个"柳毅传书"的爱情传说,说的是秀才柳毅赴京应试,途经泾河畔,见一牧羊女悲啼,上前询问缘故,方知是洞庭龙女三娘,嫁给泾河小龙后遭受虐待,遣放在此牧羊。柳毅遂仗义为三娘传送家书,从洞庭古井入水告知龙王其女受虐情况。三娘的叔叔钱塘君闻知侄女有难,飞赴泾河,杀死作恶的泾河小龙,救回龙女。三娘得救后,深感柳毅传书之义,请叔叔钱塘君作媒欲嫁与柳毅。柳毅为避施恩图报之嫌，拒婚而归。三娘铁心要嫁，就与父王化身渔家父女与柳家相邻而居。日久生情，柳毅与三娘感情加深，三娘即以真情相告，两人结为伉俪。如今洞庭湖君山岛尚存"柳毅井"古迹，美好的传说给人以如何为人处世的丰富想象。

"家和万事兴"兴在仁和。中国传统文化中"和"字文化博大精深，和者同也，为同一信仰而追求、为同一目标而奋斗、为同一事业而奉献是大德大和，为同一船渡而共济、为同一责任而担当、为同一族兴而行义是共存共和。有了"和"，风险能化解，坚冰能冲破，家族能兴旺，事业能发展。

可以先看一看"义门陈氏"的故事。义门陈氏发源于江西德安县的一个江右民系家族。从 731 年起，这个家族延续了三百三十二年不分家的历史，合居一处的家人达到三千九百多人。陈氏提倡孝义立家，制定了严格的家法，宗族所有人口皆守法有度。当遇到荒年时，举家喝粥咽菜，和谐相处，相依为命，从不相争，也不叫苦。吃饭时成年人同桌共餐，未成年人单独而坐。他们养狗百余只，进食时只要一只狗未到，其他狗则不食。有一年，朝廷宣陈氏长者入朝，赐予一只御鸽。长者归家后，将鸽子剁碎，与酿酒和在一起，合门三千余人共同尝其味道。皇帝得知后，都称赞其"义门也"。唐代时，唐僖宗御笔亲赠"义门陈氏"匾额。此后，义门陈多次受到朝廷表彰。宋仁宗时，下旨让义门陈分庄天下，家长把全家人吃饭的大锅吊起来，砸下来后碎成多少片就分多少庄。最后，义门陈氏分为天下两百九十一庄，遍布全国。从一个家族的发展史，不难看出"家和"极其重要。

中国有一句古语，叫作"兄弟同心，其利断金"。《魏书·吐谷浑传》记载,吐谷浑的首领阿豺有二十个儿子。阿豺临终前担心儿子们互相争位、离心离德,便对他们说:"你们每人拿一支箭来,把箭折断后放在地上。"过了一会儿,阿豺又对他的同母的弟弟慕利延说:"你拿一支箭折断它。"慕利延折断了。阿豺又说:"你再拿十九支箭把它们一起折断。"慕利延怎么也折不断了。阿豺对他们说:"你们每个人就犹如一支箭,只有同心协力,才能有力量,保护好我们的领土。"后来,阿豺折箭遗训的故事教育了很多人。

春秋时,有一个"管鲍之交"的故事,说的是齐国有一对很好的朋友,一个叫管仲,一个叫鲍叔牙。年轻时,他俩一起做生意,本钱几乎都是鲍叔牙出,可是赚了钱管仲却拿得比鲍叔牙还多。旁人认为不妥,鲍叔牙却说:"管仲这样做,是因为家里穷又要奉养母亲,应该理解他。"后来,他们一起去参加战斗,每次进攻时,管仲总是躲在后面,而撤退时,管仲又跑在前面。大家认为管仲是贪生怕死之人,鲍叔牙替他解释说:"你们别误会,他不是怕死,他得留着性命去照顾老母亲呀。"管仲听到之后说:"生我的是父母,而最了解我的人是鲍叔牙。"后来,公子小白当上齐国国主,欲以鲍叔牙为相,鲍叔牙却对小白说:"管仲各方面都比我强,应让他来任相国。"小白一听就说道:"管仲差点杀了我,是我的仇人,你怎能推荐他为相呢?"鲍叔牙则认为,当时是各为其主,现在如果将管仲请回来,他一定能辅佐君王治理好国家。小白听从鲍叔牙的意见,果然任用管仲为相,齐国得到迅速发展,成为春秋时首先称霸之国,管仲与鲍叔牙相知相交、同心协力的故事也传为美谈。

北宋年间,四川眉州苏氏一门家风、学风都很淳正,父子、兄弟三人相互砥砺、勤奋学习,道德文章超越常人。宋仁宗嘉定初年,苏洵和苏轼、苏辙父子三人都到了东京,由于受欧阳修的赏识和赞誉,他们的文章很快闻名于世,世称他们为"三苏",苏洵为老苏,苏轼为大苏,苏辙为小苏,均被列入"唐宋八大家"。清代名臣张鹏翮撰联赞"三苏"为"一门父子三词客,千古文章四大家",应是名副其实。苏轼、苏辙兄弟二人感情非常深厚,苏轼在密州外任时,因中秋酒后思念弟弟苏辙,写下了《水调歌头·明月几时有》一词,其中,"但愿人长久,千里共婵娟"成为不朽名句。苏轼因"乌台诗案"获罪坐牢,一直沉默的苏辙站了出来,上书皇上要求自己替兄坐牢,又宁愿自己贬官,也要救兄长一命。苏轼在狱中以为自己不会有出头之日,便写了一首诗《狱中寄子由》给弟弟:"是处青山可埋骨,他年夜雨独伤神。与君世世为兄弟,更结来生未了因。"据说这首诗连皇上都深受感动,遂赦免了苏轼。

应当看到,历史上家庭和内部不和的反面典型也不在少数,他们有的因争夺权位相互争斗,有的因扩充势力钩心斗角,有的因霸占财产对簿公堂,有的因言行不当反目成仇,演绎了一幕幕令人痛心的历史悲剧。《三国演义》中写到,袁绍临终之时,由其妻子刘氏及谋士审配等操纵,立三子袁尚为大司马将军,统领冀、青、幽、并四州之地。其长子袁谭深为不满,欲与袁尚一争高下。恰在此时,曹操率军来攻,袁谭无力抵抗,只得向袁尚求救,但袁尚只派几千兵马相助,想借曹操之手除掉其兄,逼得袁谭准备降曹。袁尚这才前来救助,并与袁熙等合力抵抗曹军,曹军一时难以取胜。这时郭嘉向曹操献计,说袁绍废长立幼,而袁谭、袁尚二人势力相当,各树党羽,互相争斗。如果进攻太急,他们就会协力一致对付我们;如果暂缓攻击,他们之间就会相互争斗火并。果不其然,曹军撤退不久,袁谭与袁尚即大动干戈。袁谭敌不过袁尚,便派人向曹操求救。曹操乘机挥军北向,首先打败袁尚、袁熙,后又消灭掉袁谭等人,从而一举平定河北。袁绍一门"四世三公"、拥有四州之地的资源就此灰飞烟灭。

　　清朝时期爆发的太平天国运动,起初形势一片大好,仅用两年多时间,就占领江宁,即今南京,定其为都城,改称天京。然而,就是自称"男人皆兄弟,女人皆姊妹"的太平军,很快就陷入争权内斗、相互残杀的局面,终于在相互猜忌、打压之中耗尽实力,分崩离析,落得惨败下场。无数史实告诫人们,团结就是力量,分裂就是毁灭,大到一个国家、一个社会,小到一个团体、一个家庭,概莫如此。这一亘古不变的铁律应为世人永远铭记。

善用水者，善莫大焉

唐代大诗人李白在《将进酒》一诗的开头写道："君不见黄河之水天上来，奔流到海不复回……"北宋范仲淹在《苏幕遮》诗中写道："碧云天，黄叶地，秋色连波，波上寒烟翠。山映斜阳天接水，芳草无情，更在斜阳外……""天上来"也好，"天接水"也罢，论起黄河源头，它位于青海腹地。河源一为扎曲，扎曲一年之中大部分时间干枯无水；二为约古宗列曲，仅有一个泉眼，是一个东西长约四十公里、南北宽约六十公里的椭圆形盆地，内有一百多个小水泊；三为卡日曲，卡日曲最长，是以五个泉眼开始的，流域面积也最大，在旱季也不干枯，是黄河的正源。据古籍记载，黄河古称河，又名浊河，也叫中国河，也有称之为"中华民族的母亲河"，它是中国第二大河流。"黄河文明"是古老中华民族力量凝聚和华夏精神文化的突出象征。相传，早在尧舜时期，黄河就是一条有名的河流，古籍《尚书·禹贡》中，曾有夏禹"导河积石"的记载。真正比较明确地认识黄河及其源头是在唐代以后。据记载，唐代贞观年间，大将李靖、侯君集、李道宗等，曾"次星宿川，达柏海上，望积石山，览观河源"。"贞观年间，文成公主出嫁入藏时，吐蕃王松赞干布在河源亲迎。"后来，唐史刘元鼎出使吐蕃，还曾专门考察过黄河源。到了元代和清代，中央政府曾多次派出专使查勘黄河源。清乾隆年间，确切地查明了黄河的真正源头。

黄河之水虽源自山泉，但"天水"之城却真实存在。公元前688年，秦武公置邽县，后改为上邽县。公元前221年，秦始皇置三十六郡时，上邽是陇西郡中一县。汉武帝时，置天水郡，上邽也是其中一县。天水得名，源于"天河注水"的美丽传说。在三千多年前，天水地区人烟稠密，村寨成片。秦末汉初，战火纷乱，加之天气久旱无雨，上邽百姓苦不堪言，心急如焚，于是虔诚地祈求神明降雨。就在一天半夜，天上突然响起了震耳的雷声，狂风四起，飞沙走石，在震耳欲聋的雷声中，大地裂开了口子，只见天上倒下一股粗粗的河水，注入刚刚裂开的地下。当风平雷息之时，人们惊奇地发现大地裂口处出现了一个大大的湖泊，"天水"和湖水滋润了旱裂的土地，大地恢复了往日的生机，人们认为这是神灵的威力，"天河注水"的事情越传越广。当汉武帝得知此事后，下旨在上邽湖边筑起一座城池，把新郡设在这里，取名为"天水郡"。

天水又传是人文始祖伏羲诞生之地，素有"羲皇故里"之称，境内留有大量的伏羲文化遗存，至今伏羲庙犹在，前来祭祀和参观的人们络绎不绝。天水境内的麦积山石窟始建于十六国之后秦时期，后代累有增修重修，绵历一千五百余年，它与甘肃敦煌的莫高窟、山西大同的云冈石窟、河南洛阳的龙门石窟并称为中国著名的四大石窟。

　　历史上,天水是兵家必争之地,"得陇望蜀"的典故就与天水有关。东汉初年,隗嚣割据陇地,公孙述割据蜀地,自立为王,二人相互勾结,对抗朝廷。建武八年,光武帝刘秀与大将军岑彭率军攻破天水,岑彭又与偏将吴汉把隗嚣包围在西城。公孙述派兵来援救隗嚣,驻扎在上邽,光武帝又派盖延、耿弇将其包围,自己回兵东归。回到京都的刘秀,给岑彭去信说:"两城若下,便可带兵向南击破蜀虏,人苦不知足,既平陇,复望蜀。"意思是平定陇地后不要满足,还要乘胜南下平定蜀地。后来人们用"得陇望蜀"的成语指得寸进尺、贪得无厌的意思。

　　三国时期,天水处于蜀魏交锋的前沿,诸葛亮第一次北伐时,痛失街亭、智收姜维、计杀张郃等重大事件,都发生在天水。天水又是个人杰地灵的地方,西汉名将李广、赵充国,东汉著名辞赋家赵壹,三国时期蜀国名将姜维,十六国时期前秦皇帝苻坚等均出于此地;唐太宗李世民和唐朝诗人李白等,祖籍也在陇西;那个乱政东汉、被群雄讨伐、最后被吕布杀死的董卓也是天水人。这些名人身上演绎了许多曲折动人的故事。

　　由天水之"水"想到了"上善若水"。"上善若水",出自老子的《道德经》:"上善若水。水善利万物而不争,处众人之所恶,故几于道。居善地,心善渊,与善仁,言善信,政善治,事善能,动善时。夫唯不争,故无尤。"意思是说,人的最高境界,就像水的品性一样。水善于帮助万物而不与万物相争。它停留在众人所不喜欢的地方,所以接近于道。上善的人居住要像水那样安于卑下,存心要像水那样深沉,交友要像水那样相亲,言语要像水那样真诚,为政要像水那样有条有理,办事要像水那样无所不能,行为要像水那样待机而动。正因为像水那样与万物无争，所以才没有烦恼。这一极富哲理的经典名句，可谓是开"水文化"之先河。自此，中国历史中，关于水的文化不断丰富发展，如带水字的成语如鱼得水、行云流水、源头活水、一清如水、千山万水、跋山涉水、一衣带水、高山流水、一江春水、蛟龙得水、水天一色、水木清华、水乳交融、水涨船高、水落石出、水到渠成、水波不兴、水滴石穿等等。这些成语，又生发出许多与水有关的事件和故事，给人们以深刻的启示与教育。

水可载舟，亦可覆舟。这句话出自《荀子·王制》，后因唐太宗李世民经常以此话告诫众人，因此广而传之。在这里，是将百姓比作水，君主和朝廷比作舟，百姓可以推动王朝大舟破浪前行，也可以使王朝大舟在风浪中倾覆，所揭示的道理相当深刻，也被历史史实所一再证明。

《国语·周语下》中有一则故事，说的是周景王即位以后，为了个人行乐，下令把全国的好铜收集起来，铸造两口大钟。单穆公劝谏说："大王两年前铸大钱废小钱，已经使百姓受到很大损失。现在又要造大钟，这不仅劳民伤财，而且用大钟配乐，声音也不会和谐。"但周景王不听劝谏，仍下令继续铸造。两口大钟铸成后，一口叫"无射"，一口叫"大神"。一个敲钟的人为了奉承周景王，故意说："新铸的大钟，声音非常悦耳动听。"于是，周景王就命他敲击，他听了以后，对司乐官州鸠说："你听听，这钟声多么和谐呀。"州鸠深知铸钟给百姓带来的苦难，便回答说："这算不得和谐。如果大王铸钟，天下的老百姓都为这件事而高兴，那才算得上真的和谐。可是，大王为了造钟，弄得民穷财尽，老百姓人人怨恨，所以我不知道这钟好在什么地方。俗话说：'众志成城，众口铄金。'如果万众一心,国家就能成为坚固的城堡而不能撼动;如果大家一致反对,就是金子,也会在大家口中消熔。"其后不久,周景王因心疾而死,周王朝也随即爆发了长达数年之久的内乱。

再看大秦国,秦孝公任用商鞅变法,废井田、开阡陌、重农桑、奖军功,百姓踊跃习武参军,秦国军团战力天下无双。之后,横扫六合,平定天下,一路凯歌高奏。然而,秦始皇死后,秦二世当政,秦王朝横征暴虐、滥用民力,在统一全国后仅仅过了十三年,就爆发了陈胜吴广农民起义,天下纷纷响应。又两年时间,秦朝的末日丧钟就被敲响。

再看看魏国兴衰存亡的情况。魏、韩、赵三家分晋后,魏国国力仅为原晋国的三分之一,并且国土分散,地处中原四战之地,稍有不慎就会面临亡国的危险。忧患的环境和勃勃雄心,使魏文侯成为战国时最早推行变法图强的君主。他用翟璜为相,改革弊政,以李悝变法,依法治国,又任用吴起进行军事改革。吴起从平民百姓子弟中挑选人员严格训练,练就了当时天下无敌的精锐重装步兵"魏武卒"。吴起率领魏武卒南征北战,创下了"大战七十二,全胜六十四,其余均解(不分胜负)"的奇功伟绩。在魏秦阴晋之战中,吴起以五万魏军,击败了十倍于己的秦军,创造了步卒五万人、车百乘、骑三千,而破秦军五十万众的以少胜多的著名战例。在与秦军较量中,魏武卒一直保持较高胜率,夺取秦国黄河西岸的五百多里土地,将秦国压制到华山以西的狭长地带,魏武卒由此名动天下,而魏国成为在战国时期最先强盛而称雄的国家。然而,战国中期之后,魏国穷兵黩武,不得人心,树敌众多,国内政治黑暗、体制落后,土地兼并严重,百姓的生活得不到保证,魏武卒逐渐退出历史舞台。到战国后期,秦始皇执政时,魏国已无法与强大的秦国抗衡,土地被秦逐步吞并瓦解。最后,魏国首都大梁被秦军引黄河、鸿沟之水灌城,魏军主力被秦军一举歼灭,魏国就此灭亡。

再看看陈胜、吴广揭竿起义后的情况。起义初期,响应者众,胜利接踵而至,于是,共推陈胜为王,建立了张楚政权。起义军进攻到达函谷关时,已拥有战车千辆、士卒数十万人。后因秦军反扑,战局一度不利。更为严重的是,随着反秦斗争的发展,起义军内部的弱点和矛盾逐步暴露。陈胜滋长了骄傲情绪,听信谗言,谋杀故人,与起义群众的关系日益疏远。派往各地的将领也不听陈胜节制,甚至为争权夺利而互相残杀。其间,围攻荥阳的起义军将领田臧与吴广意见不合,竟假借陈胜之命杀死吴广,结果导致这支起义军全军覆灭。之后不久,陈胜亦被叛徒庄贾杀害。轰轰烈烈的陈胜吴广起义只坚持了六个月,因内部分裂终告失败。

再来看看明朝的情况。明朝开国皇帝朱元璋本是一个穷苦农家人,起义后,他的手下将领,如徐达、汤和、常遇春、傅友德、沐英等,以及军中骨干队伍基本都是出身贫苦的农民。就是他们,为建立大明朝立下赫赫战功,将朱元璋拥登上皇帝宝座。可以说,明朝的建立所拥立的主体就是农民。然而,到了明朝末期,起来造反、推翻明朝政权的依然是农民队伍。以河南为例,历史上河南为鱼米之乡,明末朱明王室的七个藩王的封地就在这里,导致土地高度集中,加上当时连年灾害,百姓苦不堪言,生活难以忍受。李自成的起义队伍刚进入河南时,只有千余人,但官逼民反,这里的百姓纷纷加入起义队伍,短短几个月时间就达到数万人,河南多地被起义军占领。而当时在河南的明藩王中,最富有的是洛阳的福王朱常洵。朱常洵大肆占用土地,仅朝廷赐给他的良田就达四万顷,朱常洵还是不满足,请求皇上把川蜀的盐茶税也交给自己,皇上照允不误。这个福王终日沉湎酒色、寻欢作乐,体重达到三百多斤。他所聚财富只进不出,当时明朝边军粮饷不足,而朱常洵却一毛不拔,引起官兵怨恨,一些将士愤恨地说,洛阳富于皇宫,皇上耗天下之财养肥福王,却让官兵饿肚子打仗,这是何等不公平啊!有的官员劝说福王,拿些钱财援饷济民,福王不肯拿出。结果,当农民军攻到洛阳城时,城上士兵出现哗变,在里应外合之下,洛阳城很快被攻下。被农民军捉住的福王见到李自成后,连连叩头请求饶命。李自成命人将他剥光洗净,又到后园中宰了几头鹿,和福王放在一口巨锅里煮熟,名曰"福禄宴",与义军们共享。福王朱常洵的家产被抄时,数千人搬运数日仍然不绝,真是一个莫大的讽刺。类似福王这样的人为政一方,明朝岂有不败之理。

水可化险,亦可成险。唐代诗人杜荀鹤在《泾溪》一诗中写道:"泾溪石险人兢慎,终岁不闻倾覆人。却是平流无石处,时时闻说有沉沦。"这首诗告诉人们,越是有风险的地方,由于警惕、谨慎、有备、早防,反而能够化险为夷;越是认为平安无事之处,由于麻痹、松懈、大意、疏忽,往往出现"阴沟里翻船"现象。这正是事物相反相成的辩证道理。

司马光《资治通鉴》的开篇之作就讲到韩、赵、魏三家瓜分晋国的事件,史称"三家分晋"。到了春秋末期,晋国国君的权力衰落,实权主要由韩、赵、魏、智、范、中行六家大夫把持。他们各有自己的势力范围,相互钩心斗角、争打不断。后来,范、中行两家亦被打败,只剩下智、赵、韩、魏四家,这四家中又以智家的势力最大。智伯瑶当政时，向另三家提议，每家都拿出一百里土地和户口来归还给晋公，使晋国能够强大起来。韩、魏两家虽不情愿，但惧怕智伯瑶的威力，只好献出了土地和户口。赵家却不答应交出土地和户口。于是，智伯瑶联合韩、魏两家一起发兵攻打赵家。赵家组织兵马退守晋阳，智、韩、魏三家人马则将晋阳城团团围住。就这样相持了两年多，晋阳未被攻下。有一天，智伯瑶到城外查看地理，看到晋阳城东北的那条晋水，就想到引晋水灌城的方法。晋阳城被淹后，城中人跑到房顶上避难，百姓们恨透了智伯瑶，宁愿淹死也决不投降。智伯瑶约韩、魏两家统帅一起去查看水势，指着晋阳城得意地对他们说："你们看，晋阳不是就快完了吗？早先我还以为晋水像城墙一样能拦住攻方，现在才知道大水也能灭掉赵家。"韩、魏两家统帅听后都暗暗吃惊，原来他们两家的城邑旁边也各有一条河道。晋水能淹晋阳，那他们两家的城邑说不定哪天也被智家淹了。晋阳被淹后，赵家统帅非常着急，这时有门客提议暗中找韩、魏两家联络，赵家统帅派人去晓以利害，并相约如打败智家，则由三家平分智家土地，韩、魏两家自然同意。正当智伯瑶以为稳操胜券之时，一天半夜，营外传来一阵喊杀之声，智伯瑶惊醒后，发现衣服和被子全都湿了，原来是赵、韩、魏三家将水引向智家兵营。水势越来越大，智家军土崩瓦解，智伯瑶也被三家人马捉住杀掉了。后来，韩、赵、魏三家率军攻打智氏封邑，灭掉智氏，智家土地全由三家平分。公元前403年，周天子把三家正式封为诸侯，历史进入战国七雄时代。

　　借水用兵的策略在《三国演义》中，可谓是出神入化。东汉末年，曹操率数十万人马顺江而下，试图一举平定江南。东吴孙权和刘备联合,由大都督周瑜统领兵马与曹军在赤壁一带隔江对峙。当时曹操兵马多为北方人,不习惯舟船颠簸之苦,于是将船只用铁链首尾连接。诸葛亮和周瑜看出破绽,采纳老将黄盖所献苦肉计、火攻计,趁曹军不备,烧毁大量的曹军舟船,曹军遭到惨败。赤壁之战是中国历史上以少胜多、以弱胜强的著名战役之一,此战奠定了魏、蜀、吴三国鼎立的基础。苏轼在《赤壁怀古》一词中,着意刻画了周瑜"雄姿英发、羽扇纶巾,谈笑间,樯橹灰飞烟灭"的英雄形象。

在《三国演义》中,"水淹七军"的故事也很精彩。关羽进攻樊城,曹操命大将于禁为南征将军,庞德为先锋,统率七路大军,星夜去救樊城。两军交战后,关羽被庞德之箭所伤。箭伤愈合后,关羽听关平说曹兵移到城北驻扎,便骑马登高观望,看到北山谷内人马很多,又见襄江水势凶猛,水淹七军之计油然而生,遂命部下准备水战,又派人堵住各处水口。一日夜间,风雨大作,滔滔江水犹如万马奔腾,大水从四面涌向曹军兵营,士兵淹死很多。于禁、庞德率军士登上小土山躲避,关羽带大军冲杀而来,于禁见四下无路,只得投降,庞德被生擒后拒不投降被杀。此一战,关羽之名威震华夏,也是关羽征战史上最辉煌的一章。

三国末期,魏灭蜀国后不久,曹魏政权落入司马氏之手。晋武帝司马炎当政后,开始筹划灭吴计划,一方面,改善内政,开发农业,储备粮草,并在晋吴边防线上瓦解对方士气;另一方面,优选将帅,制造楼船,编练水军。而当时的吴国,地跨大江南北,军队总人数有二十余万,尤以水军为强,有舟船五千余艘。但是吴主孙皓不修内政,暴虐荒淫,导致民穷财竭、上下离心,又自恃水军强大,凭借长江天险,戒备松懈。为了阻止西晋进攻,吴国采取消极防御的办法,在西陵峡上游处的长江主航道上设置障碍物,即在江面上安装了拦江的铁链,水下布设了许多尖锐的铁锥,以为这样就能封锁航道,使西晋舟船无法通过。279 年 11 月,晋武帝见时机已成熟,发兵二十余万水陆并进,分六路进军攻打东吴。由王濬率领水军从益州出发,用火油烧断锁江铁链,用木筏扎住铁锥,开辟江上航道,摧毁了吴国认为固若金汤的江上封锁线。在陆上兵马有力的配合下,直趋吴国都城建业。吴主孙皓在走投无路的情况下,只好打着白幡出石头城投降。后来,唐代刘禹锡写了《西塞山怀古》一诗:"王濬楼船下益州,金陵王气黯然收。千寻铁锁沉江底,一片降幡出石头。人世几回伤往事,山形依旧枕寒流。今逢四海为家日,故垒萧萧芦荻秋。"就是对这段历史的回顾。

无独有偶,五代十国时,南唐本来实力不弱,尤其是其水军,凭借长江之险,占有很大优势。起先,北方后周军队与南唐军数次交锋,夺取了南唐在长江以北绝大多数据点,又不断缴获南唐军的船舰,壮大后周水军。同时,后周还疏通通济渠,使汴水与淮水相通,解决了军粮及时运输到前线的问题。周世宗柴荣病死后,赵匡胤黄袍加身,改后周为"宋"。宋军一直咄咄逼人,攻四川,灭南平,取南汉。南唐当时应有进取之机却畏葸不前,待宋军腾出手来,集中兵力对付南唐时,南唐仍有驻扎湖口的多达十五万之众的水军兵力。但其主帅朱令赟被宋军疑兵之计吓住,不敢进击,之后,被宋军用火攻一举击败。南唐最后这支强大的军事力量被消灭后,李煜最后的希望随之破灭,只好屈膝降宋。南唐后主李煜被俘后,终日以泪洗面,写下痛彻肺腑的《虞美人》一词:"春花秋月何时了,往事知多少？小楼昨夜又东风，故国不堪回首月明中。雕栏玉砌应犹在，只是朱颜改。问君能有几多愁？恰似一江春水向东流。"宋太宗看到此词，心中愤恨，命人用牵机药将李煜毒死。

《水浒传》中，写到梁山好汉之一的张顺。他生在浔阳江边，长在小孤山下，因生得白如雪练，水性精熟，人称"浪里白条"。张顺"没得四五十里水面，水底下伏得七日七夜"，是为浔阳江中一霸。黑旋风李逵与之相斗，他把李逵激到船上动手，将李逵灌了一肚子水。张顺投梁山后，曾把高俅率领攻打梁山的海鳅船凿穿，并把高俅生擒上梁山，为梁山立一大功。然而，在梁山泊好汉受招安、奉命征伐方腊时，他见杭州城久攻不下，不等宋江将令，便从水中潜入城下，结果扒到城门一半时，被城上守军发觉，乱箭、乱枪、乱石将张顺打死在涌金门外的水池之中。浪里白条终在水中丧命。如今，杭州涌金公园的涌金池中，仍有张顺塑像。

水可清澈，亦可污浊。有一首《孺子歌》为："沧浪之水清兮，可以濯我缨；沧浪之水浊兮，可以濯我足。"意思是，沧浪江的水清澈啊，可以洗我的冠缨；沧浪江的水浑浊啊，可以洗我的脚。这首歌最早出自《孟子·离娄》，记述的是孔子听到小孩子唱了一支歌，便说道，是由清水洗缨，还是由浊水洗足，自己思考后来决定。后来，《楚辞·渔父》之中写到，屈原被放逐后，遇到一渔父与之对话，渔父问他为什么被流放至此？屈原说："举世皆浊我独清，众人皆醉我独醒，所以被放逐。"渔夫劝他"与世推移、随波逐流"，不要"深思高举"，自找苦吃。屈原则表示，宁可投江而死，也不能使清白之身，蒙受世俗之尘埃。于是，渔父走了，唱出了上面几句歌："沧浪江的水清，可以洗我的冠缨；沧浪江的水浊，可以洗我的脚。"渔父之歌,带有相劝屈原之意,但屈原不为所动,正所谓人各有志,不能强求。

《庄子·秋水》篇中记述:庄子在濮水边钓鱼,楚威王派两个使者来见庄子,说楚王将要把国家大事托付给他,荣华富贵唾手可得。庄子听了仍然持竿钓鱼,头也不回地说:"听说楚国有只神龟,死了有三千年,楚王将它用布巾包好放在竹盒里,藏在祖庙的殿堂上。请问这只龟,是宁愿死了留下一把骨头让人祭祀显得尊贵呢,还是宁愿活着拖着尾巴在泥里爬自由自在呢?"两个使者说:"当然是宁愿活着拖着尾巴在泥里爬。"庄子说:"那么你们就请回去吧,我宁愿学那只在泥里爬的龟。"这就是庄子淡泊名利、归于本性的人生哲学,也是一种对生存社会深刻警醒的政治态度。有道是:"欲如水,不遏则滔天。"

宋代范仲淹在《江上渔者》诗中写道:"江上往来人,但爱鲈鱼美。君看一叶舟,出没风波里。"意思是江上来来往往的行人,只是喜爱味道鲜美的鲈鱼,可是你看看那一叶捕鱼的小舟,在风浪中颠簸,要冒着多大的风险呢?这实际上是在提醒人们,不要因为自身的享乐而忘记别人的风险和痛苦。

唐代诗人杜牧在《泊秦淮》一诗中写道:"烟笼寒水月笼沙,夜泊秦淮近酒家。商女不知亡国恨,隔江犹唱后庭花。"诗中说的是"商女",即卖唱的歌女,实际上讥讽的是那些骄奢淫逸、醉生梦死的统治阶层。秦淮河的水会映照过往之人"清者自清"、"浊者自浊"的人生百态。

历史上,洁身自好者大有人在。晋代名臣陶侃年轻时曾任浔阳县吏。一次,他派人给母亲送了一罐腌制好的鱼。他母亲收到后，原封不动地退了回去，并写信给陶侃说，你身为县吏，用公家的物品送给我，不但对我没有任何好处，反而增添了我的担忧。陶侃阅信后深受教育，自此严于律己、廉洁为政。

明代最著名的一位清官，是出生于海南琼山的海瑞。他生活非常节俭，穿粗布衣袍，吃粗粮糙米，蔬菜让老仆人自种，有请托之人送礼一概不收，请求办事之人设席一概不吃。在州、县任官时，严厉打击豪强和贪官污吏，力主疏浚河道，修筑水利工程，造福当地百姓，遂获得"海青天"的赞誉。有人认为海瑞严苛得不近人情、不通人事，但他不为所动，仍坚持自己的行事作风。海瑞临终之前，朝中送来的柴金多出了七钱银子，他也要算清退回去。他死后，其事迹为后人所景仰。

当然，那些贪财贪利、欲壑难填之人也搅浑了一池清水。童话《神笔马良》故事中，说到一个喜欢画画的孩子叫马良，一心想学好画画的本领。一天夜间，他在梦中获得一位老人赠予的神笔。醒来之后，他用神笔画出的画瞬间就能变得活灵活现。一个财主得知消息后，强逼马良画出一座小岛，岛上长出摇钱树。财主又让马良画好船只，急不可耐登船上岛取宝。船在海上行驶时，财主嫌船速太慢，不停地要马良加大风力。马良画了一笔又一笔，财主仍嫌不够，结果添加的风力掀起滔天巨浪，船只在风浪中翻沉消失，财主落得个人财两空。童话故事虽当不得真，但故事寓意非常深刻。

春秋晚期，吴国夫差为王，任用伯嚭为太宰，伯嚭是个贪财好色之人。当吴国打败越国，越王勾践欲求和谋生，便派越国谋臣文种带着美女、珍宝，暗中献给伯嚭，通过伯嚭竭力说通吴王夫差，免了勾践一死，只是押在吴国为奴。之后，越国不断向伯嚭行贿，伯嚭见利忘义，竟然做起卖国通敌的肮脏交易。在伯嚭的一再庇护劝说下，吴王夫差竟放勾践返回越国，为吴国的灭亡埋下了祸根。之后，伯嚭在不断接受贿赂中，替越国多次向吴王进美言、说好话，使吴王放松了对越国的防备之心。伯嚭又数进谗言，陷害伍子胥，伍子胥被逼自尽而死。越国勾践卧薪尝胆，十年生聚，终于攻灭吴国，一雪前耻，而伯嚭这个贪财卖国的奸人，终被越王勾践杀死，伯嚭被牢牢钉在历史耻辱柱上。

再来看看隋炀帝开凿大运河。本来开凿大运河在经济上、军事上有其积极意义，但隋炀帝好大喜功，一面连续三次发动征伐辽东的战争，一面征调百万之众修凿运河，全国承担兵役和徭役的民丁总数达到三四百万之多，弄得民怨沸腾，民不聊生。隋炀帝仍不顾百姓疾苦，乘舟由大运河巡游，大肆搜刮江南财富。为了沿途观光，征调大量人力沿千里河堤，遍栽柳树，赐名"杨柳"。正是这种不顾民生、不惜民力的任性作为，将大运河的碧波变成了浊浪，激起国人共愤。隋炀帝被群起而攻之，落得身败名裂的下场，而大运河正是最好的历史见证。至今，大运河仍在经济、交通上发挥着独特的作用，造福于运河沿岸的人们，带给人民秀丽的风光美景，但隋炀帝在人们心目中的荒淫昏乱形象却难以改变。

水可积聚，亦可干涸。林则徐说："海纳百川，有容乃大；壁立千仞，无欲则刚。"刘禹锡说："山不在高，有仙则名。水不在深，有龙则灵。"治国犹如治水，治国之要，在于得人。人心齐，泰山移；人才兴，国乃盛。大禹治水的成功，关键在于获得商部落的契、东夷的皋陶等有力的支持；商汤能够取无道之夏桀而代之，是因为得到几百路诸侯的积极响应；周武王孟津会盟，聚集了八百诸侯的力量,才打败暴虐残忍的商纣;萧何月下追韩信,汉军才有了战无不胜、攻无不克的大将军。

历史上,关于聚才、用才的事例很多。秦昭王是个雄才大略之主,当他得知范雎熟知兵法、谋略超群时,亲自驱车拜访范雎,先后五次跪而请教。范雎深感秦昭王的诚意,决意竭力辅佐秦昭王成就霸业。秦昭王五跪得范雎的典故为世人所颂扬。

楚国将领子发是一个不拘一格用人才的典范,他将许多有一技之长的人招揽过来,其中一个号称"神偷"的人,也被子发奉为上宾。有一次,齐楚两国交战,楚军三次败北,统兵将军子发一筹莫展。这时,那个叫"神偷"的人主动请战,子发无奈之下答应让他试试。"神偷"第一晚将齐军主帅的睡帐偷来,第二天子发又派人送还;第二次,"神偷"又将齐军主帅的枕头偷来,再由子发派人送还;第三次,"神偷"竟然将齐军主帅的发簪偷来了,子发仍派人送还。齐军上下得知此事后,都感到恐惧后怕。齐军主帅对大家说:"如果再不撤军的话,恐怕我这人头就难保了。"齐军迅速撤退,楚军不战而胜。

三国时期的曹操,不仅自己多谋善断,而且十分重视选才、聚才、用才。他在《求贤令》中说:"自古受命及中兴之君,曷尝不得贤人君子与之共治天下者乎!"他不拘一格招揽人才,并坚持唯才是举、用人不疑、知人善任,即使是反对过自己的人,也不念旧恶。官渡之战起初,曹操的部下不少人暗中写信投靠袁绍。曹操取得官渡之战的胜利后,得到了这些书信。曹操身边人提议将这些写信之人一一查对,收而杀之。曹操却说:"当时袁绍势力强大,连我都不能自保,何况他们这些人呢?"之后,即命人将所有书信焚烧,不再追究责任，从此安抚了人心。曹操在徐州得到关羽后，明知关羽与张辽约定三事，不可久留，仍处处关心他。在关羽不辞而别时，还追上赠予锦袍，并令沿途关卡一律放行，可见他爱才、惜才之深。正因为曹操胸怀宽广，在他身边聚集了一大批当时天下堪称一流的文武之才，使得在与刘备、孙权及各地军阀的竞争中占据优势地位，为建立强盛的魏国奠定了根基。

　　唐太宗李世民也是广聚人才、善于用人的一代明君。李世民还是秦王时，太子李建成为削弱秦王府力量，将其府中的很多幕僚调离任地方官，李世民忧心忡忡。秦王府兵曹参军杜如晦也在调任之中。房玄龄当即对李世民说，杜如晦有辅佐帝王之才，秦王想经营天下，一定要有他才行。于是，李世民立刻上奏请求让杜如晦做秦王府属官。后来，杜如晦与房玄龄随李世民四处征战，处理府中遇到的各种复杂事务，包括"玄武门之变"的谋划，都发挥了重要作用。时传房玄龄多谋略，杜如晦善决断，两人相辅相成，同心协力辅佐李世民，"房谋杜断"的典故一直传为美谈。

　　唐太宗重用魏徵这个人才之例也很典型。魏徵早年参加过瓦岗起义，归降唐朝后，辅佐太子李建成。"玄武门之变"后，李世民问魏徵："听说你以前经常劝谏李建成要把我安排到别的地方去，你为什么要离间我们兄弟呢？"魏徵如实回答道："他要是按照我说的话去做，就不会有今日之祸了。"李世民见魏徵说话很是直爽，没有刻意隐瞒，便赦免了魏徵。李世民登上帝位时，任魏徵为尚书左丞。李世民多次召见魏徵询问得失之事，魏徵都能直言不讳。有一年，朝廷要征召士兵入伍，规定不满十八岁的青年男子，只要身体符合条件，也需征召。魏徵得知后，多次予以反对。李世民生气地问其缘由。魏徵坦然应对道："如果把湖水掏干,就可以把湖中之鱼全部捞干净,可是明年就没有鱼可捞了。如果把森林全毁光,林中的野兽无处藏身,那么明年也就没有野兽了。现在要把不满十八岁的男子也征召入伍,不留任何余地,那么田地由谁来耕种,以后的租税杂徭又将怎么去征取呢?"唐太宗听后恍然大悟,便接受了魏徵的意见。魏徵在此阐述的道理,实际上就是不能"竭泽而渔"。这一典故原出自《吕氏春秋·义赏》,比喻做事不留余地,只顾眼前利益,不顾长远利益。

与"竭泽而渔"相近的成语有一个叫作"涸辙之鲋",此成语典出《庄子·外物》。说的是庄子家里贫穷,所以前往监河侯那里借粮米。监河侯说："可以啊,我马上要收到租金了,到时借给你三百两金子,可以吗?"庄子脸变了色,愤愤地说："我昨天来时,听到了呼喊的声音,四周环顾一看,原来是有一条鲫鱼躲在干涸的车辙中。我问鲫鱼呼喊什么? 鲫鱼说,他本是东海海神的臣子,不小心掉在这里,能不能找到一升半斗的水让他活命呢? 我说,可以啊,我要去南方游说吴国、越国的君主,请他们引西江之水救你,可以吗? 鲫鱼变了脸色,愤愤地说,我失去了平常所需要的水,没有了生存的地方,现在只要得到一升半斗的水就可以活命,你竟然说些没用的话,还不如及早到干鱼店里去找我呢。"这个典故后来比喻在困境中亟待救援的人。

其实,英雄也有落魄之时,历史上救人于危难之中的故事还真不少,比如韩信忍饥挨饿之时为漂母饭食所济,林冲发配沧州之时在野猪林为鲁智深所救,朱元璋缺粮断食之中被老妇"珍珠翡翠白玉汤"滋养等。隋朝末年,山东豪杰秦琼受命前往潞州办事,不幸染病于途中,所带盘缠全部耗尽,借宿住店又被逼交房钱。万般无奈之下,他牵着心爱的坐骑黄骠马到西门外的二贤庄去卖。二贤庄庄主单雄信听说有人卖马,便去相马。他听说卖马之人是从济南府来的,便打听仰慕已久的好汉秦琼的情况。秦琼在穷困潦倒之中羞于说出真实身份,推说秦琼是他好友。单雄信闻说他是秦琼好友,即修书一封托他转交秦琼,又将马买下,并以银两、绸缎作礼物相赠。后来,当单雄信从朋友处得知卖马之人正是秦琼时,便四处寻找,两位英雄终得相识。秦琼在二贤庄养好了病,离别时单雄信为其黄骠马配上金镫银鞍,从此二人结下深厚的友谊。后来,秦琼随李世民征战,单雄信则至死抗唐,但秦、单二人在患难之中结下的兄弟情谊始终如故。据说,单雄信死后,秦琼专门为其建造一所祠堂,取名"报恩祠",以报潞州知遇之恩。中国人常用"滴水之恩,当涌泉相报",大概说的就是以上这些情况吧。

水可畅流,亦可壅塞。南宋朱熹在《观书有感》一诗中写道:"半亩方塘一鉴开,天光云影共徘徊。问渠哪得清如许,为有源头活水来。"读书如此,处世也如此。尤其是居高位、握重权之人,善于纳谏,听取不同意见,做到耳聪目明,十分必要。否则言语一旦堵塞,就如水之壅塞,决口之后就会带来大的灾难,甚至招致失国亡身之祸。

楚国曾有个关于"和氏璧"的悲壮故事,说的是一个叫卞和的人,在荆山砍柴时发现一块璞玉,于是他作为宝物拿来献给楚厉王。楚厉王让匠人查验,匠人却说是块石头,厉王愤怒之下令砍去卞和的左脚。到楚武王执政时,卞和再次携玉前来进献,武王让人鉴宝后,依然认为是块石头,武王怒而下令砍去卞和的右脚。到了楚文王即位时，卞和怀抱宝玉在荆山脚下痛哭，眼睛都哭出了血。楚文王派人来询问原因，卞和说道，我并不是因自己所受的酷刑、失去双脚而悲伤，而是悲伤宝玉无人能识别。于是，楚文王命人打开玉石，发现果然是一块稀世宝玉，经加工取名为"和氏璧"。之后，"和氏璧"又发生很多故事，"和氏璧"价值连城、举世闻名，甚至对中国历史产生了影响。

　　历史上，除了"厉王止谤"的典故外，还有一些事件教训值得深思。齐桓公原本是个很有作为的君主，他在管仲的辅佐下，任用贤明，国力日盛，成为春秋首霸。管仲重病之时，桓公问他，群臣中谁可以代你为相？管仲说，没有谁能比得上君主了解臣下啊。桓公说，易牙怎么样？管仲回答，他杀掉儿子用其肉来讨好君主，这样的人不能用。桓公又问，开方怎么样？管仲回答，他连自己的妻子都不顾，来巴结君主，这不符合人情，不能亲近这样的人。桓公再问，竖刁怎么样？管仲再答，他将自己阉割来接近君主，也是不符合人情，难以亲爱啊。管仲死后，齐桓公不听管仲之言，重用易牙、开方、竖刁三人。这三人把持朝政、狼狈为奸，齐桓公被蒙蔽，听不到朝廷内外的真实情况。齐桓公病重时，他的五个儿子为了争位互相攻打，齐国陷入混乱。齐桓公垂危之际无人问津，被易牙等三个奸人禁闭在寝殿中活活饿死，死后尸体在床上放了六十七天，尸体上的蛆都从窗缝里爬了出来。

　　无独有偶，赵国赵武灵王也是一代雄主，他在位时，因推行"胡服骑射"，国力得以强盛，灭掉了中山国，打败了林胡、楼烦二族，开辟了云中、雁门、代三郡。他晚年时，废掉太子章而传位于幼子何，即赵惠文王，他自己则称为"主父"。后来，他又想将赵国一分为二,让赵何、赵章各自为王。这一"分王"计划,引起了内部激烈斗争。公元前295年,"主父"、惠文王和赵章等游居沙丘宫时,赵章趁机发动叛乱,沙丘宫被围困三个多月,最后"主父",即赵武灵王也被饿死在沙丘宫中。

吴王夫差打败越国之后,伍子胥认为应一举灭掉越国,但夫差听信伯嚭谗言,对伍子胥的忠言充耳不听。伍子胥哀叹,大王不听忠言,眼看着吴国的末日就要到来了。伯嚭乘机诬陷伍子胥有谋反之心。夫差便赐死伍子胥,伍子胥临死前嘱人将自己的眼睛挖出,挂在东城门上,说他将亲眼看到越军是怎么攻入吴国城门的。伍子胥死后,夫差对外穷兵黩武,对内骄奢淫逸,无人敢向他再进忠言,吴国国力日渐衰落。结果,越军一举打进吴国,夫差临死时说:"悔不听伍子胥之言,我还有什么脸面在地下见他呢?"于是,以白巾盖脸自杀而死。

秦朝末年,谋士范增加入项梁的队伍,后尽心辅佐项羽。项羽曾尊称他为"亚父"。然而,随着项羽节节胜利,骄傲之情膨胀,连范增的话也听不进去。"鸿门宴"上范增数番示意项羽除掉刘邦,项羽终未采纳,范增气愤地骂道:"竖子不足与谋! 夺项王天下者,必沛公也。"刘邦的谋臣陈平抓住项羽多疑又自大的特点,利用反间计,使项羽与范增的关系日渐疏远,最终范增怏怏离去。项羽不仅听不进范增的意见,其他人的进言,他也难以接受。韩信原本是投奔项羽军中的,当了一名执戟郎中。有一次,韩信去向项羽大帐中献计。项羽傲慢地认为,小小的执戟郎中怎有资格进言,便将他赶了出去。韩信见在此无用武之地,遂转投刘邦军。正是被项羽赶走的韩信,在垓下之战中逼得不可一世的"楚霸王"走投无路,自刎而亡。项羽之死,不得不说与他刚愎自用的性格有很大关系。

事实一再证明,水流通畅,山川发祥;言路通畅,万事兴旺。善治水、善用水,是调理自然生态之道,也是治国理政之道。后人当以史实为鉴,让源头活水奔流不息,惠泽亿兆,则善莫大焉。

说说牵"牛"那些事

银鼠辞旧去，金牛迎新来。2021年是农历辛丑年，吉祥的预兆真不少，但最大的喜讯莫过于，华夏大地上祖祖辈辈的农耕人，到了这一代，随着金牛奋蹄的脚步声，将彻底与贫困告别，扬眉吐气过上幸福的小康生活。

在农业现代化水平大幅跃升的今朝，那种原始的"牛耕图"已不多见，取而代之的是各种农业机械大显身手。但人对牛的喜爱、人与牛的亲密关系，以及由此衍生的关于牛的种种历史文化却历久弥新，仍然令人情有独钟，挂在嘴边。你看那牛气冲天、牛运亨通、牛股相随、牛财旺盛、牛转乾坤、牛角勾福、牛劲十足、牛羊满圈、气壮如牛、金牛贺岁等等吉祥词语，无不借牛寓意，表达喜悦的心情和美好的祝愿。既然如此，不妨认真了解一下牛的前世今生，在"牛文化"中徜徉一番，得到一些新的启示。

根据考古学家的研究，普通牛起源于在西亚、北非和欧洲大陆生长的原牛。普通牛最初驯化的地点在中亚，以后扩展到欧洲、中国和亚洲。亚洲是野牛原种的栖息地,中国野水牛的驯化史可以追溯到距今大约七千年之前。相传华夏人类始祖炎帝,最早的画像就是牛首人身像,说明炎帝部落是以牛为图腾。到了夏商周时期,牛已作为贵族祭祀时的祭品使用。根据《礼记·王制》记载,西周时期,祭祀的等级也有明确划分,周天子还专门设置牛人一职,掌管用来祭祀的牛。天子将有牺牲牛的祭祀称为太牢,如果没有牛就称为少牢,以示缺乏上品,意为不吉。到了春秋战国时期,牛的种类有了增加,牛的用途更为广泛,例如用牦牛制作旗帜,或作为武器和衣帽上的饰品,牦牛肉也成为上佳美味摆上贵族餐桌。另外,这时的牛已作为交通工具,即役牛,和耕用土地,即耕牛使用。井田制下,已有官员专管役牛和耕牛。为了使牛得以驯服,从夏商周开始,就有对牛的穿鼻之术。在中国民间神话故事中,是太上老君看到人间翻土犁地的辛苦,便说服天上的两头大青牛来到人间,帮助人们拉犁耕种,一代一代传之久远。其实,牛耕是劳动人民在长期生产实践中的伟大创造,特别是春秋战国时期,随着制铁技术的提高,铁制农具大量出现,为其与畜力资源的结合创造了有利条件。经两汉和隋唐对"犁"的不断改进,牛耕已成为古代农村普遍运用并成为比"刀耕火种"、"石器助耕"更为先进的生产方式,一直沿袭到现代。

　　牛在进入人们生产生活的同时,关于牛的精神文化也在不断创造、丰富和发展。在星辰文化中,上古时代,中国先人们在靠近黄道面的一带仰望星空,将黄道附近的星象划分成若干个区域,称之为二十八宿。又将这二十八宿按方位分为东、南、西、北四宫,每宫七宿,分别将各宫所属七宿连缀想象成一种动物,以为是"天之四灵,以正四方"。其中,"牛宿"即为二十八宿之一,属玄武七宿的第二宿,有星六颗,又称牵牛,因其星群组合如牛角而得名,"每年八、九月黄昏时经过中天"。

在生肖文化中,牛作为十二生肖符号之一被排在第二位。这里有一个故事。相传牛是玉帝殿前的差役,经常往返于天上人间传递信息。有一次,人间给玉帝报来信息,说是大地山川草木不生,绿色全无,请求玉帝赐给人间草籽,将土地绿化、美化一番。玉帝认为有理,便询问谁愿意到人间播撒草种,牛应声愿往。玉帝担心牛粗心办不好事,但牛坚持要去,并表示如办不好甘愿受罚。于是,玉帝同意了牛的请求,并特意交代走三步撒一把草籽。没想到,牛出了天宫后,不小心跌了一跤,将玉皇大帝的旨意误记为走一步撒三把草籽。结果,第二年大地上野草丛生,土地却无法耕种。人们又将此情况托灶神告知玉帝,玉帝召牛来问,果然是牛粗心办错了事。玉帝便按事先约法,罚处牛下到人间,啃吃野草,并帮农夫耕种土地。又命天将将其踢落凡尘。牛在落地时,嘴巴碰在山石上,被磕掉了上排牙齿,再也长不出上牙。牛被贬人间后,知错即改,任劳任怨,勤恳踏实帮助人们干活,又默默无闻啃食野草,得到人们的喜爱。在排生肖时,本来将牛列为首位,但投机的小老鼠藏在牛角上,抢先一步占了位置,牛屈居第二。因为牛反刍的时间一般是在夜间,所以又对应于凌晨一至三时,即十二地支的"丑时"。

古代牛车作为一种交通工具,与马车出现的时间应差不多。商代时就有乘坐牛车的记载,因为当时中国马匹稀贵,马车较牛车自然也显得尊贵。但到了魏晋时期,坐牛车开始成为一种风尚,那种慢节奏的出行,甚至连皇上都喜欢。《魏书》中记载,北魏皇帝出行时乘坐用十二头牛牵引的牛车。到隋唐五代时,乘坐牛车之风仍方兴未艾。

汉字文化中,以"牛"为偏旁部首组成的字有很多,其中,"牺牲"一词值得一解。古代作为祭品用的纯色牲畜为牺,牺牛就是纯色的牛;牲则是祭祀用的全牛。"牺牲"一词本义是指祭祀用的牲畜,后引申为为了某种目的而付出自己的生命或权益,又特指为正义事业舍弃生命。还有"特"字,本义是指公牛,引申为表示单独之意的奇数,又由此引申出特殊、独特,后进一步引申为专为某事,又引申指不公开的、专门做某事的人,如特务。此外,还可以用作副词,表示仅、独、只等。还有"犊"字,指小牛。《庄子·知北游》中有:"德将为汝美,道将为汝居,汝瞳焉如新出之犊,而无求其故。"后演化为"初生牛犊不怕虎",即刚生下来的小牛不怕老虎。后比喻青年人思想上很少顾虑,敢作敢为。河北石家庄鹿泉区,有一抱犊山,山的四面都是峭壁,山路险峻,山顶却有数百亩耕地。相传北魏葛荣起义时,当地人为避战乱,抱犊上山,因此才有了抱犊之名。而在此之前,韩信伐赵之战中,布置部分人马每人手持一面旗帜,从小道上山摇旗呐喊,以作疑兵,赵军胆怯而退。

作为诗歌文化,以牛为状物的诗歌读之引人入胜,如《古诗十九首》之一有:"迢迢牵牛星,皎皎河汉女。纤纤擢素手,札札弄机杼。终日不成章,泣涕零如雨。河汉清且浅,相去复几许? 盈盈一水间,脉脉不得语。"刘禹锡写有:"如今直上银河去,同到牵牛织女家。"李商隐写道:"此日六军同驻马,当日七夕笑牵牛。"杜牧诗曰:"天阶夜色凉如水,坐看牵牛织女星。"黄庭坚诗句:"骑牛远远过前村,吹笛风斜隔陇闻。"都是脍炙人口。古人常用牧童骑牛吹笛描述山乡自由幽雅的自然风光,如杜牧在《清明》一诗中写道:"清明时节雨纷纷,路上行人欲断魂。借问酒家何处有? 牧童遥指杏花村。"《三国演义》中,写到刘备偶遇水镜先生,当时正值夕阳西下,捕食的倦鸟纷纷归林,山岗外,传来悠扬的竹笛声,牧童骑在水牛背上从郊外悠闲地返回家园,以此衬托水镜先生宁静致远的世外高人形象,一下子就把读者带入情境中。唐朝名人吕洞宾的《牧童》诗"草铺横野六七里,笛弄晚风三四声。归来饱饭黄昏后,不脱蓑衣卧月明",不就是描写如此番一样的自然生活画卷吗?

在传统文化中,有诸多关于牛的神话故事。有一则麒麟变牛的故事,说的是玉帝女儿乘骑的麒麟,趁仙女不备时,偷偷下到凡间偷吃庄稼。被农人发现后,不但撵而不走,还抓人、咬人。它觉得人肉味美,就弃庄稼不食,专食人肉。麒麟在人间作恶之事,终被巡逻天兵发现,并报告玉帝。玉帝遣天兵天将将它捉拿问罪,一脚踢掉它的上牙,罚它不再能够食肉,又命天将砍破它的蹄子,用树枝削尖穿过它的鼻孔,然后贬下凡尘。自此以后,麒麟就变成牛,老老实实听人使唤,因为人有了"牵住牛鼻子"的治牛办法。

还有一则牛神受罚的故事,说的是牛原来在天上是分管草籽的神。有一次,牛神查验仓库时,碰倒了一筐草籽,草籽纷纷落入人间。结果,人间到处杂草丛生,连原来能种庄稼的田地也长满了草。百姓因无粮可食,饿死很多人。玉皇大帝得知人间惨况后,就派天将查访原因,牛神碰倒草籽的事被暴露。玉帝就将它贬下凡尘,并罚它只吃草不吃肉,尽出苦力。牛神对玉帝的责罚感到很委屈,正在苦闷忧愁时,被天神打落凡间,摔掉了上牙。后来,它吃草总是填不饱肚子,太白金星告诉它,白天先将草吞下去,到了晚上再吐出来咀嚼,就不至于挨饿了,于是又有了夜间反刍的生活习惯。

中国古典小说《西游记》中,记述了孙悟空在东海水晶宫得了如意金箍棒,在花果山会了七个弟兄,第一个弟兄就是牛魔王。孙悟空大闹天宫,称齐天大圣时,牛魔王积极响应,自称平天大圣。孙悟空被压在五指山五百年后复出,此时的牛魔王已经娶铁扇公主为妻,二人有一子红孩儿,又纳玉面公主为妾,得到万岁狐王万贯家产。牛魔王还有一坐骑"避水金睛兽",下得了碧海深潭,好不威风。没想到,孙悟空因护唐僧西天取经,路阻火焰山,在借芭蕉扇时与铁扇公主相斗,牛魔王又掺和进来,与孙悟空各自大显神通,斗得天昏地暗。后来,奉玉帝圣旨,托塔天王李靖、哪吒太子并四大金刚率天兵天将围剿牛魔王,最终将它拿回西天。这一故事在《西游记》中写得十分精彩动人,牛魔王的雅号和形象也变得家喻户晓。

中国古代著名的四大民间爱情故事之一的《牛郎织女》,是从牵牛星、织女星的星名衍化而来。在星象文化中,牵牛星位于银河的东岸,织女星位于牛宿的北部,牵牛星与织女星合称为牛郎织女。每年夏季,两颗星看似离得较近,即为牛郎与织女相会。传说古代天帝的女儿擅长织布,七个仙女每天给天空织上万丈彩霞。其中最小的女儿厌倦了天宫冷清寂寞的生活,就避着天帝悄然下到凡间,嫁给了勤快种地的牛郎,过上了男耕女织的生活。后来,天帝得知小女私自下凡的情况后,命天将将女儿带回天庭,一对恩爱夫妻被活活拆散。而这时,牛郎所喂养的"神牛"开口说话,献出牛角为扁担,牛皮为箩筐,助牛郎挑着一双儿女上天寻找织女,但被一道天河挡住相会之路。他们日夜思念遥望,坚贞的爱情感动了喜鹊。每年农历七月七日,无数喜鹊飞上天庭,在银河上搭起鹊桥,牛郎织女即能在天河上相会,倾诉衷情。据说,这天夜半三更人们在葡萄架下静静倾听,似乎还能听到牛郎织女喁喁私语。

以这一爱情故事为蓝本,涌现了许多优秀的文艺作品。宋代词人秦观的《鹊桥仙》写道:"纤云弄巧,飞星传恨,银汉迢迢暗度。金风玉露一相逢,便胜却人间无数。柔情似水,佳期如梦,忍顾鹊桥归路。两情若是久长时,又岂在朝朝暮暮。"此词委婉动人、饱含真情,是不可多得的上佳之作。安徽黄梅戏大师严凤英主演的《牛郎织女》,戏剧情节跌宕起伏,歌词优美动听,将牛郎织女的爱情演绎得出神入化。该剧演出经久不衰,深受观众喜爱。

在传统神话故事里,还有一个"沉香救母"的故事。说的是汉代书生刘彦昌进京赶考时,顺道登华山一游,与庙神华岳三娘两情相悦,结为夫妻。刘彦昌后中榜,受朝廷任命,即将赴任之时,华岳三娘私自与凡人结婚的情况被其兄长二郎神得知。二郎神责怪妹妹触犯天条,要捉她上天受罚。三娘因身有宝物"宝莲灯",能够震慑神仙、妖魔。二郎神便让哮天犬盗走"宝莲灯",之后,将三娘压在华山下的黑云洞中。三娘此时已怀有身孕,她生下儿子沉香后,恳求夜叉将其送到父亲身边。沉香长大懂事后,知道了母亲被压在华山下受苦的情况,决心学好本领救出母亲。他拜吕祖为师,夜以继日地苦练不辍,学得十八般武艺样样精通。一日,练得精疲力竭、太阳偏西,但师父外出巡游尚未回返,沉香便到伙房找点吃的充饥,发现蒸笼里有用面捏成的九头牛和二只虎。他顾不得许多,将九牛二虎全部吃下，顿觉力大无比。吕祖回来后，告诉沉香这是为师有意为之，让他添上"九牛二虎之力"，就可以打败二郎神，并可用神斧劈开华山。之后，果然沉香战胜了二郎神，救出了母亲。"九牛二虎之力"作为一个汉语词汇，后指力大不可阻挡之意。

在《晋书·张华传》中，还有一个"气冲斗牛"的故事，《三国演义》中亦有引用。晋惠帝时，广武侯张华夜观天象，见斗宿与牛宿之间有紫气。他听说豫章人雷焕通晓纬象，就向他询问。雷焕说，这是宝剑的精华之气冲到天上去了。张华问他宝剑在什么位置，雷焕根据斗宿和牛宿的分野分析，豫章属吴地，吴越扬州是牛斗二星的分野，宝剑应在豫章的南边某地。于是，张华就让雷焕去当丰城县令，寻找宝剑下落。雷焕到任后，在一个监狱的屋基下找到一个石函，里面有一双宝剑，剑上刻字分别是龙泉、泰阿，剑光闪闪、炫耀夺目。得剑后，再观星象，紫气已经消失。雷焕送给张华一剑，自己佩戴一把。张华得剑后给雷焕去信说，仔细观察宝剑上文字，乃干将也，但莫邪又在哪里呢？剑有神灵之气，最终是要交合在一起的。后来张华被朝廷所杀，宝剑也不知下落。雷焕死后，他儿子携带宝剑过延平津，剑从鞘中跃出堕入水里，当即下水寻找，已不见剑影，只见两条龙卷起巨浪，一会儿就消失了。这一典故，初唐王勃在《滕王阁序》中写道："豫章故郡，洪都新府。星分翼轸，地接衡庐。襟三江而带五湖，控蛮荆而引瓯越。物华天宝，龙光射牛斗之墟……"在浙江杭州莫干山上，至今仍能寻到干将、莫邪夫妻二人共同铸剑的"铸剑池"。

"牛"字作为人的姓氏，其历史也是源远流长。牛姓的起源之一是商王朝开国帝王成汤的后裔。周灭商之后，周公旦封商朝皇族微子启于宋地,以奉汤王之祀,建立宋国。微子之后,有牛父,曾任宋国司寇。牛父在与西戎狄人交战中屡立功勋,后壮烈殉国。为纪念他的功绩,后世子孙即以其字为氏,称牛姓,牛父即为牛姓的始祖。另一起源出自西周时期"牛医先生"的封国,属于以国名为氏,还有以官位、职业起源的说法。北方少数民族汉化改姓为氏,也有牛姓之说。

在漫长的历史演进过程中,牛姓出了不少名声响亮的风云人物。东汉末年,曹仁有一位部将名牛金,英勇善战。曹魏建立后,牛金成为司马懿的部属,多次随司马懿征战蜀国和辽东,屡建功勋,官至后将军。司马懿当政时有代魏之心,当时有一本流传很广的谶书叫《玄石图》,上面记有"牛继马后"的预言。司马懿心中十分忌讳,怕牛金将来对子孙不利,就派人请他赴宴,在酒中下毒将其害死。其实牛金死得无辜,"牛继马后"另有其"牛"。司马懿的孙子司马觐袭封琅琊王后,其妻夏侯氏风流成性,与王府的一个名叫牛钦的小吏勾搭成奸,后生下司马睿。司马睿继承了帝位,却不是司马氏血脉,而是小吏牛钦的儿子,"牛继马后"的预言果然应验了。

唐代中后期,出了一位名叫牛僧孺的官员,一生中经历了德、顺、宪、穆、敬、文、武、宣八个皇帝,在唐穆宗、唐文宗时官至宰相。他既是政界的精英,又是文坛的名士,与当时著名诗人白居易、刘禹锡等常往来唱和。杜牧在《送牛相公出镇襄州》一诗中,曾礼赞牛僧孺"德业悬秦镜,威声隐楚郊"。但遗憾的是,以牛僧孺、李宗闵等为领袖的"牛党",与以李德裕、郑覃等为领袖的"李党",展开了长达四十年之久的"牛李党争"。这场统治阶级内部的派系斗争,不仅使参与其中的官僚两败俱伤,也导致社会各种矛盾趋于尖锐化,加深了唐朝后期的统治危机,朝政大权落入藩镇之手,加速了唐朝的灭亡。唐代诗人李商隐也成为其中一个受害者。李商隐原在"牛党"中的人物令狐楚幕府,受到令狐楚的信用和提携,后来阴差阳错,成为"李党"一派人物王茂元的女婿。尽管李商隐没有直接卷入党争,但两党都认为他是对方之人,他在夹缝中生存一直未能受重用。李商隐转而写下了许多扑朔迷离、曲折隐讳、精致婉转的爱情诗,虽官场不得意,但诗词成就很不一般。

　　南宋时期,河南鲁山出了一位抗金名将、民族英雄牛皋。牛皋出身贫苦,但力大如牛,加之有射猎技艺,在家乡组织的抗金活动中颇有功绩。后加入岳家军,在岳飞指挥下,攻随州、复襄阳、战淮西、擒杨幺,出生入死,屡立战功,官至宁国军承宣使,荆湖南路马步军副总管。他始终反对宋金议和,主张收复中原失地,并身体力行、冲锋在前。传统剧目中,有一出"牛皋招亲"的戏剧,说的是金国将领摩利支率领数万人马围困藕塘关,藕塘关总镇金节无力抵抗,遂派人请求于岳飞。岳飞便命牛皋先行助战。牛皋到达藕塘关后,吃酒正在兴头,关下金兵叫阵,牛皋索性上阵,故作醉态,乘摩利支不备,出其不意抽锏杀之,又乘胜掩杀,解藕塘之围。金节目睹牛皋之勇,欲将妻妹戚赛玉配与牛皋。牛皋不敢违背岳飞军令,花堂交拜之时,急逃回营,怎么劝说也不答应婚事。后岳飞亲临藕塘关,问明情由,考虑到众将士皆以身许国抗金,乃废除"临阵招亲者斩"的军法,亲自为牛皋、戚赛玉二人主婚,成就一对好姻缘。岳飞被害后,秦桧担心牛皋闹事,亦以毒酒将牛皋害死。牛皋死后,其尸骨葬在杭州西湖栖霞岭剑门关紫云洞口,与岳飞墓遥遥相望。由于敬慕其英名，来此吊唁祭拜的人不在少数。

明朝晚期，在李自成的农民起义队伍中，有一个少有的文人名叫牛金星。牛金星早年中过秀才、举人，略知孙吴兵法，因与豪绅恶霸纠纷，被诬告，官府革其举人之职。后经李岩引荐加入李自成"闯军"队伍，他向李自成建议"少刑杀，赈饥民，收人心"等主张，为起义队伍的壮大作出一定贡献，受到李自成重用。李自成在西安建立大顺政权，牛金星被任命为天祐殿大学士。但李自成进入北京后，牛金星以宰相之位弄权，热衷于登极礼仪，不断地劝进李自成。李自成从北京败退时，牛金星又进谗言杀害李岩，导致起义军军心涣散。后来他与其子竟投靠清廷，其人品气节皆受世人诟病。

由于牛和农耕社会人们的生活联系十分紧密，因而形成了许多与牛相关的风俗与传承。例如，人们习惯把那些罔顾事实说大话、假话、浮夸话的行为叫"吹牛"；把相互争执不下、谁也不让谁的行为叫"顶牛"；一些地方儿童玩的抽陀螺亦叫"抽牛牛"；把一种用面粉、白砂糖、麦芽糖加工制作的特产叫作"牛皮糖"；中国少数民族，如苗族、侗族，都有传统的"斗牛节"，以此展示敬牛、爱牛、拜牛的特性，村村寨寨在斗牛节时热闹非凡。

古代自周朝始，一直有个"鞭春牛"的习俗，即在立春日或春节开年时，举行仪式活动，鞭打春牛，同时进行象征性的耕地活动，表示新一年农事活动的开始。因爱惜耕牛，所鞭打之牛并不用真牛，而是用泥和纸做成的假牛，用柳条鞭打。此风俗兴盛于唐宋两代，尤其是宋仁宗颁布《土牛经》后，使鞭土牛风俗传播更为广泛。明清时期，此风俗沿袭下来，有诗曰："年年春打六九头，烟火爆竹放未休。五彩旌旗喧锣鼓，围看府尹鞭春牛。"说明官府高官也参加这一活动,而且场面十分热闹。康熙《济南府志·岁时》记载:"凡立春前一日,官府率士民,具春牛、芒神,迎春于东郊。作五辛盘,俗名春盘,饮春酒,簪春花。里人、行户扮为渔樵耕诸戏剧,结彩为春楼,而市衢小儿,着彩衣,戴鬼面,往来跳舞……立春日,官吏各具彩杖,击土牛者三,谓之鞭春,以示劝农之意焉……"

不仅官府组织鞭春活动,明清两代帝王,每年仲春亥日,也亲率百官,到先农坛祭祀先农神并亲耕,称之为籍田礼。皇帝亲耕的田地规制为一亩三分地,后来,社会上即留下来许多关于"一亩三分地"的话题。皇帝亲耕礼毕后,还会在观耕台观看王公大臣耕作。

敬牛、拜牛不仅是祈祷五谷丰登,还有降伏自然灾害的象征意义。河北邢台又名"卧牛城"。邢,是邢台最古老的地名,当时被称作"井"。邢地土肥水丰、百泉竞流,故称"井方"。邢台之所以被称为卧牛城,一说是春秋时邢台城为邢侯所建,经后赵、北宋扩建、整修,城墙周边有十三里二十丈,阔有六丈,上面可卧牛,所以俗称为卧牛城。二说是北宋沈括在《梦溪笔谈》记载,邢台城北有牛尾河,南有拴牛石,所以称之为卧牛城。还有一个传说,有一年这个地区连降暴雨,洪水泛滥,眼见城将不保,忽见城外一头神牛席地而卧,用身体挡住洪水,保护了百姓,后来人们在神牛卧过的地方定居下来,逐渐形成城镇,称之为卧牛城。

在山西永济西南蒲州古城西门外,距《西厢记》故事发生地普救寺和历史文化名楼鹳雀楼不远处,从蒲津渡遗址曾出土四尊"黄河大铁牛",为"天下黄河第一桥"蒲津桥的桥头地锚。铁牛铸造于唐开元年间,至今已有一千三百年的历史,每尊铁牛重约五十五至七十五吨,造型精美,健壮威风,印证了以牛伏水之说。这一传说,源自大禹治水的故事。大禹每治好一处水患,便铸造一头铁牛沉入河底,因为牛识水性,可以防止河水泛滥,后世多以借鉴。

在北京颐和园昆明湖东堤岸边、十七孔桥桥头不远处,有一只神态逼真、栩栩如生的铜牛,因古代也称铜为金,所以此牛也称"金牛"。是为清乾隆年间铸造,牛背上还刻有乾隆帝手书的《金牛铭》。在此放置金牛的目的,据科学考证,是因昆明湖东堤,比故宫的地基高约十米,为防昆明湖东堤决口,殃及紫禁城,故设此牛以观水位线,在洪水来临时加强皇宫的保护。乾隆帝在东堤置牛的同时,还曾在昆明湖西侧置有"织耕图"。如果将昆明湖比作天河,那么湖两侧一侧是牛郎、一侧是织女,可见这种设置真是蕴意深厚啊。

北京顺义区燕山南麓有一个牛栏山镇,该镇始建于明洪武元年,是京东八大古镇之一。境内坐落的山又名金牛山,相传山洞中曾有金牛出现,故称牛栏山。如今,牛栏山二锅头酒名气也很响亮。

在北京故宫博物院中,还珍藏一副由唐代韩滉创作的黄麻纸木设色画,即《唐韩滉五牛图》。它是中国十大传世名画之一,是少数几件唐代传世纸绢画作品真迹,也是现存最古的纸本中国画,历代文人雅士对其评价甚高。提起藏画藏书,便联想起曾做过周王室管理藏书的史官的老子,就是骑青牛来到函谷关,守关的长官尹喜很敬佩老子,想要留住他,但老子执意要出关云游。于是,尹喜就对老子说,先生若要出关也可以,但是要留下一部著作方可。老子便在函谷关写就一篇五千字左右的《道德经》,随后骑青牛而去,不知所终。《道德经》作为宝贵的精神文化财富一直流传于世。

在历史文化中,有许多有关牛的典故也很精彩,读之引人深思,给人启示。据《华阳国志》和《蜀王本纪》记载,战国时期,秦国欲征服蜀国,但通往蜀国的道路十分险峻,又年久失修。于是,谋臣给秦惠王献计,造了五头石牛,谎称石牛每天能拉千两金子,并要将石牛作礼物送给蜀王。贪财的蜀王派使臣前往秦国察看,秦人已预先将金子放在石牛屁股下,使者见之信以为真,回报了蜀王。蜀王即命民工昼夜修路,经过千辛万苦,修通了"金牛道",迎接石牛归蜀。然而,随石牛而来的却是秦国的虎狼之师,蜀国无力抵抗,很快就被秦国吞并了。这便是"金牛灭蜀"的典故。

《左传·哀公六年》中记载,齐景公有个庶子叫荼,齐景公非常疼爱他。有一次,齐景公和荼一起嬉戏,身为一国之君的齐景公,竟然口中衔着一根绳子,让荼牵着走。不料,荼摔倒在地,绳子牵扯的力量把齐景公的牙齿拉折了。荼吓得大哭起来,而齐景公不顾自己口中流血,却上前将荼揽在怀中抚慰他。齐景公临死前遗命立荼为国君。待齐景公死后,陈僖子欲另立公子阳生为君,大臣鲍牧便对陈僖子说:"汝忘君之为孺子牛而折其齿乎?而背之也!"由此,"孺子牛"的本意是指父母对子女过分疼爱。后来,因鲁迅写过"横眉冷对千夫指,俯首甘为孺子牛"的诗句,后人以"孺子牛"来比喻甘为人民群众作出无私奉献的精神。

形容父母对子女疼爱之情的,还有一个典故叫"老牛舐犊",出自《后汉书·杨彪传》。三国时,曹操手下有位谋士叫杨修。杨修非常聪明,时常猜透曹操的心思,他又暗中帮曹植出主意与曹丕争夺王位,遂引起曹操猜忌。一次,杨修随曹操出征,敌城久攻不下,曹操打算退兵,当晚传下的口令为"鸡肋、鸡肋"。杨修立刻明白曹操的意思,便与士兵说:"丞相打算退兵了。"众人听之,纷纷收拾行装,曹操巡营见此,非常吃惊,经询问知是杨修所为,便以他私传军令、扰乱军心为由将杨修杀掉。杨修死后,他父亲杨彪非常伤心,因思念儿子身体日渐消瘦。曹操见到杨彪问他为什么这般消瘦啊?杨彪叹气道,我很惭愧,没有能够像金日磾那样有先见之明,如今儿子死了,但还有一种像老牛舐犊一样的爱子之心啊!曹操听后十分感动,心中不免内疚。后来,就以"老牛舐犊"比喻父母疼爱子女。

汉代《理惑论》中有一个"对牛弹琴"的典故,说的是战国时期,有一个叫公明仪的人,古琴弹得非常好,曲子优美动听,许多人都喜欢听他弹琴。一次,公明仪心血来潮,携琴来到野外,见一头黄牛正在草地上低头吃草,便拨起琴弦对牛弹起来,可是老黄牛却无动于衷。他又换了一支简单点的琴曲弹奏,老黄牛仍没有反应。公明仪感到非常不解和失望,别人就劝他说,你不要为此生气了,不是你弹的曲子不动听,而是因为这个曲子牛耳朵听不懂啊。公明仪只好无奈而归。后来,就用"对牛弹琴"来讥笑听话的人不懂说话人说的是什么,也用于谈话不看对象,让人不能理解。

《新唐书·李密传》中有一个"牛角挂书"的典故,说的是隋朝有一个叫李密的人,非常喜爱读书。一次,李密骑着牛外出办事,就把《汉书》挂在牛角上,一边行路,一边读书,神情十分专注。这一情形恰让朝廷大臣杨素看到,杨素就主动跟李密交谈,觉得此人见识不凡,前途无量。杨素回来后,把情况讲给儿子杨玄感听,杨玄感遂与李密结交成好友。后来杨玄感起兵反隋,李密为他出谋划策,杨玄感没有采纳李密之计,兵败身亡。李密之后投奔瓦岗寨农民起义军,成为起义军首领。后来,人们用"牛角挂书"比喻人读书勤奋,学习刻苦。

东汉时期,有一位宗室名臣刘宽,在他身上发生了一则"刘宽让牛"的典故。刘宽任南阳太守时,勤理政事,仁厚宽恕,就算遇到很急迫的情况,也能镇定自若,脸色没有急切变化。他严以律己,宽以待人,有了功绩主动让给部属,遇到灾祸之时,便引咎自责,普通百姓也能感受到他的德政。刘宽有一次外出时,遇到一位丢了牛的人。那人看到刘宽拉车的一头牛,就认为是丢失的那头。刘宽闻言,也不作辩解,将牛解给他,自己直接下车步行回家。时隔不久,那个丢牛的人找到了丢失的牛,于是把刘宽的牛又送了回来,并跪地谢罪,请刘宽原谅。刘宽却安慰他说,东西有类似的,事情应该容许有失误,既然你把它送了回来,为什么还要道歉呢?人们听说这件事后,都敬佩刘宽胸怀宽广不与人计较的精神。在他的治理下,民风淳朴,上下关系和谐,百姓安居乐业。

西汉时有一位叫丙吉的大臣,在他身上发生了"丙吉问牛"的典故。他在汉宣帝时任丞相,十分关心百姓疾苦。一次外出考察民情,见到一群人在斗殴,路边还躺着死伤的人,丙吉对此却不闻不问,依然乘车而行。过了一会儿,他看到一位农夫赶着牛车,那牛步履蹒跚、气喘吁吁,丙吉当即下车向农夫询问情况。随行官员不解,遂问丞相为何如此重牛轻人。丙吉回答说,行人斗殴,有京兆尹等地方官处理即可,我只要适时考察这些官员的政绩,依据政绩赏罚分明就可以了。而身为丞相,所关心的应该是国家大事。现在问牛,是因为春天天气并不太热,而那头牛却不停地喘息,从中可以了解气候反常。如真的出现异常天气,农事就必然受到影响,进而影响到百姓生活,所以我才过问牛的事情。随行人听后,都对丙吉非常佩服。清代乾隆帝借"丙吉问牛"之事,在韩滉的《五牛图》上题诗:"一牛络首四牛闲,弘景高情想象间。舐龁讵惟夸曲肖,要因问喘识民艰。"对丙吉关心民事、真切务实的作风表示赞赏。

　　牛年说牛,爱牛敬牛,更要学习和弘扬"为民服务孺子牛、创新发展拓荒牛、艰苦奋斗老黄牛"的"三种牛精神",努力做一个志向高远、本领高强、道德高尚的人,以牛的稳健步伐走好人生奋斗的每一步,为社会发展、经济繁荣、民众安康作出应有的贡献。

喜气洋洋话"乔迁"

唐代大诗人杜甫曾有过"安得广厦千万间,大庇天下寒士俱欢颜"的美好愿景。当代社会,随着经济水平的快速发展和物质条件的不断改善,杜甫的夙愿已经不是奢望,越来越多人有了"风雨不动安如山"的良好居室。日常生活中,恭贺"乔迁之喜"成了一个高频用词。

搬入新居,当然是值得高兴和庆贺之事,但为什么用"乔迁"之词来表示呢?原来其中有个典故,典出《诗经·小雅·伐木》:"伐木丁丁,鸟鸣嘤嘤。出自幽谷,迁于乔木。"诗的原意是说,"丁丁"的伐木声音,惊动了栖于深谷之中的小鸟,鸟鸣叫着飞向高大的树木之上。后来,"乔迁"引申为人们迁入新居或做官之人升迁的祝贺用语。"乔"者,多用以形容高大的树木。《诗经·郑风·汉广》中写道:"南有乔木,不可休思;汉有游女,不可求思。"《诗经·郑风·山有扶苏》中写道:"山有乔松,隰有游龙,不见子充,乃见狡童。"唐杜甫有诗曰:"我昔游锦城,结庐锦水边。有竹一顷余,乔木上参天。"唐李德裕诗云："乔木幽谷上下同,雄雌不异飞栖处。"唐王昌龄诗云："远水对孤城,长天向乔木。"这些诗中所提"乔木"、"乔松",都表示高大的树木或松木。宋代著名诗人刘克庄还有一首七言绝句："掷柳迁乔太有情,交交时作弄机声。洛阳三月花如锦,多少工夫织得成。"该诗通过描写黄莺在柳林、乔木之间穿梭,发出犹如织机织布的美妙声音,将洛阳三月如同锦绣般的美丽春景,栩栩如生地展现给人们,给人以春光无限美好的传神想象。

　　"乔"字,也可作为姓氏。乔姓的来源,相传与黄帝有关。《史记·五帝本纪》记载,"黄帝崩,葬桥山"。桥山在今陕西黄陵县城北,有沮水穿山而过,山呈桥形,因此称之为"桥山"。黄帝的姬姓子孙有一部分在桥山守陵,以山名命氏,称为桥氏,换言之,桥氏本是姬姓的后代,而姬姓是黄帝的血脉。由桥氏改为乔氏,则在南北朝时期。东汉太尉桥玄的六世孙桥勤,在北魏任平原内史。北魏末年,魏孝武帝不堪忍受宰相高欢的专权横行,投奔西魏宇文泰,桥勤也在投奔之列。桥勤在西魏屡建功勋。一次,宇文泰心血来潮,让桥勤去其姓氏桥的"木"字偏旁,变成"乔"字,取其高远之含意。桥勤只得应承。自此,桥氏改为乔氏,世代相传下来。这应是乔氏正宗,另有少数民族汉化改为乔姓之说。

　　乔姓在历史上的名人,当首推乔玄,即桥玄。他是东汉时期名臣,在年轻时曾担任县里的功曹,官虽不大,却敢于与强权势力斗争。在查处陈相羊昌的罪行时,受到权倾朝野的大将军梁冀的阻挠,但桥玄坚持初衷不改,终于查清羊昌的作恶事实,将他用囚车押解进京,桥玄因不阿权贵而名声大振。桥玄历任要职,曾拜司空、司徒,又升太尉。他识人有独到的眼光。曹操年轻时,任侠放荡,不修品行,不受时人看好。就在曹操自己都感到气馁、失望时,桥玄却鼓励曹操说:"如今天下将要发生动乱,能够安定天下的不正是你吗!"曹操听后精神为之一振,也深感桥玄才是他的知己。后来,曹操果然成为风云人物。建安七年,曹操东征路过桥玄墓地时,特意撰文祭奠他,感佩桥玄品德高尚、仁爱宽容,奖掖后进、教诲有方。曹操又想起他俩的誓约。桥玄曾对他说:"我死之后,你如果从墓地经过,不拿一斗酒一只鸡来祭奠我,车马过去三步以后,你的肚子疼可不要怨我。"这样的玩笑话,曹操记忆犹新,既感到亲切,又感到凄怆。可见,他俩相知之深,感情之亲。在《三国演义》故事中,有大乔、小乔为"桥公"之女之说,其实,此"桥公"非彼"桥公"也。《后汉书·桥玄传》记载,桥玄为梁国睢阳人,而大乔、小乔之父为汉之庐江郡皖人,桥玄的年龄也大出"二乔"之父许多。不过,大乔、小乔因美女分别嫁与孙策、周瑜两英雄,历史上也留下了不少趣闻轶事。

关于乔姓人物,20世纪50年代末曾有一部戏曲电影,片名叫作《乔老爷上轿》。剧中说的是书生乔溪乘船赴京赶考,途中游览江南某名山古寺时,与天官府小姐蓝秀英相遇,两人一见钟情,互生爱慕之意。蓝秀英兄长蓝木斯是个浪荡公子,他在外游玩时,见黄家女儿黄丽娟年轻貌美,便强欲娶亲。黄家母女闻讯出逃,投宿于一客店。蓝木斯带家丁抬轿追至客店,只等天亮后行动。乔溪游山后迷失途径,歪走误撞也来到客店,见有空轿,便钻进去略事休息。蓝府家丁误以为轿中坐的是黄小姐而抬往家中。乔溪在轿内听得他们的阴谋,遂将计就计,换上轿内女装,扮成"新娘"进入蓝府。蓝秀英因不满兄长的行为,将"新娘"安置在自己房中,发现

"新娘"竟是古寺相遇之书生。此时,外面贺喜之人已陆续到达蓝府,蓝母得知真实情况后,担心事情张扬出去有失体面,遂将错就错,招乔溪为婿。蓝木斯则竹篮打水一场空。影片上映时曾轰动一时,后不少人用"乔老爷"调侃乔姓男子。

还有一出根据冯梦龙《醒世恒言》中故事改编的喜剧作品,叫作《乔太守乱点鸳鸯谱》。说的是宋景祐年间,杭州城里刘秉义和孙寡妇家各有一双儿女。刘家儿子刘璞和孙家女儿珠宜自小定亲,刘家女儿惠娘许给了裴九老的儿子裴政,孙家儿子孙玉郎则聘徐雅的女儿文哥为妻。待这些儿女都长大后,刘璞却得了重病,久治不愈。刘秉义夫妇想出了隐瞒刘璞病情,将孙家珠宜过门冲喜的主意。孙寡妇原本已答应婚期,但后得知真相,为了使女儿避免过门后的不幸,便将儿子玉郎男扮女装上了花轿。新婚之夜,刘秉义夫妇让女儿惠娘陪"嫂嫂"安寝,没想到玉郎和惠娘两相钟情、假戏真做。冲喜之后,刘璞的病情逐渐好转,孙寡妇得知后,便想让玉郎悄悄回家换珠宜去刘家。而这时玉郎和惠娘已是如胶似漆、难舍难分。惠娘母亲发现玉郎的真实身份,十分气恼。刘、孙两家闹得不可开交。惠娘的婆家得知情况后,也十分不满,将刘秉义告到官府,而这时刘秉义也来告孙寡妇。乔太守听完他们陈述的案情后,把刘、孙、裴、徐四家人都传唤到大堂之上,经一番调解,然后大笔一挥,巧点鸳鸯谱,令三对年轻男女各得其所,四家人皆大欢喜。该剧中的乔太守看似糊涂,实则有大智慧,因为"清官难断家务事",何况"生米煮成熟饭",只得将错就错,稳妥巧妙化解矛盾方为上策。后来,人们又用"乔太守乱点鸳鸯谱"比喻做事糊涂、胡乱指挥,这对那个"乔太守"似有不公,不过作为喜剧倒也无妨。

　　翻阅古诗词,发现不少诗人都不约而同提到过一个叫"王子乔"的名字。《古诗十九首》中有"仙人王子乔,难可与等期"。唐李白诗曰:"客遇王子乔,口传不死方。入洞过天地,登真朝玉皇。"唐贯休写道:"海中紫雾蓬莱岛,安期子乔去何早。"唐宋子问有诗道:"王子乔,爱神仙,七月七日上宾天。白虎摇瑟风吹笙,乘骑云气吸日精。吸日精,长不归,遗庙今在而人非。空望山头草,草露湿君衣。"宋文天祥也写道:"人苦不自足,空羡王子乔。"王子乔究竟是何许人也? 引起这么多诗人共鸣。原来,王子乔是东周时期周灵王的太子,名晋,字子乔,本姓姬。太子晋自小聪慧好学、温良恭敬、品德高尚,十五岁时即以太子身份辅佐朝政,与有识之士谈论天下大势和治国理政之策,很有见地,时人赞叹不已。灵王二十一年(公元前 551 年),周地发生洪水灾害,灵王下令用"围堵"的办法治理水患。太子晋认为不妥,并以大禹之父鲧治水不成功的教训试图说服灵王,提出聚土、疏川、障泽、陂塘等方法,来疏导洪水。太子晋直言不讳,触怒了周灵王,周灵王一怒之下将他废为庶人,他不到三年时间便郁郁而终。因太子晋能预卜生死,后人便说他成了神仙。汉刘向《列仙传·王子乔》记载:"王子乔者,周灵王太子晋也。好吹笙,作凤凰鸣。游伊洛之间,道士浮丘公接以上嵩高山。三十余年后,求之于山上,见桓良曰:'告我家,七月七日待我于缑氏山颠。'至时,果乘白鹤驻山头,望之不得到,举手谢时人,数日而去。"后来,太子晋的儿子宗敬当了朝廷司徒,看到周室衰微、天下大乱,便以老病为由辞官,避居太原。时人称之为王家,遂以王为姓,成为太原王氏始祖,而尊太子晋为系姓始祖。唐武则天封禅嵩岳时封太子晋为仙太子,并立庙祭祀。太子晋成了正义、仁德的象征。

　　乔字除有高大的含义外,还有假装、改扮之意。于是,组成了"乔装"之词。历史上,有两位名人乔装的故事耐人寻味。

　　一位是战国时期赵国的赵武灵王,他在实施"胡服骑射"改革,使赵国国力增强的同时,还注意了解掌握秦国的发展动向。赵武灵王决定派使臣出使秦国,他自己乔装成使臣赵招,而让真赵招扮成随从,出使途中,仔细察看秦国山水要隘,并制作成地图。到了秦国咸阳后,他以使臣的身份见到秦昭襄王,并告知赵武灵王已经传位给自己的儿子。秦昭襄王不解地问假使臣:"他为什么这么早就传位呢?"假使臣说:"这样做是为了锻炼太子,让太子提高治国本领,而国家大权仍在赵武灵王手中。"秦王与假使臣又谈到秦赵两国实力对比及结交事宜,气氛甚欢。到了晚上,秦王回想接见赵国使臣的情况,认为这位使臣见识不凡,准备再约谈一次。可是第二天那个赵国使臣却称病休息了。过了数天,秦王再派人去请使臣赵招,然而见到的赵招却不是原来之人。秦昭襄王在得知那个假使臣就是赵武灵王时,非常气愤,立即下令派兵追赶,待追兵到达函谷关时,却得知赵国使团三天前就已经出关。秦昭襄王无奈,只好把真赵招也放了回去。从这件事可看出赵武灵王的英雄胆识。

　　还有一个乔装打扮的故事说的是曹操。相传,匈奴派使臣到许昌请求拜见曹操,曹操觉得自己长得不够英武,形象不足以威慑远邦异国,便挑选一名既俊美又威风的人乔装成他,自己则扮作侍刀卫士,站立一旁。匈奴使臣求见之后,曹操安排人询问使臣,对魏王曹操印象如何。匈奴使臣如实说道,魏王长得非常儒雅,看似很有威望,但站立在魏王身边的那个侍刀卫士,精神气质才像一个真正的大英雄。曹操得到回报,顿觉大惊,立即派人前去追杀匈奴使臣,以绝后患。这一"曹操捉刀"的典故,在《三国演义》中也有描述。

乔字左边加个偏旁"矢",即为"矫"字。矫字也有假托的含义。历史上,曾发生多起矫诏事件,从而改变了历史走向或其本来面目。赵高拉李斯矫诏杀扶苏就很典型。秦始皇巡游天下时,途中突然发病,在感觉自己不行时,便让中车府令赵高代为起草遗嘱,给正在塞北边防的公子扶苏,让他回咸阳主持参与父皇的葬礼。秦始皇驾崩于沙丘平台后,丞相李斯担心诸公子闹事、天下有变,便采取秘不发丧的办法运送遗体往咸阳赶。而赵高本与胡亥关系密切,担心扶苏掌权对己不利,加之对支持扶苏的蒙毅、蒙恬兄弟的仇恨,便与胡亥密谋,改动诏书,以"矫诏"的方式杀掉扶苏,立胡亥为太子。他俩又利用丞相李斯担心相位为蒙恬取代的私心作祟,拉着李斯一起合谋伪造遗诏,严厉斥责扶苏、蒙恬二人,并将二人一并赐死。扶苏接到假诏后,悲痛万分,而蒙恬虽怀疑诏书恐有伪诈,却难以劝动扶苏回心转意,扶苏还是拔剑自刎了。胡亥最终登上皇帝的宝座,即为秦二世,强盛一时的大秦终败亡在秦二世手中。

还有一个矫诏事件,酿成了"八王之乱"。西晋开国皇帝司马炎知道其子司马衷智力不正常,临死前便下了一道诏书,让国舅、杨皇后的兄长杨骏和汝南王司马亮共同辅政。但外戚杨家与贾南风密商,将这道国舅、皇叔共同辅政的诏书,变成国舅大权独揽、皇叔出局的假诏。此后,杨家、贾家又钩心斗角、互相残杀,最终引发了"八王之乱"和"五胡乱华",战火蔓延中原大地,给百姓带来深重灾难,也给中华文明带来恶劣的影响。

用"矫"字组词,还可形成"矫情"一词,表示故意违反常情或掩饰真情之义。古代女子矫情的人物与事例很多,《红楼梦》中的王熙凤,矫情表现尤为集中;白居易《琵琶行》长诗中,写到琵琶女"千呼万唤始出来,犹抱琵琶半遮面",也似有矫情之嫌。男子矫情也有事例。《晋书·谢安传》记载,东晋以八万军力抗衡前秦八十余万大军,以少胜多,取得"淝水之战"的胜利。前线捷报传到东晋宰相谢安处时,谢安正在与客人下围棋。他看了捷报后,随意放在床上,脸上镇静如常,不露喜色,依然与客人专心下棋。客人问谢安,发生了什么事?谢安轻描淡写地说,小儿辈们在前方击破贼阵而已。待下罢棋客人离开后,谢安抑制不住内心的激动喜悦,过门槛时,竟把脚上穿的屐齿折断了。可见,他在客人面前只是刻意矫情、掩饰而已。

用"乔"字加"木"字偏旁,则组成一个"桥"字。桥,是架在水上或空中便于通行的建筑物。在中国,桥的发展源远流长。相传上古时期,黄帝有两个儿子,长子叫玄嚣,次子叫昌意。黄帝去世后,玄嚣当了部落联盟首领。玄嚣有一子名叫蟜极。蟜极长大后,经常随父亲外出劳动,每当经过河泊溪流时,不仅费去很多功夫,而且浑身湿透。于是,蟜极便与人合计,将大树砍倒,架在河上,人们就可以从树干上走过河去。后来,人们便把蟜极发明的这种帮助人过河的设施叫作"桥"。西周和春秋时期,桥梁除原始的独木桥和汀步桥外,还出现了梁桥和浮桥两种形式。秦汉和三国时期,创造了以砖石结构体系为主体的拱券结构,为之后拱桥的出现创造了条件。隋唐、两宋时期，桥梁技术有了迅猛发展，隋代工匠李春首创敞肩式石拱桥，即赵州桥闻名天下，北宋叠梁式木拱桥也享有盛誉。元明清时期，桥梁技术得到传承和延续。

历史上，关于桥的形形色色的故事还真不少。例如承载历史厚重的桥，有黄石公授张良《太公兵法》的下邳圯桥，有赵匡胤"黄袍加身"、取代后周当了宋朝开国皇帝的陈桥。

始建于隋代的河北赵州桥，本为匠师李春设计建造，后由宋哲宗赵煦赐名安济桥。赵州桥是世界上现存年代久远、跨度最大、保存最完整的单孔坦弧敞肩石拱桥，在世界桥梁史上占有独特地位。就是这个赵州的大石桥，有着另外的民间传说。相传，鲁班和他的妹妹一次途经赵州，被一条宽阔的河流挡住去路。只见河两岸等待渡船的人很多，但只有两只小船在河中摆渡，任岸上人着急也不得争渡。鲁班问岸边人，为什么不在河上修座桥？人们回答，这河宽数丈，水深浪急，哪里能找到能工巧匠修桥呢？鲁班听后，与妹妹商量，决定帮他们修造一大一小两座石桥。鲁班之妹也是要强之人，她让哥哥修大石桥，自己修小石桥，两人来一场竞赛，看谁修得快、修得好。鲁班见此，只得应承。兄妹二人定下天黑星星闪亮时动工，鸡鸣天亮时收工。鲁班之妹来到城西，待天一黑即急忙动手修桥，三更之时，小石桥已经修好。她随后悄悄跑到城南，看哥哥修桥如何。结果，河上却不见一根桥桩。正在纳闷之时，见哥哥赶着一群羊从山上来到河边，近前一看，却是一块块加工好的石料。鲁班之妹情知自己修的小石桥比较粗糙，立即赶回城西，在小石桥的雕刻细节上又下了一番功夫。之后，又跑回城南，眼见鲁班将大石桥即将造好，她故意与哥哥开个玩笑，偷学起鸡叫之声，引得附近百姓家公鸡都叫了起来。鲁班听得鸡鸣,赶紧装上最后一根望柱。赵州河上一夜之间修起两座桥,惊动了州衙府县和四乡八邻,来观桥的人络绎不绝。这件事传到仙人张果老耳朵里,他便约了柴王爷一起来看桥。张果老骑一头小毛驴,柴王爷推一辆独轮小车,找到鲁班,问大石桥能否经得起两人过去,鲁班信心满满地认为没有问题。没料想,张果老用法术聚来太阳和月亮放在驴背的褡裢里,柴王爷则用法术召来五岳之山,装在车上柴垛里,两人赶驴、推车上桥。刚一上去,眼见得大桥开始晃悠。鲁班情急之下,跳入河中,用双手撑起桥身,保住了大桥。桥上因此留下了驴蹄印、车道沟,以及大桥拱圈下鲁班的手印。当然,这只是个美好的传说而已。

在北京颐和园内,南湖岛与东堤之间有一座造型优美的十七孔桥,建于清乾隆年间。桥上石雕极其精美,每个桥栏的望柱上都雕有神态各异的狮子,大小共五百四十四只,比起卢沟桥的石狮子还多了五十九只。桥两头还有石雕异兽,十分生动。桥上所有匾联,均为乾隆帝御笔撰写。此桥蕴含着极高的历史文化、工程技术和建筑美学价值。

历史上,也有一些闪烁英雄形象的桥。例如,河南许昌城西的清泥河上,有三国名将关羽辞曹挑袍的"灞陵桥"。湖北当阳市北郊,有猛将张飞横矛喝退曹兵的"长坂桥"。后人有诗曰:"长坂桥头杀气生,横枪立马眼圆睁。一声好似轰雷震,独退曹家百万兵。"京剧《甘露寺》中桥玄有唱词:"当阳桥头一声吼,喝断桥梁水倒流。"说的都是这段英雄故事。河南安阳河上,有朱元璋征战胜利当上皇帝后,命人修建的鲸背状石桥"安阳桥","鲸背观澜"成为著名景观。

　　还有一些演绎爱情故事的桥,仅杭州西子湖就有白素贞和许仙相遇相识的断桥,梁山伯与祝英台依依不舍、来回十八相送的长桥,苏小小和阮郁乘油壁车、青骢马巧遇、两相情悦的西泠桥。云南"过桥米线",既承载着脍炙人口的美食故事,又流传着优美动人的爱情故事。如今,"过桥米线"的品牌做得颇为响亮,为许多人所喜爱。

　　古代文人对桥的关注不同寻常,往往借桥抒情咏物叙事,表达自己的心境和情怀。《三国演义》中,刘备求访诸葛亮,大雪纷飞中见一骑驴老者黄承彦,暖帽遮头、狐裘蔽体,后随一青衣小童,携一葫芦酒,顶风踏雪而来,口中吟出一诗:"一夜北风寒,万里彤云厚。长空雪乱飘,改尽江山旧。仰面观太虚,疑是玉龙斗。纷纷鳞甲飞,顷刻遍宇宙。骑驴过小桥,独叹梅花瘦!"作者如此安排,与其说是烘托刘备雪境诚心求贤的意境,倒不如说是暗寓诸葛亮即将出山所面临的大势和辅佐刘备之艰辛。唐代刘禹锡《乌衣巷》一诗:"朱雀桥边野草花,乌衣巷口夕阳斜。旧时王谢堂前燕,飞入寻常百姓家。"将世事无常、盛衰更替的时代变迁,阐发得淋漓尽致,读来既使人感叹不已,又给人对世事的认识以哲理之启迪。唐张继《枫桥夜泊》诗:"月落乌啼霜满天,江枫渔火对愁眠。姑苏城外寒山寺,夜半钟声到客船。"在孤寂幽远的意境中,给人们带来对战争、社会与人生、前程的认识以深沉的思考。元代马致远的《天净沙·秋思》:"枯藤老树昏鸦,小桥流水人家,古道西风瘦马。夕阳西下,断肠人在天涯。"这首小令与张继的《枫桥夜泊》有异曲同工之妙,借凄凉冷寂的秋景,抒发飘零天涯的游子思念绵绵、倦于漂泊的凄苦愁楚之情。唐代杜牧《寄扬州韩绰判官》一诗:"青山隐隐水迢迢,秋尽江南草未凋。二十四桥明月夜,玉人何处教吹箫。"着意刻画了深秋的扬州依然山清水秀、草木葱茏、月色皎洁、美女和乐的动人景象,表达了诗人对过往扬州生活的深情眷恋。不过,诗中的"二十四桥"却有不同释义:一说为扬州的二十四座桥;另一说是有一座桥名就叫二十四桥,据说古时曾有二十四位美女在桥上吹箫,所以得名。但也有人认为"玉人"指的是貌美之人或扬州歌妓。究竟孰是孰非,恐怕难以考证,但这并不妨碍对该诗的欣赏。如今,到扬州瘦西湖风景区内游览,则能看到重新修建的二十四桥景点,为古城扬州确实增添了新的风韵。

　　以上说了这么多世上的桥,在中国古代民间传说中,还有一种感到"人生苦短"的阴间之桥叫"奈何桥"。相传有一条路叫黄泉路,有一条河叫忘川河,忘川河上有一座桥为奈何桥。人死之后阴魂要经过黄泉路、奈何桥,在世时若是善者,过桥时会有神明护佑得以顺利过桥;在世作恶多端者,将跌入桥下的血河之中,被铜蛇铁狗、毒虫恶鬼咬噬、折磨。鬼魂一旦走过奈何桥,就有一个土台叫望乡台,望乡台边有个老妇人叫孟婆,忘川河边还有一块石头叫三生石。喝了孟婆汤就忘了过往的一切,三生石则记载着亡灵的前世今生。以此桥为界,将开始一个新的轮回。"奈何桥"当然当不得真,但它的善恶、是非观十分鲜明。

　　用"乔"字加"车"字偏旁,则组成一个"轿"字。据史书记载,早在先秦时期就有了轿子。《史记·河渠书》中说:"禹抑洪水十三年,过家不入门。陆行载车,水行载舟,泥行蹈橇,山行即桥。"这里的"桥"即指"轿"。可见,在夏朝时就有了轿子,但它的功能只是一种限于"山行"的专用交通工具。漫长的古代社会,轿子虽然不断改进和发展,但北宋之前,达官显贵主要是车马代步,年老体弱者方能乘轿,而那时的轿子叫"肩舆"。及至南宋,朝廷偏安一隅,享乐之风渐盛,加之江南一带多雨,官员们乘轿出行成为风尚。明清时期,轿子已不是一个普通的乘坐代步工具,而是严格的等级规制。轿子在种类上,分为官轿、民轿、喜轿、魂轿等。除了皇家特有的明黄色外,一般官轿用蓝呢或绿呢作轿帏,所以又称"蓝呢官轿"或"绿呢官轿"。民轿一般用黑色布料作盖帏,轿顶为平顶,抬轿之人不得超越规定。清代规定,三品以上京官使用四人轿,出京可以使用八人轿,外省督抚使用八人轿,普通官员则坐四人轿。因此,"八抬大轿"应是取得高级官员资格才能享用。但"八抬大轿"也有使用例外,富人家用花轿娶亲时,最隆重的形式莫过于"八抬大轿"。富家人乘轿在轿子的颜色、帏幔的布料上也有所变化。古时普通人一旦考取功名,取得秀才以上头衔者,"取它一个号,着它一件袍,纳它一位小,雇它一顶轿"往往是其标配,换言之,对其不用直呼其名,而是称"号",也有资格着长袍、纳小妾,外出可以雇轿乘坐了。

在国子监街的一旁,竖立着一块石碑,石碑上刻有"文官下轿、武官下马",这是表示对大成至圣先师孔子的景仰与尊重。相传,北宋时期的杨家将,一门忠烈,用热血和生命为大宋立下赫赫战功。宋太宗赵光义为褒奖杨家功绩,特意拨款修建"天波府"安置杨家,并在府前立有"文官下轿、武官下马"碑石。就是这块"下马石",引出了不少潘、杨两家的恩怨故事。

在民间,还有"官轿让花轿"的不成文规矩。其中有个典故,据说宋代某地有一溪流,溪上有桥供人们南来北往。有一日,一位女子要出嫁,新嫁娘乘着一顶花轿,在吹吹打打、热热闹闹中就要过桥。恰在此时,对面来了新任知县的官轿,也是在敲锣打鼓中走上桥头。两乘轿子在狭窄的桥上相遇,抬轿人互不相让,两边的喇叭、锣鼓各显声势,眼见得僵持不下。这时,新娘急中生智,让迎亲人递话给县老爷说:"新娘子出嫁一生一世只有一次,而县官老爷只要为官清正、广施仁德、治民有方,有的是升迁机会,将来还要乘'八抬大轿'……"一席话,说得县老爷喜形于色,于是,当即吩咐官轿向后退去,让过新娘子的花轿,还恭敬地站立在道旁示意祝贺。自此,"官轿让花轿"的传说不胫而走,后来成了约定俗成的风俗。

传统戏剧中,有一出著名的程派剧目《锁麟囊》,说的是登州富家女薛湘灵许配给周家公子,出嫁时,薛老夫人赠女锁麟囊,内装各色珠宝。结婚当日,薛湘灵乘花轿途中遇雨,只好到春秋亭暂避。这时,又来一简陋花轿,轿中乘坐的是贫家女赵守贞,因感世态炎凉而啼哭。薛湘灵让随侍问清缘由后,以锁麟囊慷慨相赠。雨停后,花轿各去。六年后,登州遭遇洪灾,薛、周两家逃难,薛湘灵失散后漂流至莱州,偶遇薛家用人胡婆。胡婆携薛湘灵至当地卢员外粥棚,恰巧卢员外正为其幼子天麟雇保姆,湘灵应募去卢家。一日,湘灵陪伴天麟在园中玩耍,天麟无意中抛球入一小楼,要薛妈上楼为其拾取。在楼上,湘灵找球时猛然见到六年前自己赠出的锁麟囊,百感交集,痛哭世道无常。原来,卢员外的夫人、天麟之母即是当年春秋亭相遇的赵守贞。卢夫人见状盘问薛妈,方知眼前之人就是六年前慷慨赠囊的湘灵小姐,遂敬为上宾。后来,薛湘灵一家终得团圆,薛湘灵与赵守贞结为金兰之好。该剧将困境之中伸出援助之手、"救她饥渴胜琼瑶"的薛湘灵,命运转换而终得回报的故事演绎得活灵活现,给人们留下无尽的思索,也对人的道德、良知以深刻的拷问。《锁麟囊》剧目深受观众喜爱,一直长演不衰。

明代张翰在《松窗梦语》中,记述了一个"轿夫湿鞋"的故事。说的是张翰初任御史时,去拜见都台长官王廷相。王廷相对他说,有一次乘轿进城遇雨,一个轿夫穿了双新鞋,开始总是小心翼翼找干净的路面落脚,担心弄脏了新鞋。后来,轿夫一不小心踩进泥水坑里,鞋面弄脏了,于是,轿夫再走路就无所顾忌地踩下去。王廷相认为,新官任事与轿夫穿新鞋走路是一个道理,一旦失去道德底线,就会破规破纪而不可收拾。张翰听了这些话,感到对自己非常受益,便时刻铭记在心,终身不敢忘记。此后,张翰一直严谨从政、廉洁为官,官至吏部尚书,名垂青史。

用"乔"字加"女"字偏旁,还可组成一个"娇"字。娇的本义是美好可爱,也引申为爱怜过甚、过分珍惜或柔弱之义。用娇字组词,有娇小、娇艳、娇嫩、娇美、娇惯、娇贵、娇影、娇好、娇姿等多个词组,含义非常丰富。娇与姣,字形相近,但含义尚有区别。"娇"一般用在对年轻美女内在气质和风度的形容上,而"姣"一般用在女子的外在形象与体态上。娇与骄的含义也有区别。"骄"的本义是健壮高大的马,即"马高六尺为骄",引申为自高自大,看不起别人和猛烈之义。南朝乐府中有"夜相思,投壶不停箭,忆欢作娇时"的民歌。魏晋左思《娇女诗》中有"吾家有娇女,皎皎颇白皙"之句,描绘了两个小女儿天真可爱的情态,透出浓浓的父爱之意。唐杜甫亦有"留连戏蝶时时舞,自在娇莺恰恰啼"的诗句。

据《吴越春秋》记载:"禹三十未娶,……禹因娶涂山,谓之女娇。"大禹忙于治水,三十岁尚未成家,后来,在涂山治水,见到女娇,二人互生爱慕之情,人禹在台桑与女娇成婚。婚后第四天,大禹就告别女娇,继续治水。有一次,大禹治水经过家门口,邻居告诉大禹:"女娇生儿子了,你应该回去探望妻儿。"大禹却说,治水要抢时间,无法分心回家。邻居认为,既然不能回家,也应该给儿子取一个名字呀。于是,大禹就将儿子命名为"启",意思是说"治水启行"。就这样,大禹在外治水先后十三年,三过家门而不入,女娇在家含辛茹苦带大了孩子,并教给他许多道理。大禹继承了舜的王位后,封女娇为妃。禹死后,他的儿子启通过武力征伐伯益,将其击败后继位,成为中国历史上由"禅让制"变为"世袭制"的第一人。自此,宣告原始社会结束,开始了奴隶社会。启是传统上被公认的中国第一个帝王。

历史上,发生在娇艳美女杨贵妃身上的故事当不在少数。白居易的《长恨歌》对杨贵妃的娇美、娇态、娇情多有描写,如"回眸一笑百媚生,六宫粉黛无颜色"、"侍儿扶起娇无力,始是新承恩泽时"、"云鬓花颜金步摇,芙蓉帐暖度春宵"、"金屋妆成娇侍夜,玉楼宴罢醉和春"、"云鬓半偏新睡觉,花冠不整下堂来"、"风吹仙袂飘飘举,犹似霓裳羽衣舞"、"玉容寂寞泪阑干,梨花一枝春带雨"、"含情凝睇谢君王,一别音容两渺茫"等等,仿佛那个倾国倾城的娇影就在眼前飘过,这就是文学艺术的吸引力。

唐代诗人李商隐写过一首《为有》的七绝诗:"为有云屏无限娇,凤城寒尽怕春宵。无端嫁得金龟婿,辜负香衾事早朝。"这是以娇情美女的身份,描绘她心理活动的状态,虽嫁得高官夫婿,却嫌春宵苦短，夫妻不能一起恋在温暖香衾中的缺憾。李商隐此类诗还有《昨夜星辰昨夜风》一首，也是写两位男女有情人深情缱绻之时，男人因在朝中任事，不得不"嗟余听鼓应官去，走马兰台类转蓬"。

《为有》诗中提到了"金龟婿"，这倒有个说头。据《唐书·职官志》和《新唐书·车服志》记载：唐初，官职五品以上，皆佩鱼符、鱼袋，以"明贵贱，应召命"。鱼符以不同的材质制成，"亲王以金，庶官以铜，皆题其位、姓名"。装鱼符的鱼袋也是"三品以上饰以金，五品以上饰以银"。武后天授元年，改内外官所佩鱼符为龟符，鱼袋为龟袋，并规定三品以上龟袋用金饰，四品用银饰，五品用铜饰。可见，金龟既可指用金制成的龟符，又可指以金作饰的龟袋，亲王或三品以上官员才有资格佩戴。后来，即以"金龟婿"代指身份高贵的女婿。

在传统京剧剧目中，有一出名叫《钓金龟》。剧情说的是宋朝年间，河南孟津康氏早年丧夫，有两子，长子张宣，次子张义。张宣娶王氏为妻，进京赶考得中，授官祥符县令，便寄回书信接家眷，但书信却错投其妻王氏娘家。王氏素与婆母康氏、张义不和，便丢下婆母、叔弟不管，独自前往祥符。张义每日在孟津河钓鱼奉养母亲，一日，钓得金龟，归家途中从乡邻处得知兄长做了祥符县令，喜之不尽，回家告知母亲。康氏乃遣张义到祥符寻兄，可是张义一去杳无音信。于是，康氏乃亲往祥符，途中恍惚见得张义满面是血，心中疑虑。到了祥符后，康氏找到张宣，询问张义下落。张宣支吾以对，后始告知张义已亡。康氏前往灵前哭祭，张义魂灵托兆，告嫂嫂王氏觊觎金龟，将己毒死。康氏乃往包拯处控告，包拯为之昭雪。

　　传统戏剧中,还有一出剧目叫《打金枝》。剧情说的是汾阳王郭子仪功高望重,唐代宗将女儿升平公主许配给郭子仪之子郭暧为妻。适逢郭子仪寿辰,子、婿纷纷前往拜寿,唯独升平公主自恃金枝玉叶的尊贵身份,不去拜寿。郭暧郁闷酒醉回去,夫妻二人争理,郭暧一怒之下打了公主。公主入宫,向父皇哭诉委屈。郭子仪得知情况后,绑郭暧前往皇宫请罪。唐代宗明事理、识大体,笑对郭子仪说:"不痴不聋,不作阿家翁。儿女琐屑事,何必问?"郭子仪心方安定。代宗又将郭暧带至后宫,劝婿责女,促使小夫妻重归于好。由此可见,唐代宗是个深沉睿智、胸怀宽广的君主。

　　在古诗词中,有一个词牌名叫《念奴娇》。念奴,本是唐代天宝年间一名歌伎,长得颇有姿色,又善歌唱,唐玄宗很喜欢她,经常让她在身边歌唱。玄宗还对妃子们说"此女妖丽,眼色媚人",使得念奴的娇艳之名流传开来。于是,文人们以此为题材,形之歌咏,播于乐府,《念奴娇》曲名,即取义于此。后来,涌现了很多以《念奴娇》为词牌名的优美诗词,如苏轼的《念奴娇·赤壁怀古》和《念奴娇·中秋》。宋代辛弃疾有一首《念奴娇·书东流村壁》:"野棠花落,又匆匆过了,清明时节。划地东风欺客梦,一枕云屏寒怯。曲岸持觞,垂杨系马,此地曾经别。楼空人去,旧游飞燕能说。闻道绮陌东头,行人长见,帘底纤纤月。旧恨春江流不断,新恨云山千叠。料得明朝,尊前重见,镜里花难折。也应惊问:近来多少华发?"宋著名女词人李清照有一首《念奴娇·春情》:"萧条庭院,又斜风细雨,重门须闭。宠柳娇花寒食近,种种恼人天气。险韵诗成,扶头酒醒,别是闲滋味。征鸿过尽,万千心事难寄。楼上几日春寒,帘垂四面,玉阑干慵倚。被冷香消新梦觉,不许愁人不起。清露晨流,新桐初引,多少游春意。日高烟敛,更看今日晴未。"施耐庵的古典名著《水浒传》第七十二回中,宋江赠给李师师一首词,乃是《念奴娇·天南地北》:"天南地北,问乾坤,何处可容狂客?借得山东烟水寨,来买凤城春色。翠袖围香,绛绡笼雪,一笑千金值。神仙体态,薄幸如何消得?想芦叶滩头,蓼花汀畔,皓月空凝碧。六六雁行连八九,只待金鸡消息。义胆包天,忠肝盖地,四海无人识。离愁万种,醉乡一夜头白。"词中"六六雁行连八九"暗寓梁山三十六天罡星和七十二地煞星共一百零八将,都是忠义之士,通过李师师转呈他们不得已"容身"梁山的苦衷,渴望早日被朝廷招安的"金鸡消息"。以上几首《念奴娇》,撇开具体内容不论,单从诗词欣赏的角度看,娇艳的美女配上优美的诗词,文化的魅力和风韵越发彰显出来,这也算是没有辜负"娇"字美好可爱的本义吧。

愿"楷""模"之树根深叶茂

　　楷模者,乃是人们学习的榜样和典范。一个民族,不能没有英雄;一个国家,不能没有先锋;一个社会,不能没有楷模。

　　"楷"与"模"最初指的是两种树。楷树,俗名黄连树或黄楝树,为落叶乔木,树干疏而不屈,刚直挺拔,不易腐折,是制作家具的好材料。其树冠开阔,叶繁茂而秀丽,入秋变鲜红色或橙红色,装点山川园林,甚为壮美。黄连树在中国大地分布广泛,适应性强,笔者在山东、安徽等地,多次目睹此树。相传,孔子去世后,他的学生子贡在其坟上植了一棵黄连树,此树树干挺拔,长势端庄,巍然兀立,正气浩然,犹如孔子气质形象,人们以崇敬孔子之心寄情于树,将其称为"楷树"。模树,其叶随时令节气而变化,春天青翠碧绿,夏时赤红如血,秋日洁白如玉,冬季乌黑为墨。因其色泽鲜活纯正,不染尘俗,遂被人们立为诸树之榜样。清乾隆帝谒明太祖陵时,曾写诗:"崛起何嫌本做僧,汉高同杰又多能。每当巡省临华里,必致勤虔谒孝陵。一代规模颇称树,百年礼乐未遑兴。独怜复古非通变,翻使燕兵衅可乘。"相传,在周公墓旁,生长着一棵这样的树木,为推崇周公高洁品行,称此树为"模树"。

自古以来,在华夏大地上,崇尚楷模、学习楷模有着广泛的政治基础、社会基础和文化基础。几千年的历史文化长河中,群星璀璨,英雄辈出。历朝历代,各阶层、各领域、各行业都有堪称楷模的杰出代表脱颖而出,他们成为后世效仿和学习的榜样,激励中华儿女自强不息,用聪明才智和辛勤汗水,铸起一座座历史丰碑,使泱泱大国巍然屹立在世界的东方。

前事不忘,后事之师。崇敬楷模之情,当切实转化为学习楷模之行。那么,学习楷模究竟学什么、怎么学呢? 依笔者之见,当从以下几个方面入手。

要学其爱国爱民的高尚情怀。历史早期的伟大爱国主义者,当属战国时期楚国大夫屈原。屈原对国家的存亡兴衰有真知灼见,一生经历楚威王、楚怀王、楚襄王三个时期,主要活动于楚怀王时期。他从政后,对内积极辅佐楚怀王变法图强,对外坚决主张联齐抗秦,使楚国一度出现国富兵强、威震诸侯的发展局面。后遭奸人诬陷嫉恨,被楚王疏远以至放逐。流放期间,他目睹山河破碎、民不聊生,忧心如焚,一心为国为民着想,"哀民生之多艰,虽九死犹未悔!"当他听到秦军攻破楚国国都的消息后,在极度失望和痛苦中,抱石投江自沉,成为千古绝唱。屈原的文学成就也非常卓越,其充满浪漫主义色彩的诗歌,成为中国文学史上的璀璨明珠,"路漫漫其修远兮,吾将上下而求索"的知难而进精神,对后世仁人志士产生深刻影响。

南宋末年,抗元英雄文天祥在外敌入侵、山河破碎的危难中,毅然起兵抗击,表现出不屈不挠的战斗精神。兵败被俘后,元人劝降,并许以高官厚禄,但文天祥断然回绝、宁死不屈。他在从容就义前写下了"人生自古谁无死,留取丹心照汗青"的不朽诗篇,成为无数炎黄子孙忠诚报国的座右铭。

近代民族英雄林则徐,致力于抵抗西方列强入侵。道光年间,受命钦差大臣,入广州查禁鸦片,以虎门销烟、奋力抗英而闻名中外。当他遭投降派诬陷,被朝廷革职发配时,仍忍辱负重、忧国忧民,用"苟利国家生死以,岂因祸福避趋之"的诗句抒发爱国情怀,激励后人不畏强权、敢于抗争的血性斗志。

要学其勤奋刻苦的治学态度。中华民族是一个热爱学习、善于学习的民族,历史上留下了无数勤奋学习的名人轶事。古之欲成大事、担大任者,无不是孜孜以求、勤奋苦学之人,他们的励志诗文既自然亲切,又哲理深邃。唐代韩愈的"书山有路勤为径,学海无涯苦作舟",颜真卿的"三更灯火五更鸡,正是男儿读书时。黑发不知勤学早,白首方悔读书迟",杜甫的"读书破万卷,下笔如有神",宋代陆游的"书到用时方恨少,事非经过不知难"等,都道明了勤学苦练、学以致用的真谛。

古人勤奋好学的故事,更是不胜枚举。"悬梁刺股"说的是东汉政治家孙敬,年轻时读书废寝忘食,他怕读书时间长,疲劳打瞌睡,就找一根绳子将头发绑在房梁上。一旦打盹,绳子就会牵住头发让他痛醒再学。战国时期的政治家苏秦,读书困倦时,就用锥子往自己大腿上刺,在疼痛中让自己清醒起来。"闻鸡起舞"说的是东晋时期将领祖逖,年轻时就志存高远,每次和好友刘琨谈论时局,总是慷慨激昂、满怀义愤。为了练就杀敌本领,报效国家,每当半夜听到鸡鸣，就披衣起床拔剑练武。同时，还勤学苦读、饱览群书，终成文武兼备的全才。当他率军北伐时，船到江心、中流击楫，发誓不收复失地绝不回返，极大地鼓舞了兵心士气，一路捷报频传。"韦编三绝"的故事说的是孔老夫子严谨治学，为了对《易》的精髓要义有透彻理解，一遍又一遍翻阅竹简，串联竹简的牛皮带子磨断多次，深钻细研精神可见一斑。前贤先哲的这些示范行为，对后人的精神激励和影响，实在是难以估量。

要学其胜战图强的深邃智慧。中国作为世界四大文明古国之一，其文化根脉源远流长、绵绵不绝，其中所蕴含的博大智慧是一座取之不尽、用之不竭的丰富宝藏。例如，在认识世界上怎么把握大势、洞察风云，寻找特点、总结规律，抓住本质、揭示矛盾等；在治国理政上怎么本固邦宁、长治久安，兴利除弊、国富民强，敦风化俗、协和四方等；在军事谋略上怎么运筹帷幄、决胜千里，避实就虚、攻其不备，虚实结合、以弱胜强等；在抵御风险上怎么居安思危、防患未然，警钟长鸣、常备不懈，祸福相倚、吃堑长智等，这些奇思高策在实践当中运用之妙，变幻无穷，所产生的政治效果、社会效果、经济效果和军事效果难以估量。

在战国七雄中，秦国早期政治、经济、文化诸多方面落后于中原各诸侯国。秦献公时期，与魏国交战，兵败失地，国君丧生。秦孝公执政后，招贤纳士，支持商鞅变法。政治上，改革秦国户籍、军功爵位、土地制度、行政区划、税收、度量衡，制定严酷的法律，令出必行；经济上，重农抑商，奖励耕战；军事上，重战尚武，明令军法，奖励军功，积极进取收复失地。商鞅变法使秦国政治面貌一新，经济得到持续发展，军力战力不断加强，秦逐渐成为国富军强的集权国家,为统一六国奠定了坚实基础,商鞅为此贡献了最大的政治和军事智慧。

　　春秋时期著名的军事家、政治家孙武,著有巨作《孙子兵法》十三篇,并在谋划吴楚之战中屡屡获胜,被后人称为"兵家至圣"、"东方兵学的鼻祖"。《孙子兵法》作为"兵学圣典",蕴含着高超的战争指导法则和变化莫测的胜战智慧,在中国,乃至世界军事史、哲学思想史上都有重要的地位,并在政治、经济、军事、文化、哲学各领域广泛应用。

　　要学其不懈追梦的远大志向。中华民族是一个时时仰望星空的民族,是一个勇于追寻梦想的民族,从夸父追日、后羿射日,到精卫填海、愚公移山,表达的都是战胜自然、百折不回的毅力和意志。从《诗经》中的"民亦劳止,汔可小康",到《礼记》中的"大道之行"、"天下大同",追求的是人类社会休养生息、幸福安康的美好憧憬。从"四夷宾服"、"万邦来朝",到"出使西域"、"七下西洋",拓展的是礼尚往来、天涯比邻的和平友谊之路。在认识和改造自然与社会的漫长岁月里,中国人始终站在勤劳奋斗的最前列。中国古代科技成就灿烂辉煌,包括造纸、印刷、纺织、陶瓷、冶铸、建筑在内的科学技术,享誉四海,造福人类。

　　春秋时期,中国在天文学上留下了发现哈雷彗星的确切记录。这一时期,中国历法已经形成自己固定的系统。东汉时期张衡制作的地动仪,可以感应千里之外的地震,比欧洲早了一千七百余年。两汉时期的《九章算术》,是当时世界上最先进的应用数学。自战国时期的扁鹊,到东汉末年的华佗、张仲景,再到唐朝的孙思邈,明朝的李时珍,他们在中华医学史上都取得了了不起的成就。

中国的建筑学成就更是成果斐然,举世闻名的万里长城,威严壮阔的紫禁城,匠心独运的赵州桥,巧夺天工的园林、楼榭、寺院,举不胜举,是中国特色、中国文化、中国智慧的物化表现,其欣赏价值、借鉴价值、学习价值、实用价值非常之高。

要学其刚正不阿的品行风范。《孟子·滕文公下》中有一句名言:"富贵不能淫,贫贱不能移,威武不能屈。"这成为人们不畏强暴、坚持正义的座右铭。汉朝天汉年间,苏武奉命以中郎将身份出使匈奴被扣留,匈奴人多次威胁利诱,欲劝其投降,苏武断然回绝。匈奴单于下令把他囚禁起来,放在大地窖里面,不供给饮食,苏武则卧地嚼雪,同毡毛一起吞下充饥。匈奴人又把他流放到北海边荒无人烟的地方牧羊,并宣称只有等到公羊产了仔才能让其归汉。苏武在孤苦伶仃中,拄着汉朝皇帝赐予使臣的节仗,心系大汉、矢志不渝,没有粮食便掘取野鼠所储藏的野生果实充饥,没有衣物御寒就与羊挤在一起取暖。这样日复一日、年复一年,头发和胡须变白,节仗上挂着的旄牛尾装饰都掉光了,直至十九年后,才被汉朝使者设计搭救。苏武出使时刚四十岁,回长安时已年近六十,汉朝上下无不为他的高尚气节所深深感动。

历史上久负盛名的谏臣当属唐太宗时期的魏徵。他任谏官时,知无不言、言无不尽,即使太宗询问和处理政事,他认为不妥,也往往据理力争。他所上《谏太宗十思疏》,在当时和后世都产生重要影响。由于他性格耿直、刚正不阿,常辅太宗纠偏正向,深得太宗信任。魏徵病逝时,太宗亲临吊唁,失声痛哭,并说:"夫以铜为镜,能够正衣冠;以古为镜,能够知兴替;以人为镜,能够知得失。我常保此三镜,以防己过。今魏徵殂逝,遂亡一镜矣。"足见他在太宗心中分量之重。

北宋名臣包拯,执法公正,立朝刚毅,不附权贵,铁面无私,敢于为百姓做主行事,即便是皇亲国戚违法犯罪,判决时也毫不留情。戏剧《铡美案》就从一个侧面反映了他公平无私、替民申冤的事迹。他在百姓心中的形象巍然屹立,人们敬称他为包青天、包公美名,更有将他奉为神明崇拜,民间流传着许多关于包公的动人故事。

要学其淡泊名利的道德修为。中华文化历来倡行"修身"、"齐家",而后方能"治国平天下"。众多杰出英俊不仅学识渊博,而且道德高尚。他们洁身自好,出淤泥而不染,濯清涟而不妖,鄙视贪图富贵、追逐名利的行为。《道德经》中有"名不动志,利不动心"之戒语;李白《江上吟》中有"功名富贵若长在,汉水亦应西北流"之诗句;唐孟郊有"君子山岳定,小人丝毫争"之评介;晋陶渊明有"不戚戚于贫贱,不汲汲于富贵"之态度。

《世说新语·德行》中有一则"割席断交"的故事。说的是管宁和华歆原是一对好朋友,他们同在园中锄草时,看见地上有一块金子,管宁置之不理,华歆却高兴地将金子拾起而后才将它扔去。之后,他俩同坐在一张席子上读书,有个乘华车礼服的人从门前经过,管宁目不斜视,读书依然,华歆却放下书出去观看,暗自称羡。于是,管宁便挥刀割断坐席,与华歆断绝朋友关系。这说明志不同道不合、价值追求相异的人是难以维系真正友谊,难以为着共同理想而奋斗。

有一则"天知地知"的故事,说的是东汉杨震当荆州刺史和东莱太守时,路过昌邑,曾受杨震举荐的昌邑令王密,黑夜拜访杨震,并送上十两黄金。杨震当场拒收。王密劝其收下，并说这黑夜里没有人知道。杨震却说："你知、我知、天知、地知，怎么说无人知道呢？"王密听后十分羞愧，收起黄金离开杨震住所。

唐朝刘禹锡曾作《陋室铭》："山不在高，有仙则名。水不在深，有龙则灵。斯是陋室，惟吾德馨……"他认为"德馨"可以超越"陋室"，道德情操高尚的人，又何必在乎身居简陋地方呢？刘禹锡抱负远大、才华横溢，为官后因主张变革遭攻讦，多次被贬，仍初衷不改，写下了"百亩庭中半是苔，桃花净尽菜花开。种桃道士归何处？前度刘郎又重来"的著名诗句，表达自己的心声。

以上谈到的是学楷模"学什么"的己见，至于怎么学，笔者认为，应重点把握以下几点。

一要取其精华。楷模不是神人，也未必是完人。他们生活的环境必然打上当时的时代烙印，思想文化有其特定的局限性。每个人的一生也并不是尽善尽美，但后人没必要求全责备，只要取其精华、去其糟粕，将其积极向上的因素，为今所学，为今所用，则善莫大焉。

二要融会贯通。学楷模不是"削足适履"、"东施效颦"，学其言、观其行，不在于仅背得几个名句，仿得几个样子，而在于深究其理，深悟其道，把握精髓和本质，以联系和发展的观点，紧密联系实际，改造主观世界与客观世界。

三要久久为功。楷模之所以为世人所学习、所敬仰，在于他们矢志不渝的理想追求、勤奋不懈的奋发进取、百折不挠的坚韧坚守、慎终如始的严于律己、持之以恒的积累事功。学习过程是艰苦磨砺的过程，是浴火重生的过程，是贯穿毕生的过程。必须用真功夫、苦功夫、实功夫、长功夫，切忌心血来潮、朝三暮四、表面文章、浪得虚名。

　　四要见诸行动。纸上得来终觉浅,绝知此事要躬行。操千曲而后晓声,观千剑而后识器。学习楷模的目的和落脚点是为了将他们的精神内化于心、外化于行,促进社会的进步,提升自身的素养。为此,实践的检验是最根本的检验,实际的行动是最过硬的行动,是真学还是假学,从是否落实在行动上就能见分晓。

　　如果每一个人都能见贤思齐,那么社会上崇尚楷模、学习楷模就能蔚然成风。诚如是,天空将更加灿烂,风气将更加清新,山水将更加洁净,人间将更加美好。在美好的政治生态、社会生态和自然生态中生存与发展,人们又何乐而不为呢?

一诺千金与信口雌黄

一诺千金与信口雌黄是两个成语，它们实际上反映的是讲诚信与不守信两种截然不同的人物性格和道德特征。历史上，由前后两种行为所引发的事件，深刻地影响了事件本身的结局走向和当事人的命运，读来发人深省、耐人寻味。

"一诺千金"，出自《史记·季布栾布列传》："得黄金百斤，不如得季布一诺。"形容说话算数，很讲信用。说的是秦朝末年，在楚地有一个叫季布的人，性情耿直，为人侠义好助，凡是他答应过别人的事情，无论有多大困难，他都要千方百计办到，因此得到众人的赞扬和信任。楚汉相争时，季布是项羽的部下，曾数次为项羽出谋献策，让刘邦的军队吃了不少苦头。刘邦记恨在心，在夺得天下后，下令通缉季布，季布只得四处躲藏。这时，敬慕季布的人都在暗中帮助他。一位姓朱的人家，明知他是季布，仍将他收留在家。后来，朱家人去找汝阴侯夏侯婴，托他向刘邦说情。刘邦在夏侯婴的劝说下，果然撤销了对季布的通缉令，并封季布做了官。季布有个同乡人，叫曹邱生，是个很势利的人，听说季布又做了大官，就马上去拜见季布。季布对曹邱生的为人很反感，见面也很冷淡。曹邱生却说："我听到楚地到处流传着'得黄金千两，不如得季布一诺'这样的话，你怎么能有这样好的名声在梁、楚两地传扬呢？我们既然是同乡，我又到处宣扬你的好名声，你为什么还不愿理我呢？"季布听了，顿时释怀，留下曹邱生作为贵客招待，临走时还送给他一笔厚礼。后来，曹邱生果然四处宣扬季布，季布的名声也越来越大。

从历史上看，一诺千金、信守承诺，至少有四个方面的益处。

一是可以立德树威。在古代，天子有至高无上的权力，说出的话就是最高意志，"天意难违"。因此，"君无戏言"，皇帝说话一言九鼎，不能轻易更改。提起"君无戏言"，有这样一个典故。周成王即位之时，年纪尚幼。有一次在和弟弟叔虞玩闹时，周成王将一片桐叶削成珪状递给叔虞，说："我以桐叶册封你。"跟在他俩边上的史官，立即将此话记载下来，并奏请周成王择吉日册立叔虞。周成王先是不以为然地认为，这只是在和叔虞开个玩笑，不必当真。而史官立即严肃地说，天子说的话没有玩笑，否则就难以取信天下。周成王一听此言无话可说，之后把叔虞封在像桐叶形状的唐地。唐地地处黄河、汾河的东边，即为后来晋国所在地，也是后来唐国公、太原留守李渊起兵反隋的地方。

提起李渊，又想起李渊之子李世民，史上有一个著名的唐太宗李世民让死囚犯回家过年的故事。唐贞观六年年末，一次唐太宗李世民在审查复核案件时，看到几十个死囚的名单，他觉得当今天下太平，这些死囚也应感受一下世间的太平景象和天伦之乐，于是下令,将全国的死囚都放回去过节,待来年秋天按时归监。得到这一诏令后,各监狱共放出三百九十个死囚回家过节。第二年秋天,这些囚犯在家人陪伴下全部按时归狱,无一人延期不返。人问原因,一些囚犯及其家人回答,主上一言九鼎,恩重如山,如此相信我们这些死囚犯,我们戴罪之身怎能再次失信天下呢?李世民听了很是高兴,再次大发慈悲,将这些死囚全部赦免,恢复了他们的自由。正是这种上下高度信任的社会氛围,才开创了唐代贞观之治的盛世。

在《史记·刺客列传》中,有一则"齐桓公不背曹沫之盟"的记载。齐鲁交战时,鲁国三次皆败,鲁庄公因害怕就献出城邑和土地与齐国讲和。齐桓公与鲁庄公在柯地会盟时,鲁国将军曹沫突然手持短剑劫持了齐桓公,并说:"齐国强大,鲁国弱小,你们恃强凌弱,鲁国的城池和土地被你们侵占得都快没了,这也太过分了吧。"无奈之下,齐桓公便答应归还侵占的鲁国土地。曹沫听后便扔下短剑,走下盟誓的高台,回到自己的位置上,谈笑如故。齐桓公解除危险后,心中气愤,想要毁约。这时管仲劝说,主上既然答应了的事就要兑现,不能因贪图小利而在诸侯面前不讲信义,进而失信于天下,不如把城池和土地归还他们为好。最后,齐桓公听从了管仲的意见。由此,齐桓公在诸侯中赢得了更高的声望,各国皆尊齐国的盟主地位。

在《论语·颜渊》中,有一个"君子一言,驷马难追"的典故,意思是一句话说出了口,就是套上四匹马拉的车也难追上,常用在承诺之后,表示说话算数。蜀汉丞相诸葛亮在平定南中叛乱过程中,采取"攻心为上、攻城为下,心战为上、兵战为下"的策略,七擒七纵叛乱首领孟获。孟获及其他土著首领,终于对诸葛亮彻底信服,于是盟誓,南中人不会再反叛。蜀军平叛归返后,诸葛亮按誓约用怀柔政策治理南方,重用当地有才能的人,保障他们的利益,此后南中再没有与蜀汉政权离心离德,发生过大规模叛乱。

二是可以广聚人才。良禽择木而栖,良臣择主而事。讲信誉的领导者,本身就是一面旗帜,产生无声的政治感召力。《战国策》中有一则"燕昭王求士"的故事。说的是燕昭王登上王位后,对燕国残破的现状心中着急,就去见郭隗先生,让他帮助出振兴燕国的主意。郭隗认为燕王首先要招纳天下贤才。燕王问,怎么才能招来贤才呢?郭隗就给他讲了一个"千金购马"的事,说古时一位人君,想用千金求购千里马,三年也没有买到。一个打扫宫廷的人主动请求去寻马,国君就派遣他去了。三个月后,这个人用五百金买了一个死了的千里马的马头回来,向国君禀报。国君大怒道:"让你去买活着的千里马,你怎么带回一个死马头而用去五百金呢?"这个人从容答道:"正因为花这么多钱买了个死马头,天下人必定知道大王是真的喜欢千里马,肯花大价钱买好马,千里马还愁不会来吗?"果然,不到一年时间,就来了好几匹千里马。郭隗接着说:"现在大王果真要招揽贤才,那就从我开始吧。我这样的人都能被大王重视,那么胜于我的人难道还嫌路远不来燕国吗?"于是,昭王为郭隗专门建造房屋,又让郭隗当自己的老师。天下人闻知后,名将乐毅从魏国赶来,邹衍、剧辛等贤才分别从齐国、赵国赶来,人才争相奔向燕国。燕昭王重用这些有才能的人,积蓄国力军力。之后,联合秦、楚、三晋攻打齐国,燕军深入齐境,连齐国的都城都占领了。

　　古代，大凡有识之士，对自身和他人是否重信守诺看得很重。西汉谋士张良年轻时一心想为国复仇。一天，他在一座桥上散步，见到一位老者，老者故意把脚下穿的鞋子扔到桥下，让张良帮助去拾。张良念及他年龄大，便忍气吞声拾起鞋子。老者又让张良给他穿上，张良也照办了。之后，老者对张良说："你是个可教之才，五天过后，天刚透亮的时候，你在此地等我。"张良虽感纳闷，但还是答应了。五天后，天刚亮，张良来到桥上，见老者已在等候。老者生气地说："约好的时间怎么来晚了？这么不守约怎么行，你回去吧，五天后还是在天透亮时来见我。"五天后，张良在鸡一鸣叫便来到桥上，见老者依然在等他。老者又生气了，约五天以后再见。又一个五天后，张良在夜半时分便到了，终于先于老者。老者来后高兴地说，年轻人就应该这样守约。说着交给张良一部书，并说读了这部书便可做帝王的老师。老者说后就不见了踪影。之后，张良才知是《太公兵法》。就是凭此书，张良辅佐刘邦屡献奇计，夺得天下。

　　北宋名臣晏殊，也是一个非常诚实守信的人。在他十四岁时，有人把他作为神童举荐给真宗皇帝。真宗召见他，并要他与其他参加殿试者一同考试。晏殊看到试题是自己十天前刚练习过的，就如实向真宗禀报，请求改换题目。宋真宗非常赞赏晏殊的诚实品质，赐给他"同进士出身"。之后，晏殊在朝中为官时，一直重信守诺，深得皇上信任。

　　明代大学者宋濂也是位品德高尚的人。他小时候因家里穷，没钱买书，只好向人家借，每次借书讲好归还期限，从不违约。一次，他借到一本书，爱不释手，便决定把它抄下来。时值隆冬，眼看还书期限快到了,他便连夜赶抄。母亲见天气寒冷,劝他天亮再抄。宋濂则说,到期限还书是个信用问题,也是尊重别人的表现,不能因天寒就失信于人。又有一次,宋濂约好日期要到远方一位老师处请教,没想到出发时天降大雪,家人劝其雪后再去。宋濂说,天气严寒,不是耽误拜师的理由,对老师更不能失约,风雪再大也得上路。当宋濂冒雪如期赶到时,老师非常感动,认为他如此守信好学,日后必成大器。

三是可以破解困境。古人在艰难困苦或危急紧要的境况下,往往用庄重的宣誓和承诺,来激励战胜险难的斗志和勇气。秦朝末年,各地民众纷纷举行起义,反抗暴秦的残酷统治。秦将章邯奉命率大军镇压,他们攻破邯郸,迫使原赵国的反秦武装退守巨鹿,秦军又用数十万人马将其围困。战局危急之时,楚怀王派宋义为上将军、项羽为副将,带领人马去救赵。宋义畏惧秦军势大,迟迟按兵不动,楚军粮草也出现短缺。项羽见宋义这样不顾大局,又不能体谅士兵缺粮之苦,义愤之下提剑杀了宋义。将士们见项羽果敢有为,执行楚怀王命令坚决,一致拥戴项羽为上将军,项羽威信自此而立。随后,他率军渡过黄河前去营救赵国以解巨鹿之围。渡河后,项羽作出一个惊人的决定,他命令将所有渡河的船全部凿穿沉入河底,把所有烧饭的锅全部砸个粉碎,然后带领将士誓言,一定要有进无退,打败秦军,否则绝不生还。在这种"破釜沉舟"和铿锵誓言的激励下,楚军爆发惊人的勇气和战力,以一当十,以少胜多,终于大破秦军,解了巨鹿之围。项羽的声威更是令敌军闻风丧胆,即便是各诸侯也都十分敬畏。

无独有偶,楚汉战争期间,韩信领兵攻打赵国,在赵军重兵阻击下,韩信一面分兵奇袭对方营寨,一面让余下的将士背靠河水列阵,放弃逃生的后路。他晓谕将士,战可以死里求生,退则不是被杀就是水淹。于是,将士们誓言有进无退、奋勇拼杀。这种置之死地而后生的"背水一战",使韩信军爆发巨大潜力,赵军在遭遇前后两面夹击的情况下,军心大乱,很快被韩信击败。

西汉年轻战将霍去病,发誓"匈奴未灭,何以为家"。他一生四次出兵袭击匈奴,均大获全胜,歼灭匈奴十几万人。一次,他率军追歼匈奴残余,条件非常艰苦。为激励士兵,霍去病将汉武帝赐给他的一坛美酒倒入泉水之中,然后与大家同饮泉水,表示同甘共苦、乘势而进的坚定决心。他倾倒美酒的地方被后人称为"酒泉",一直称呼至今。

在成语典故中有一个"歃血为盟"的故事,说的是平原君赵胜带着毛遂等门客来到楚国,意欲与楚国结成联合抗秦的同盟。楚考烈王害怕秦国的势力强大,不敢与秦国对抗。因此,他们谈的时间很长而不能达成协议。这时,赵胜的门客毛遂提剑走上盟台,大声问道:"合纵抗秦,是利是害,是很容易看清和决定的事,可今天从早上谈到中午,仍迟迟不能决定,这到底是为什么呢?"楚考烈王问平原君赵胜:"这个说话之人是干什么的?"赵胜回答是自己的一个家臣。楚考烈王大声训斥道:"我在和你主人谈话,你这种人怎么能上来说话,还不赶快退下去。"毛遂握住剑走上前,毫不畏惧地说:"大王你这样训斥我,只是仗着楚国人多显威风而已。现在我与大王相聚在十步之内,大王的命就握在我手里,人多又有何用呢?"接着,他认真分析形势和利弊得失,严肃指出楚国若不敢抗秦,那是非常羞耻的事。一番话,终于说动了楚考烈王。于是,在毛遂的建议下,侍从人员拿来鸡、狗、马的血和铜盘,双方当即"歃血"定下合纵南北联盟的盟约。之后,古人会盟时,会将牲畜的血涂在嘴唇上,表示信守盟约的诚意。

四是可以成风化俗。诚信,对个人来讲是一种行为、道德和信誉,对社会则是一种契约、公德和规范。试想一下,一个不讲诚信的社会,那它的正常人际关系和有条不紊的秩序又何从建立,那将给社会政治、经济、文化和人们现实生活带来多么大的灾难。自古以来,对诚信的教化一直受到重视和倡行,很多有识之士注重率先垂范,成为传世佳话。

战国时期的魏国国君魏文侯,曾与管理山泽的官员约定日期去打猎。这天,魏文侯与众人饮酒欢乐,突然天下起雨来。魏文侯要出去赴约,左右侍臣劝说:"今天饮酒非常高兴,天又下雨,您就不要外出了吧。"魏文侯却说:"我与别人已约好打猎的时间,虽然现在很快乐,但怎能因此而不去赴约呢?"魏文侯坚持冒雨前往。由此,他在诸侯中享有美誉,魏国也变得强大起来。

发生在春秋末期的还有一则"晏子使楚"的故事。晏子出使楚国时,楚王对身边的臣子说:"听说晏婴是齐国一个能言善辩的人,现在他正要来,用什么办法可以羞辱他一下呢?"侍臣就给楚王出了个主意。当晏子见楚王时,武士们突然推上来一个被绑着的人。楚王故意问:"这个人是做什么的呀?"侍臣忙回答楚王:"这是个齐国人,他犯了偷窃罪被抓住了。"于是,楚王就问晏子:"齐国人习惯于偷东西吗?"晏子不慌不忙答道:"我听说橘树生长在淮河以南的地方结出的就是橘子,生长在淮河以北的地方结出的就是枳子,这个中原因是地方水土不相同啊。齐国的百姓,在齐国生活时从来不偷东西,到了楚国却成了小偷,说明楚国的风气不好。"楚王听了觉得很尴尬,忙掩饰说:"只是开个玩笑而已嘛。"由此,有了"橘生淮南则为橘,橘生淮北则为枳"的典故,形容社会风尚对人的道德品行的影响。

北宋名臣范仲淹之子范纯仁秉承父志,在洛阳为官时以诚信教育民众,当地形成"路不拾遗,夜不闭户"的好风尚。一次,有位老人正坐在墙边晒太阳,有人来告诉老人说他家黄牛犊被人偷走了。老人一动不动,也不问一句话。过了一会儿,又有人跑来告诉老人丢牛犊的事。老人很淡定地对那人讲:"你不用去找,一定是有人开个玩笑,故意把牛犊藏起来了。"路边经过的人不解地问老人:"你家牛犊丢失,别人好心来告诉你,你为什么不着急去找呢?"老头笑着说:"有范大人在这个地盘上治理,谁还愿意当小偷呢?这是不可能发生的事!"果然,一会儿牛犊就回来了。

为了教人养成诚信的美德,先贤们还注意从儿童抓起。"孟母三迁"说的是,孟子小时候曾与母亲住在离一片坟地不远处,幼小的孟子便学着埋坟头哭丧,还抢人家供果吃。于是,孟母就将家搬迁了。新居离市场很近,孟子常去模仿商人的样子,有时还学着骗人。孟母又将家搬迁到离学宫不远的地方。孟子上学后,时间一长就厌烦,甚至逃学。孟母拿起刀,当着孟子的面,将织布机上的经线割断,并对孟子说:"学问是一点点积累起来的,如果中断了,如同这织布一样,不就成了废品吗?"孟子深受触动,从此刻苦学习,不受外界环境干扰,终成一代儒学大师。

有一则"曾参杀猪教子"的故事,说的是曾参的妻子要外出,小儿子拉着母亲衣襟,哭闹着要求同去。曾妻只好说:"你留在家中,回来就给你杀猪吃。"孩子被哄回家了。曾参的妻子外出回来后，见曾子正在用绳子捆猪，旁边还放着杀猪刀。曾妻忙说："我只是和小孩子说着玩儿的，怎能真的杀猪啊？"曾参却说："不能欺骗孩子，如果父母说话不算数，孩子也会学着样子说假话，待以后再教育就迟了。"于是，曾参说服了妻子，将猪杀了。可见，他们是多么有睿智啊！

世界上的事不总是尽善尽美，那些不讲诚信的事也总是表现和渗透在方方面面、各个角落，令人叹息、痛心和不齿。晋朝有个叫王衍的人，喜欢漫无边际地高谈阔论，闲谈中又经常前后矛盾、漏洞百出。有人提出质疑，他随口更改、随心所欲，久而久之，人们说他是"口中雌黄"。"信口雌黄"的成语也由此而来。"信口"，就是随便或任意说话的意思。"雌黄"，其实是一种矿物质，化学名称为三硫化二砷，颜色呈现为微黄色、微透明。古代书写的纸张多用黄檗染成，能够防蛀虫咬噬。一旦在这样的纸张上写错字，就可以用雌黄当成一种"修正液"，涂抹覆盖写错的字。后来，人们把信口雌黄引申为随口乱说、妄加评论的意思，又比喻为不顾事实、不讲诚信，任意改变许诺过的事。从历史上看，这种做派带来的负面后果相当严重。

一是害己。一个言而无信的人，必然也难以得到别人的信任和尊重，甚至会因此丢失自己的信誉和性命。在中国民众中，《狼来了》是个家喻户晓的故事，那个骗人说假话不讲信用的孩子，结果就是在"狼来了"的喊叫中被狼吃了。

有个"食言而肥"的成语典故，形容说话不算数、不守信用，只图自己便宜的人。这一成语，说的是春秋时，鲁国大夫孟武伯，一向说话无信,鲁哀公对他很是不满。有一次鲁哀公举行宴会,孟武伯也参加了。他看到一个叫郭重的大臣也在座,就借着向哀公敬酒的机会,故意问郭重:"你吃了什么东西,长得这样肥胖啊?"这个郭重是鲁哀公的宠臣,未待郭重回答孟武伯的话,哀公就代替郭重答道:"食言多也,能无肥乎?"这句话分明是反过来讥讽孟武伯惯于说话不算数,在座的都听出了弦外之音。孟武伯本想逗弄别人,结果却自找难堪,在国君与众人面前丢了脸面。

元末明初,名士刘伯温所馔的《郁离子》一书中,记载了这样一件事。济阳有个商人过河时,发生了沉船事故,他抓住一根竹竿,大声呼救。有个渔夫闻声而至,商人急忙喊道:"我是济阳最富有的人,你若能救我上岸,我就会给你一百两金子。"渔夫出手相救,没想到商人上岸后却翻脸不认账,一番讨价还价,只给了渔夫十两金子。渔夫责怪他不守信,商人却狡辩说:"你一个打鱼的能挣多少钱,现在一下子就得了十两金子,还不满足吗?"渔夫无奈,只得不高兴地离去。没曾想到,那个商人又一次乘船渡河时,船又翻沉了。有人欲去救他,那个渔夫却说:"那是个说话不守信用的人!"别人听到此话,无人上去搭救,结果商人淹死了。

在中国传统戏剧中,《铡美案》久演不衰,人们都非常爱看。剧中的陈世美与秦香莲本是一对有两个孩子的夫妻,陈世美进京赶考前与秦香莲商定,无论考中与否都回来与他们相见。可是,陈世美进京考中状元之后,没有如实讲明已婚的身份,被皇家招为驸马。秦香莲久无陈世美音讯,只得带孩子进京寻夫。陈世美非但不相认,还派人欲加害秦香莲与两个孩子。后来,状子递到包拯手上,包拯再三劝说陈世美相认,陈世美咬紧牙关不理会,包拯依律怒铡陈世美。这种不守夫妻信诺,图富贵悔婚,又企图杀人灭口的行径,当然没有好下场。千百年来,人们总是用陈世美作为负心郎的代名词,可见,人心自有公论,公道正义不会缺席。

二是伤友。不讲信用之人,能把朋友变成敌人。战国时期,孙膑和庞涓本是师出同门,同拜鬼谷子学习兵法,并相约学成后,一同辅佐有为的君主建功立业。庞涓先行下山,得到魏王的信任和重用后,写信给孙膑,请他也来魏国。后来,他发现孙膑的才华已经远远超过自己,便心生歹意,设计谋害孙膑,使得孙膑膝盖骨被挖掉,并企图再将孙膑撰写的兵书骗到手后,就除掉他以绝后患。他的诡计被识破后,孙膑用装疯的办法拖延时间,又用计逃往齐国。在之后的较量中,庞涓最终惨败在孙膑手下,中箭身亡。

古典小说《水浒传》中,林冲与陆谦本是从小认识的同乡兼好友,林冲将其视为知己,无话不谈。然而,在高衙内看上林冲的娘子,要陆谦帮忙时,陆谦却卖友求荣。他先是将林冲设计引出,创造让高衙内侵占林冲娘子的机会;后又设计将林冲骗入白虎节堂,构陷林冲图谋不轨的罪行;再以后,又赶到林冲看守的草料场,企图活活烧死他。就是这样一个虚伪无信的小人,后来还有脸跪下向林冲求饶,当然不得好死。

历史上,也有那些本是命运与共、相互依存的关系,因信任度不够被离间反目成仇的。《三国演义》中最典型的反间计当属"曹操抹书间韩遂"了。韩遂与马超是叔侄关系,他们联兵抗曹,曹操数次失利。于是,曹操故意在阵前与韩遂交谈,引起马超猜疑。然后,曹操又写一封信给韩遂,言辞含糊不清,又在关键之处涂抹改动,使马超误以为是韩遂心中有鬼,才进行涂改,疑心愈加严重。

后来,曹操又故意让人在阵中向韩遂喊话,使马超更加相信韩遂会投曹。至此,马韩裂痕无法弥合,导致双方相互斗杀,结果被曹操各个击破。马超与韩遂的兵败,恰恰反衬了诚信的重要。

三是祸国。当虚伪和欺诈成为有地位、有权势人物的手中玩物,所带来的严重后果必然十分可怕。西周末期的周幽王爱好美色,下令广征天下美女入宫。褒城人为替一位叫褒珦的大臣赎罪,找到一位姒姓绝色女子,起名褒姒,献于周幽王。幽王见了褒姒,非常喜爱,十分宠幸她。褒姒虽然长得艳若桃花,脸色却冷若冰霜,进宫后从来没有开口笑过。幽王为博得褒姒开心一笑,想尽各种办法却不得实现。有个叫虢石父的佞臣提议,可到烽火台玩一玩。烽火台是西周为了防备犬戎的侵扰,而在骊山一带修筑的报警设施,各诸侯见了烽火,就会紧急驰援京城。周幽王视此为儿戏,带着褒姒登上烽火台之后,命令守兵点燃烽火,各地诸侯果然急速赶来救驾。到了骊山脚下,却不见犬戎人影子,只有幽王与褒姒在烽火台上饮酒作乐。褒姒见到山下将兵跑得气喘吁吁的样子,禁不住嫣然一笑。幽王大喜,随便将诸侯的兵马打发走,重赏了虢石父。之后,周幽王又数次用点燃烽火的法子戏弄诸侯,诸侯们知道是玩笑,也就不再来了。后来,朝中为王位的继承权发生内乱,外部势力联络犬戎兵进攻京城。周幽王急令点燃烽火,但诸侯们不以为警,无人来救。周幽王终被乱兵杀死,西周至此灭亡。其实,说起来褒姒也是无辜受害者。如今在汉中河东之地,"褒国古镇、褒姒故里"成了一个观光旅游的好去处。

在祸国的权臣中,战国时赵国的丞相郭开是个令人痛恨的典型。郭开原本是公子赵偃的伴读,赵偃登上王位后对他很信任。

赵国名将廉颇曾训斥过郭开,郭开一直怀恨在心,多次在赵王面前捏造廉颇的谣言。结果赵王对廉颇弃之不用,而用了一个"纸上谈兵"的赵括去统兵抗秦,赵军主力被秦军全歼。本来赵国还有一个名将李牧可以挽救危局,但郭开由于接受了秦国的贿赂,就向赵王诬告李牧通敌,李牧被无辜害死。不久,赵国在无良将统兵的情况下,被秦国灭亡。

　　在秦国也发生了一个"指鹿为马"的奇闻。秦二世胡亥当皇帝时,丞相赵高一手遮天,企图取而代之。他在谋反前,先试探朝中大臣的态度。他将一头鹿献给二世,故意说"这是一匹马"。二世笑着说:"这明明是一头鹿,怎么说是马呢?"赵高仍坚持说是马,并让二世问其他人。其他人有的慑于赵高的威势不敢说话,有的顺着说是马,也有说是鹿的。事后,赵高暗中把说鹿的人都杀掉了。秦国朝廷被赵高弄得乌烟瘴气,不久就被起义军灭掉了。

　　四是殃民。不讲诚信、随心所欲的行为,如不加以遏止,就会蔓延成风,败坏社会生态,最终使百姓利益受到极大损害。战国时期的齐威王是一个励精图治的君主,他经常通过近侍了解外任官员的情况。阿城大夫就贿赂齐威王近侍,让近侍替他在齐王面前说好话。即墨大夫不去巴结近侍,近侍就向齐王说即墨大夫的坏话。齐威王暗里派人到两地考察,结果与近侍说的正好相反。齐威王在彻底查清事实真相后,召来即墨大夫对他说:"自从你到即墨任官,指责你的话每天都传到我耳中。然而我派人去观察,看到的却是庄稼长势旺盛、百姓安居乐业的情况。这是你没有巴结我近侍的原因啊。"随即重赏了即墨大夫。齐王又召来阿城大夫,对他说:"自从你到阿城任官,每天都有称赞你的话传到我耳中。可是我派人考察你那里,却田地荒芜、百姓饥困,与阿城相邻的国家发生战事,你也不闻不问。这都是你用重金买通我的左右来替你说假话啊。"于是,齐威王下令将阿城大夫和说假话的近侍烹杀。从此,齐国上下刹住了欺上瞒下、玩忽职守、邀功请赏、殃及百姓的歪风。

北宋权臣蔡京为讨宋徽宗欢心,从江南索求奇花异石等物,运往东京。这些运送花石的船只,每十船编为一"纲",所以又称花石纲。索求和运送花石纲,动用民夫百万之多,只要听闻何方何处何家有奇石异木,官方就不惜破屋拆墙、践田毁墓,致使百姓苦不堪言、痛不欲生。《水浒传》中还写到为了给宋徽宗过生日,派杨志专门运送生辰纲的事,后被晁盖等好汉智取。

清雍正年间的河南巡抚田文镜,原本是个敢讲实话、报实情,得到雍正皇帝信任的人。可当他升官主政河南一方时,却因私心作祟,为博取虚假政绩,瞒报河南地区水灾情况,也不接受朝廷减免灾区钱粮赋税的优惠,结果弄得河南地区饥民如潮、民不聊生,甚至发生卖儿卖女、人食人的惨状。河南百姓对他恨之入骨。最后,田文镜死后依然被查处,落得身败名裂的下场。

以史为鉴,可以使人们更加清醒地认识到,一个人、一个团体,乃至全社会,讲诚信、守承诺是多么至关重要。诚信,是人与人沟通、理解、尊重的感情纽带;诚信,是社会健康发展和有效治理的前提基础。在市场经济条件下,更需要公平公道公正的竞争环境,更需要商家有可靠的信誉度,更需要人们擦亮诚信的名片。只要人人都能信守公德、讲求诚信,明媚的阳光就会照亮每个人的笑脸,滋润的雨露就会惠泽每个人的心田,人际关系就会更亲切、更协调、更顺畅,社会就会更和谐、更稳定、更美好。

"雕虫小技"足可道

雕虫小技比喻微不足道、不入流的技能或技巧。这个词语最早出自《北史·李浑传》："尝谓魏收曰,雕虫小技,我不如卿。国典朝章,卿不如我。"这里的"虫",是指古代的一种虫书字体。意思是说,书写虫书字体我不如你,但熟知和撰写关于国家朝廷的典章制度,你就不如我了。唐玄宗时期,荆州长史韩朝宗喜欢推荐人才,时人赞誉"生不用封万户侯,但愿一识韩荆州"。当时,漂泊在外的诗人李白来到韩朝宗驻节的襄阳,写了一封《与韩荆州书》,介绍自己的情况,希望得到他的举荐。李白在这封信的末尾,自谦地形容自己的才学"恐雕虫小技,不合大人"。但李白的愿望并未实现。

中国古代,由于生产力发展的需要和进步,出了不少技术成果。但在社会意识方面,从总体上对技术持鄙视态度,庄子在很早以前就认为机械技术的发展会导致道德的丧失,儒家、法家代表人物也不屑于所谓的"奇技淫巧"。有一则故事,讲的是孔子的学生子贡,见一老者浇地时,抱着一个瓦罐从深井中取水,对取水的机械装置却置之不用。子贡问老者:"机械装置取水又省力又有效益,为什么不用呢?"老者答道:"我听我老师说,用机械装置的人必然有心机,心机多而心术不正的精神追求就不纯粹,这是大道理所不允许的。所以,我虽然知道有机械装置好用,却耻于用它。"子贡听之无言以对。先秦时期的墨家,倒是对技术比较重视,但墨家常常是统治者打压和其他学派排挤的对象,因而墨家很少登上大雅之堂。

"奇技淫巧"的得名来自《尚书·泰誓》,起初"作奇技淫巧,以悦妇人"是对商纣王荒于朝政,沉溺于各种奇异玩乐中的鞭挞。孔子的弟子们在作《礼记》中提到"作淫声、异服、奇技、奇器以疑众,杀",表现了对"奇技淫巧"的否定态度。秦汉时期,对技术和工艺的社会偏见仍然很深,甚至将工商业与农业相对立,视为末流加以排斥。到隋唐时期,社会开明开放程度有了很大转变,尤其商业发展和手工业地位的提升,为科技进步注入生机活力。但由于"学而优则仕"的传统观念根深蒂固,加之科举制度将各门工艺学科排斥在外,科技的发展仍有一定局限性。宋代对科技发明的重视超过以往任何一个朝代,制定了相关奖励制度,激发能工巧匠发明创造的热情。不仅如此,宋代还在社会各层面设置培训科技人才的学校,开设包括医学、算学、武学、天文历法、农业技术、百工等类的自然科学知识课程,鼓励优秀学子加入科学技术的队伍。两宋时期,尽管屡屡受到外敌入侵,但社会经济得到极大发展,以四大发明为代表的许多科技成就在宋代集中涌现或技术臻于完善。元代感受到宋代科技发展的余温,但没有大的发展。明代科技发展几起几落,有航海大发展、"七下西洋"的盛况,也有"严厉禁海、以弭盗源"的闭锁。清代则出现了严重的科技衰落。清朝统治者为了巩固集权,大兴"文字狱",全方面禁锢社会思想文化,科学技术也不例外。他们盲目自大、愚昧无知,对西方日新月异的科技发展不闻不问,将来自西方的工业文明产物视为"洪水猛兽"、"奇技淫巧",大清国在世界科技文明的冲击下一落千丈。清朝后期,出现了"睁着眼睛看世界的人",有识之士发出"师夷长技以制夷"的喊声,之后兴起了"洋务运动",只可叹那种舍本逐末的改良已经难以挽回清朝腐朽没落的命运。

在漫长的封建统治岁月里,"万般皆下品,唯有读书高",不仅科技发展得不到应有的重视,其他一些物质生产和文化生活中的技能、技巧,更是遭到百般歧视和鄙夷。汉语词汇中的"三教九流",原本是指儒、佛、道三教和先秦至汉初的九大学术流派,后来九流被演绎为上、中、下三等。金银钢铁锡木瓦石等匠人被归为"下九流",医生、书画、弹唱、杂耍者勉强归为"中九流",只有佛祖、神仙、皇帝、高官、贵族、富商等才是"上九流"。在人有了高低贵贱之分的社会中,掌握技能、技巧的人只是为了糊口活命,其地位真的"微不足道"。尽管古代社会主流意识看不上"雕虫小技",但历史的发展和演变往往又不以人们的意志为转移,"雕虫小技"登上大雅之堂,甚至创造历史、改写历史、点缀历史的人和事,有不少非常精彩的神来之笔,非常值得说道说道。

关乎国家存亡兴衰的。1485 年,英国国王理查三世与李奇蒙德伯爵亨利互争统治权,于是爆发了波斯沃斯战役。国王理查率军准备拼死一战。战斗开始前,他让马夫备好战马。马夫让铁匠将国王的坐骑钉好马蹄铁。铁匠钉了三个马蹄铁后,发现没有钉子了,需要时间再找钉子。可是马夫已经等不及,牵着缺少一只马蹄钉的战马交给理查国王。两军交锋中,理查国王率士兵冲上去,没想到战马的一个马蹄铁掉了,战马连带理查国王摔倒在地。亨利的军队趁机围上来,俘虏了理查,国王的士兵不战自败。这就是著名的"缺了一颗马蹄钉,丢了一个马蹄铁;丢了一个马蹄铁,折了一匹战马;折了一匹战马,损了一位国王;损了一位国王,输了一场战争;输了一场战争,亡了一个帝国"的故事。正如莎士比亚的名句所言:"马,马,一马失社稷。"

其实,马亦能保社稷。司马光在《资治通鉴》中写到,战国时期赵国君主赵武灵王为了变法图强,改变赵国被动挨打的局面,从"胡服骑射"入手,即改穿胡人窄袖短袄的服装,学习胡人的骑射技术,增强军队作战的灵活性、机动性,使赵国军力跃居七国前列,赵国由此走向强盛。

司马迁的《史记》中有一则"鸡鸣狗盗"的典故,说的是齐国公子孟尝君田文出使秦国,被秦王扣留而不得返齐。孟尝君的一位门客偷窃技能很高,他将秦王库房中的一件珍贵狐皮白裘偷出,交由孟尝君献给秦王最喜欢的爱妾,托爱妾在秦王面前说情,放了孟尝君。孟尝君一行急忙向函谷关逃去。这时秦王反悔,下令追捕。孟尝君一行因函谷关黑夜关门,而不得出。跟随他的又一位门客善于学鸡叫,引得关内公鸡纷纷打鸣。守城士兵误以为天亮了,就将城门打开。孟尝君一行侥幸得脱,回齐国后辅国理政,成就一番大业。

历史上,也有靠"小技"作为进身之阶,一旦掌权后祸国殃民的。《水浒传》中写到的高俅,因善蹴鞠,偶然机会得到端王赵佶喜爱。赵佶当了大宋皇帝后,一路重用高俅,使其官至太尉。而就是这个高太尉,在管理禁军时,恃宠营私,军政不修,导致禁军纪律涣散,训练玩花架子,毫无战力,以至于金兵来袭时,一败涂地。高太尉的儿子高衙内,是个欺男霸女的浪荡公子,逼得曾是八十万禁军教头的林冲上了梁山。高俅大奸误国的形象被牢牢钉在历史耻辱柱上。

影响战争胜负走向的。墨子是春秋战国时期的一位圣人,他主张"兼爱"、"非攻"思想,认为一切言论行动都应以国家、百姓的利益为准绳,而不论什么形式的战争,受害最深的是百姓,因而反对不顾民众死活的攻伐。《公输与墨子》一文说了这么一个故事。墨子听说公输盘正在给楚国打造攻城的云梯这种器械,用于攻打宋国,墨子就跋山涉水赶到楚国拜见公输盘,劝说他放弃这件事。公输盘心知理亏,却以"楚王有令在先"为由,不放弃打造云梯。于是,墨子又来拜见楚王。楚王明知并没有讨伐宋国的理由,却说"公输盘已经给我打造云梯,必定要用它攻取宋国"。墨子为了使楚王知难而退,便和公输盘当着楚王面演示攻防战术。公输盘先后九次用了攻城巧妙战术,却被墨子九次予以化解。公输盘攻城用的器械耗尽了,墨子的防御战术仍绰绰有余。公输盘想到如果杀了墨子,就没有人能助宋国防御了。墨子坦然说:"我的弟子禽滑厘等三百人,已经能熟练使用我的防御器械,正在宋国都城上等待你们的进攻。即使杀了我,也不能阻挠宋国抵御入侵的决心。"楚王见状,表示放弃攻打宋国。

古典名著《三国演义》中,记载着蜀国丞相诸葛亮为解决大军运粮难题,设计了能够载物行走的"木牛流马",每只载重在四百斤以上,每日行程数十里,几十万大军的生存问题迎刃而解。司马懿听说后,派人去抢了数匹木牛、流马,并照样予以仿造,又用它们去陕西搬运粮草,自以为得计。没想到这些木牛、流马口舌之内却有诀窍机关。当诸葛亮发现魏军也用此搬运粮草时,派人伪装成魏军混入运输队伍,暗中扭动机关,牛马便不能行动。诸葛亮又派兵装扮成神兵,吓退魏兵,驱牛马而行,轻而易举获得许多粮草。这一故事足见技能与技巧的作用实不能小觑。

推动社会发展进步的。中国古代的诸多技术,如航海技术、农业技术、纺织技术、榫卯技术、铸剑技术、冶铸技术等等,曾经在世界上独领风骚。

三国时期,曹魏著名机械大师马钧,创制了龙骨水车,能利用传动装置或水力、风力作用,大大提高农田灌溉效率。南宋诗人陆游有诗《春晚即景》赞曰:"龙骨车鸣水入塘,雨来犹可望丰穰。"

宋末元初时,松江府的黄道婆早年流落到崖州,即今海南三亚,向当地黎族妇女学习棉纺织技艺,并加以总结提高。几十年后,她乘海船返回故乡。黄道婆根据本地棉纺织生产的需要,一是传授纺织技艺,二是革新棉纺织工具,三是推广棉花种植。由此,松江一带成为全国的棉织业中心,历经几百年而经久不衰,对明清两代江南农村和城镇的经济繁荣产生深远影响。黄道婆被后人誉为"衣被天下"的"女纺织技术家",当地人民还为她建祠祭祀、树碑立传,尊奉她为"织女星"、"先棉神"。

榫卯技术自古以来便是华夏建筑和木制工艺技术文化的精魂所在。榫卯的神奇之处在于,它通过榫卯,即凸出部分和凹入部分构件的契合,让结构中每一个小单元在不用一枚铁钉的情况下,都被稳定地固定住,它们的结构体美观结实,经久不变形,能够承受较大的荷载。正是这种技术的运用,中华人地上出现了许多宏伟壮阔、华彩灿烂、举世闻名的古建筑群,也出现了精美绝伦、流芳百世、堪称精品的各式家具。这些物化的技术精品,现在已是古代文化极具象征意义、具有鲜明传统特色的符号,无数中外有识之士叹为观止。

冶铸技术在中国也是源远流长。青铜器时代是人类文明史上光辉灿烂的一页,铸铁工艺的出现对农业生产力的提高和促进兵器制造都有着关键作用,自古被披上神秘色彩的"吴王金钩越王剑"穿越千年不锈。研究分析认为,与合金技术和铬盐氧化处理技术的运用有直接关联。

以上提到的这些技术运用,对促进社会发展进步无疑都有着十分重要的作用。

提升民众生活品质的。把普通的事做得不普通就是精巧灵通,把平凡的事做得不平凡就是成就非凡。自人类发现五谷杂粮的食用价值后,去掉谷物壳皮和破碎豆麦就成为人们一种费力又烦琐的劳动。原始人开始是用石头作为碾物的工具。之后,又发明了"杵臼",即在石头上凿出一个圆坑即为"臼",用一根结实的木头当"杵",将谷物之类的东西放入"臼"中,再用手拿"杵"进行舂捣。随着农业生产的发展和人们生活需要的提高,这种工具显然难以适应大规模加工。终于,鲁班在努力探索中,发明了"石磨"。石磨的出现是中国古代粮食加工工具的巨大进步,它将杵臼的上下运动改造成上下两块圆石的旋转运动,将杵臼的间歇舂捣变成石磨的连续旋转,还利用杠杆原理或利用畜力作为动力,这就大大减轻了劳动强度,提高了生产效率。

在长期的生产生活实践中,有的人还利用熟练的技巧或技能,把日常的事情做到极致,令人刮目相看。《庄子·养生主》中有一则"庖丁解牛"的故事,说的是有一个名叫丁的厨师替梁惠王宰牛,肢解牛的声音就像音乐一样好听。梁惠王问丁:"你的技术怎么这么高明呢?"庖丁回答:"当初我刚开始宰牛的时候,对牛的结构不了解,看到的只是整头牛。三年之后,感受的是牛的内部肌理筋骨,宰牛只要用精神去接触牛的身体就可以了,不需要用眼睛去看。我使刀都是顺着牛的结构肌理进行的。技术高明的厨师用刀是割肉的,技术一般的用刀去砍骨头。我的这把刀用了十九年仍游刃有余。"梁惠王听后,觉得从庖丁的话中学到了养生之道。

宋代欧阳修所写的《卖油翁》讲了这么一件事。康肃公陈尧咨射箭本领高超,无人可及,他也为此而自负。有一次,他在练习场射箭时,一个卖油的老翁放下担子看了很久,对他射箭中了八九成只是微微点头。陈尧咨问卖油翁:"你懂射箭吗? 难道我的箭法还不高明吗?"卖油翁答道:"没有什么奥妙,不过是手法熟练而已。"陈尧咨生气地说:"你怎敢轻视我射箭本领呢?"老翁说:"凭我倒油的经验就可以懂得这个道理。"于是,卖油翁拿出一个葫芦放在地上,把一枚铜钱放在葫芦口上,慢慢地用油勺舀油注入葫芦,油从钱孔注入而钱并没沾上油。卖油翁说:"我也没别的奥妙,只是手熟而已。"陈尧咨含笑送走了老翁。这两则故事都说明了熟能生巧的道理,娴熟的技术大大方便了人们的生活。

弘扬传承历史文化的。长期技能或技巧的实践运用,形成了创造性的文化结晶。在当时,它们大都以物化的形式表现出来,但由于自然的、历史的、人为破坏的等各种原因,这种物化形态越来越稀少、越来越珍贵。当然,还有一些是以非物化的形态来表现的,比如表演艺术、传统医术、手工美术、烹调技术、礼乐民俗等等。中国是全球拥有世界非物质文化遗产数量最多的国家,仅项目名录就有近千项之多。应当充分认识到,非物质文化遗产的挖掘和保护,大量需要那些身怀绝技的高人一代一代口传心授。

例如,被誉为十大国粹之一的传统京剧,其中的四大名旦形成了各具特色的梅派、程派、尚派和荀派,他们的一腔一调、一念一做、一招一式,都是在其派别创造人长期的舞台上下表演实践中千锤百炼、千雕万琢而形成的。这些表演艺术成果的传承,不仅要后学者刻苦磨炼,更需要为师者悉心传艺,否则就会变腔变调、变形走样。再如,刺绣是中国民间传统手工技艺之一,在中国至少有两三千年历史。据《尚书》记载,远在四千多年前的章服制度,就规定"衣画而裳绣"。东周已设官专司其职,至汉已有宫廷刺绣。唐李白诗"翡翠黄金缕,绣成歌舞衣"、白居易诗"红楼富家女,金缕刺罗襦"等,都是对于刺绣的咏颂。据说,一件龙袍的制作,需由八个绣娘用一公斤黄金丝线、二十多种绣法,终其一生才能完工。中国刺绣最负盛名的当属苏绣、湘绣、蜀绣和粤绣四大门类,这些名绣都是无数绣艺精湛的绣娘一针一线创作出来的,她们的劳动成果和智慧理应获得应有的尊重,这些传统技艺也需要社会予以大力弘扬。

常言道,艺高人胆大,艺多不压身。社会的发展和进步,不仅需要知识渊博、学富五车的杰出人才，也需要各具特长、技艺精湛的能工巧匠。劳动最崇高，劳动最光荣，劳动最伟大，劳动最美丽，在尊重劳动、尊重创造的世界里，"雕虫小技"必有用武之地，必能大放异彩，必将大书特书。

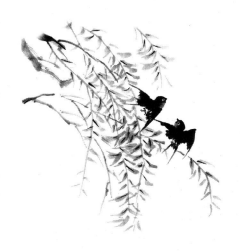

图书在版编目(CIP)数据

文史趣思/陈学斌著. —上海：复旦大学出版社,2021.8（2021.11重印）
ISBN 978-7-309-15754-3

Ⅰ.①文… Ⅱ.①陈… Ⅲ.①文史-中国-通俗读物 Ⅳ.①C49

中国版本图书馆 CIP 数据核字（2021）第 114170 号

文史趣思
WEN SHI QU SI
陈学斌 著
责任编辑/朱安奇

复旦大学出版社有限公司出版发行
上海市国权路 579 号 邮编：200433
网址：fupnet@fudanpress.com http://www.fudanpress.com
门市零售：86-21-65102580 团体订购：86-21-65104505
出版部电话：86-21-65642845
上海四维数字图文有限公司

开本 890×1240 1/32 印张 10.375 字数 223 千
2021 年 11 月第 1 版第 3 次印刷

ISBN 978-7-309-15754-3/C·416
定价：50.00 元